원하는 결과를 만드는 8가지 심리전략

실행력을 높이는 코칭심리학 수업

이석재 저

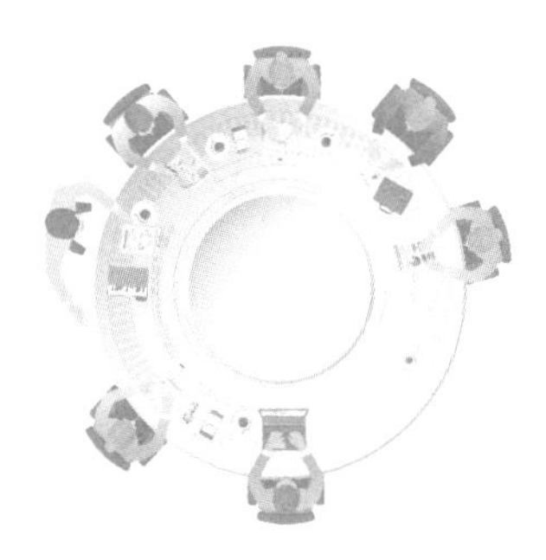

COACHING PSYCHOLOGY

8 Effective Strategies for Your Execution Excellence

학지사

들어가는 글

지금 결정적 행동을 하는가

"내 삶이 나를 즐겁게 하지 않아서 나는 내 삶을 창조했다."

– 코코 샤넬(Coco Chanel), 패션디자이너

사람들은 왜 다짐을 미루고 작심삼일을 반복하는가? 왜 원하는 결과를 얻는 데 반복적으로 실패하는가? 이러한 의문에 사람들은 흔히 실행력이 낮기 때문이라고 생각한다. 그러나 실행력은 이론적 개념이다. 이론과 삶의 현장이 항상 일치하지만은 않는다. 이론과 현장을 연결하는 논리적 접근과 전략이 필요하다. 따라서 낮은 실행력을 현장중심으로 풀어 보면, 원하는 결과를 얻는 논리와 전략이 부족하다는 것이다. 사람들은 원하는 결과를 얻을 가능성을 높이는 논리와 전략을 아직 모른다.

삶을 개선하려는 언약이 결의에 차도 그 언약을 지키기는 쉽지 않다. 삶을 통해 이러한 사실을 쉽게 확인할 수 있다. 많은 사람이 이러한 경험을 갖고 있기 때문에 작심삼일은 삶의 변화를 열망하는 사람들에게 인간의 한계를 암시한다. 그리고 실패를 반복하는 사람에게는 위안을 준다. 과연 작심삼일과 반복된 실패를 극복하고 원하는 결과를 얻을 수 있는 해법은 무엇인가? 낮은 실행력을 높이는 방법은 무엇인가?

심리적 논리와 전략에 답이 있다

나는 대학원 석사 · 박사 과정에서 사회심리학을 전공하면서 고정관념의 형성과 변화, 태도와 행동의 일치-불일치, 사회 규범이 행동변화에 미치는 영향 등을 연구했다. 사람들이 갖는 지역갈등과 고정관념에 내재한 심리를 분석하고 관련 문제를 해결하는 데 기여하고 싶었다. 흡연자가 '담배는 건강에 해롭다'는 태도를 가지고 있으면서도 담배를 끊지 못한다. 어떻게 하면 태도와 행동을 일치시킬 수 있을 것인가? 사회 규범이 사람들의 공격성을 억제하거나 촉진할 수 있을까?

이러한 심리 탐구의 연장선에서 나는 지난 20년 동안 기업의 리더, 부부, 학생, 경력단절자 등을 코칭하면서 그들이 원하는 결과를 얻도록 돕는 효과성 프레임워크를 개발했다. 그리고 이 프레임워크를 구성하는 세 가지 요소인 '변화 요구-결정적 행동-원하는 결과'의 연결성을 높이는 영향요인을 찾아서 작동시켰다(이석재, 2014; 2023). 여기서 프레임워크란, 원하는 결과를 얻기 위한 논리이며 체계적인 접근을 담은 생각 틀이다. 효과성은 원하는 결과를 얻는 정도이다.

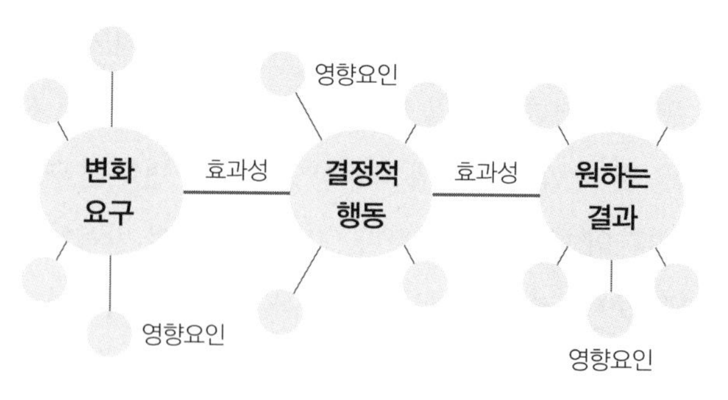

[그림 1] 효과성 프레임워크의 논리(이석재, 2014; 2023)

작심삼일과 반복된 실패를 극복하는 전략은 세 가지 요소를 행동적 측면에서 연결하고, 인지적 측면에서 그 연결을 촉진하고 지속시키는 것이다. 이 논리와 전략은 개인뿐만 아니라 팀과 사업부와 같은 조직에도 적용할 수 있다. 이와 같이 작심삼일하지 않고 원하는 결과를 얻기 위해서는 코칭심리학에 기초한 논리와 전략이 필요하다.

코칭에서 만난 한 가정주부는 병중인 남편으로 인해 생활고를 겪고 있다. 신앙심이 깊은 그녀는 간곡히 기도했다. 주일 예배에 빠지지 않았고 구역 모임에도 적극적으로 참가했다. 그녀의 기도 제목은 남편이 건강을 회복하고 생활고에서 벗어나도록 도와달라는 것이다. 6개월이 지나도 그녀의 생활환경에 어떤 변화도 일어나지 않았다. 기도가 절실할수록 그녀의 건강은 점점 나빠졌다.

"그녀에게 필요한 결정적 행동은 무엇인가?"

그녀는 소망을 담은 간절한 기도를 중요한 해법으로 보고 실천했다. 견실한 신앙인으로서 변화 요구와 원하는 결과를 연결하는 방법이라고 생각했다. 이 상황을 보는 관점에 따라 대응책이 다를 수 있지만, 생활고를 해결할 가능성이 높은 행동은 소득이 발생하는 경제활동을 하는 것이다.

그녀를 지켜본 지인은 작은 가게를 운영해 보면 어떻겠냐고 제안했다. 간단히 식사할 수 있는 샌드위치를 만들어 고객에게 판매하는 것이다. 지인은 그녀가 사업할 수 있는 장소를 물색하고 개업에 필요한 자금의 일부를 도와주었다. 이 사업을 계기로 재정문제를 해결할 수 있는 숨통이 트였다. 이제 그녀의 기도 제목은 남편의 건강과 가정의 행복으로 바뀌었다. 이제 먹고사는 문제에서 삶의 질로 관심이 쏠렸다.

결정적 행동이란, 원하는 결과를 얻을 가능성을 높이는 행동이다. 우리 사회 각 분야에 회자되는 결정적 행동이 있다. 삼성그룹 이건희 회장이 독일 프랑크푸르트 회의에서 '마누라와 자식을 빼고 다 바꾸라'는 결의를 담은 '삼성 신경영'을 선언하고 생산량보다 품질을 강조하는 혁신 의지를 표명한 것, 현대그룹 정주영 회장이 새만금 간척사업에서 고철 대형 유조선을 활용하는 공법으로 방조제를 만든 것, 박세리 선수가 맨발투혼으로 LPGA 우승을 이룬 것, 히딩크 감독이 기존 선수를 탄탄한 팀워크와 강한 체력을 가진 선수로 키워서 2002년 한일월드컵에서 4강 신화를 만든 것 등이 대표적이다.

각 사례에서 볼 수 있듯이 결정적 행동은 원하는 결과를 얻을 가능성을 높였다. 또 실로 불가능해 보였던 결과를 만들었다. 이와 같이 결정적 행동은 변화와 혁신을 담고 있고 기대 이상의 이점을 창출한다. 다음과 같이 자문해 보자.

"나의 결정적 행동은 무엇인가?"

이 질문은 간단하지만 촌철살인의 힘을 갖고 있다. 결정적 행동은 변화 요구와 원하는 결과의 관계 속에서 찾아야 한다. 독자도 이 책을 읽고 본인만의 결정적 행동을 찾아보라.

책의 집필 이유와 구성

이 책을 쓰게 된 주된 이유는 앞서 제시한 '효과성 프레임워크'를 누구나 쉽게 자신의 삶에서 활용하도록 알리기 위해서이다. 또 독자가 기존의 작심삼일 악몽에서 깨어나고 반복되는 실패를 극복할 수 있는 자신만의 결정적 행동을 찾도록 돕는 것이다.

담대한 결과를 원하는 독자는 도전적인 행동을 구상하고 실천해 보는 자기변화를 경험할 수 있다. 지금보다 더 나은 내가 되고 싶은 독자에게 '변화 요구–결정적 행동–원하는 결과'의 틀을 창의적으로 활용해 보길 권한다. 이와 같이 작심삼일과 실패를 반복할 가능성을 낮추고 원하는 결과를 얻을 가능성을 높이는 전략과 챙겨야 할 심리를 소개한다.

미래의 나로 성장하는 방법은 지금 원하는 결과를 얻는 성공 경험을 하는 것이다. 효과성 프레임워크를 구성하는 세 가지 요소에 대한 나만의 구체적인 생각을 가지고 있을 때 작심삼일을 반복하지 않을 것이다. 지금까지 원하는 결과를 얻는 데 반복적으로 실패했다면, 좌절하거나 포기하지 말고 당신의 결정적 행동을 다시 찾아보라. 이것이 원하는 삶을 사는 데 필요한 탁월한 선택이다.

이 책은 총 2개의 부로 구성했다. 제1부에서는 작심삼일과 실패를 극복하는 해법으로 '변화 요구–결정적 행동–원하는 결과'를 실천하는 네 가지 행동전략을 소개했다. 이어서 제2부에서는 세 가지 요소의 연결을 촉진하고 지속시키는 네 가지 인지전략을 제시했다. 독자는 개인생활과 일터에서 총 여덟 가지 전략을 활용해 작심삼일과 반복되는 실패를 극복할 수 있다.

독자가 전략 내용을 쉽게 이해하도록 본문에 코칭 사례를 소개했다. 프라이버시와 개인정보 보호를 위해 주인공의 이름을 가명으로 했고 담당 직무도 문맥에 맞게 수정했다. 아울러 각 장의 말미에 '생각 파트너의 심리코칭'을 통해 '생각–선택–실행'을 탐구하는 질문을 제시해 독자가 학습한 내용을 더 깊게 탐구하고 실행을 구상하도록 했다.

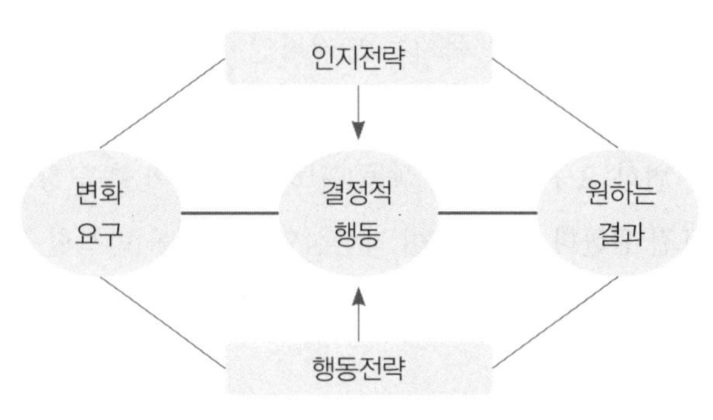

[그림 2] 효과성 프레임워크의 전략

효과성 프레임워크를 활용하자

원하는 결과를 꼭 이루고 싶은 강렬한 소망을 가진 사람이면 누구나 쉽게 효과성 프레임워크를 활용할 수 있다. 100세의 삶이 중요한 것이 아니라, 생전에 하고 싶고 성취하고 싶은 것을 다 해 보는 것이 더 중요하다. 주도적으로 원하는 삶을 구상하고 실행하는 데 도움이 되길 바란다. 또 코치, 상담사, 인재개발 담당자, 교육 담당자, 예비코치, 교사 등 다른 사람의 행동변화를 돕는 모두에게 이 책이 실행지침서이며 참고서가 되기를 소망한다.

명일동 연구실에서

생각 파트너 이석재

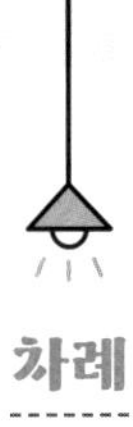

차례

들어가는 글: 지금 결정적 행동을 하는가 _ 3

제1부
결정적 행동이 원하는 결과를 만든다

제1장 … 결정적 행동에 초점을 맞춘다 / 17

1. 결정적 행동의 효과성을 높인다 _ 18
2. 목적중심의 행동변화를 설계한다 _ 26
3. 진단기반의 구조화된 대화를 한다 _ 34
4. 코칭 사례: 역할에 맞게 리더십 행동 바꾸기 _ 41

생각 파트너의 심리코칭 • 46

제2장 … 변화 요구를 변화로 끌어낸다 / 49

1. 사람들은 강요된 변화에 저항한다 _ 50
2. 긍정적 이탈로 새로운 변화를 끌어낸다 _ 58
3. 자기성찰로 행동변화를 점검한다 _ 64
4. 코칭 사례: 팀 변화로 개인 변화 이끌기 _ 71

생각 파트너의 심리코칭 • 79

제3장 … 원하는 결과는 상호의존적이다 / 81

1. 원하는 결과가 불명확하면 바쁘기만 하다 _ 82
2. 실행의도가 약하면 결과를 놓친다 _ 89
3. 결과를 만드는 상호협력을 끌어낸다 _ 95
4. 코칭 사례: 팀장의 성과리더십 향상 _ 104

생각 파트너의 심리코칭 • 119

제4장 … 변화에 통합적으로 접근한다 / 121

1. 코칭 리더십 프레임워크로 변화를 만든다 _ 122
2. 존재보다 실행을 먼저 다룬다 _ 135
3. 생산자보다 조력자 역할을 한다 _ 145
4. 긍정성으로 생산성을 촉진한다 _ 153
5. 코칭 사례: 통합적 코칭의 도입과 운영 _ 164

생각 파트너의 심리코칭 • 173

제 2 부 생각을 바꾸면 행동과 결과가 바뀐다

제5장 … 자기인식을 강화한다 / 177

1. 자기인식을 깨워 변화를 촉진한다 _ 178
2. 가정적 사고에서 벗어난다 _ 185
3. 개인의 자기중심성을 극복한다 _ 193
4. 부정적 감정에 쉽게 휘둘리지 않는다 _ 202
5. 코칭 사례: 이혼 위기에 직면한 부부 _ 210

생각 파트너의 심리코칭 • 214

제6장 … 관점확대로 효과성을 높인다 / 217

1. 관점확대로 사고의 유연성을 키운다 _ 218
2. 입장 바꿔 보기로 관점 차이를 해소한다 _ 228
3. 삶의 역경을 다른 관점에서 본다 _ 236
4. 코칭 사례: 소중한 것의 재발견 _ 239

생각 파트너의 심리코칭 • 246

제7장 … 자기확신을 고양한다 / 249

1. 강점발견으로 자기확신을 높인다 _ 250
2. 자기확신에 묶이지 않는다 _ 259
3. 역할보다 성향 의존을 경계한다 _ 268
4. 코칭 사례: 숨은 강점의 발견 _ 275

생각 파트너의 심리코칭 • 279

제8장 … 내면의 지지자를 만든다 / 281

1. 자기수용을 통해 존재감을 키운다 _ 282
2. 자기대화로 내면의 지지자를 만든다 _ 291
3. 통찰 심화로 더 나은 해법을 찾는다 _ 298
4. 코칭 사례: 통합적 자기 체험 _ 303

생각 파트너의 심리코칭 • 305

나가는 글: 실패는 성공이 아니라 실패의 눈으로 보자 _ 307

참고문헌 _ 311

찾아보기 _ 319

제1부 결정적 행동이 원하는 결과를 만든다

제1장 … 결정적 행동에 초점을 맞춘다

제2장 … 변화 요구를 변화로 끌어낸다

제3장 … 원하는 결과는 상호의존적이다

제4장 … 변화에 통합적으로 접근한다

"움직임이 없다면, 아무것도 일어나지 않는다."

– 알베르트 아인슈타인(Albert Einstein), 물리학자

제1부에서는 효과성 프레임워크인 '변화 요구–결정적 행동–원하는 결과'를 삶의 현장에서 실천하는 네 가지 행동전략과 관련된 심리를 다룬다. 또 독자의 이해를 돕기 위해 개인과 조직에서 실천한 코칭 사례를 소개한다. 특히 조직에서는 결정적 행동이 일어나는 수평적 관계와 수직적 관계를 모두 고려한다. 이와 같이 행동전략은 시스템적이며 통합적이다. 나무도 보고 숲도 보며 나무와 숲을 하늘 위에서 조망하는 것과 같다.

작심삼일과 반복해서 원하는 결과를 얻지 못하고 실패하는 주된 원인은 심리적 논리와 전략이 부재하기 때문이다. 독자는 제1부를 읽으면서 원하는 결과를 얻을 가능성을 높이는 본인만의 행동전략을 구상할 수 있다. 이전에 작심삼일로 포기했던 계획이나 원하는 결과를 만들지 못한 계획을 떠올리며 읽어 보길 바란다. 가능하면, 다시 꺼내어 수정하고 도전해 보자.

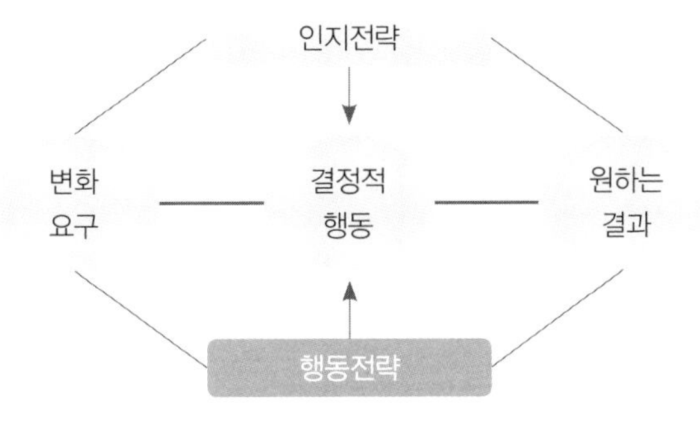

결정적 행동에 초점을 맞춘다

"원하는 결과를 얻은 것처럼 행동하라. 실제로 그 결과를 얻게 된다."

–윌리엄 제임스(William James), 심리학자

원하는 결과를 얻기 위해 어떤 행동을 할 것인가? 원하는 결과를 만들기 위해 실행을 다짐하지만, 그 실행이 작심삼일처럼 오래가지 못할 수 있다. 원하는 결과를 얻을 가능성이 높은 결정적 행동(critical behavior)을 실행해야 하지만, 어떤 행동이 결정적 행동인지 진지하게 탐구하지 않고 실행을 다짐하는 경우가 있다. 이런 다짐은 대개 작심삼일이 된다. 결국 실행에 실패하고 원하는 결과를 얻지 못한다.

다짐이 잘못된 것이 아니라 실천할 행동을 잘못 선정했기 때문이다. 따라서 작심삼일로 끝나지 않고 원하는 결과를 얻으려면, 본인의 변화 요구와 처한 맥락을 주의 깊게 분석해야 한다. 이를 통해 결정적 행동을 도출하고 원하는 결과를 만드는 환경과 시스템을 구축한다. 또 현재 본인의 환경과 시스템이 결정적 행동을 억제하지 않고 촉진하도록 계속 체크할 필요가 있다.

원하는 결과를 얻을 가능성을 높이는 결정적 행동을 선택할 때, 실행력이 높아지고 원하는 결과를 성취한다. 따라서 변화 요구와 원하는 결과를 연계하는 결정적 행동을 선별해서 실행하는 것은 우리의 요구를 충족시키는 결과를 얻는 강력한 방법이다. 이 책이 독자에게 전하고자 하는 비법이다.

1. 결정적 행동의 효과성을 높인다

지난 2023년 3월 한미 해병대가 연합한 최대 규모의 상륙 훈련을 했다. 이날 훈련의 작전명이 '결정적 행동'이다. 결정적 행동은 적의 반격 의지를 원천적으로 차단하고 적의 중심을 파괴한다는 뜻이다. 이와 같이 결정적이라는 말은 예상하는 수준을 넘어서는 결과를 얻을 만큼 아주 중요하고 전략적이라는 뜻을 함축한다. 원하는 결과가 중차대한 것이라면, 그것을 얻기 위한 행동이 결정적이어야 한다. 결정적 행동이라는 단어는 폭넓게 사용되지만, 결정적 행동에 대한 조작적 정의는 다양하다.

첫째, 결정적 행동은 맥락적으로 중요하다는 의미를 갖고 있다. 세계적인 영장류 학자인 프란스 드 발(Frans de Waal, 2005)은 그의 명저『내 안의 유인원(Our inner ape)』에서 "지휘 계통은 결정적 행동이 요구될 때, 민주주의보다 우선한다."라고 말했다. 유인원의 공동체 생활의 특성과 치열한 서열 다툼을 분석해 보면, 위계를 정하고 따르는 행동은 유인원들이 사회질서를 유지하고 평화롭게 사는 데 필요한 결정적 행동이다.

둘째, 결정적 행동은 원하는 업무성과를 예측하는 설명 개념이다. 존 플래너건(John Flanagan, 1954)은 결정적 사건 기법을 개발했다. 이 기법은 직업분석방법으로 종사자들이 일터에서 직면하는 결정적인 업무상황에서 어느 정도 효과적으로 일하는지를 관찰하고 분석한다. 결정적 사건으로 간주되는 업무상황에서 기대되는 행동은 효과적인 업무행동이라는 점에서 결정적 행동의 의미를 포함한다.

셋째, 결정적 사건 기법과 유사한 접근으로 역량모델링 기법은 도출된 주요 행동이 직무 성과를 예측할 수 있는지를 알아본다. 이를 위해 우수 성과자가 보통 성과자보다 통계적으로 유의미하게 더 보이는 주요 행동을 결정적 행동으로 선정한다. 행동중심의 안전관리 방식에서는 안전행동이 일어나는 비율을 안전행동지표로 관리하는데, 이 지표를 따르는 것이 결정적 행동이다.

넷째, 결정적 행동은 원하는 결과를 얻을 가능성이 높은 선택을 하는 것이다. 가치 투자의 달인인 워런 버핏(Warren Buffett)의 정신적인 스승인 찰리 멍거(Charlie Munger)는 현명한 투자에 대해 이렇게 말했다. "현명한 투자자라면 다른 사람들이 기회를 제공할 때 크게 베팅하는 법입니다. 그들은 승산이 높을 때 과감하게 투자합니다. 그리고 나머지 대부분의 시간 동안 투자하지 않습니다." 찰리 멍거는 기업의 지속성과 성장 가능성을 보고 그 기업의 내재 가치를 평가한다.

기존의 결정적 행동은 일반적인 행동에 비해 더 나은 결과를 만드는 대표적인 행동이다. 효과성 코칭(이석재, 2014; 2023)에서 결정적 행동은 '특정 맥락에서 원하는 결과를 얻을 가능성을 높이는 행동'이다. 더 나은 결과를 만드는 행동이라고 해도 결정적 행동은 아닐 수 있다. 결정적 행동은 변화 요구와 원하는 결과를 연계시키는 개념이다.

1) 결정적 행동의 세 가지 속성

사람들이 원하는 결과를 만들지 못하는 원인은 불필요한 행동을 반복하거나 목표 달성도를 높이는 행동에 우선순위를 두지 못하기 때문이다. 원하는 결과를 얻기 위해 모든 방법을 사용해 본다면, 최상의 결과를 얻는 데 가장 적절한 방안이 무엇인지를 알 수 있다. 그러나 현실적으로 이러한 접근을 취하기는 불가능하다. 따라서 원하는 결과를 얻을 가능성이 높은 행동을 명확하게 찾아야 한다.

우리가 삶의 모든 영역에서 원하는 결과를 얻고자 한다면, 여러 행동 중에 어떤 행동이 원하는 결과를 얻게 할 것인지를 탐구해야 한다. 개별적인 행동은 개인과 조직의 역동성이 만들어 낸 산출이다. 따라서 거시적이며 시스템적 관점과 행동분석인 관점을 균형 있게 유지하면서 결정적 행동을 찾아야 한다.

또 어떤 행동이 더 차별적으로 결정적 행동인지를 판단하고 최종 선택하는 의사결정에 사용할 준거를 만들어야 한다. 특정 맥락에서 결정적 행동에 영향을 미치는 요인들은 무엇인가? 그 요인들은 변화 요구와 원하는 결과를 얻을 가능성과 어떤 논리적 관계를 가지고 있는가? 이와 같은 질문에 대한 답을 찾는 것이 중요하다.

나는 효과성 코칭을 개발한 후 현장에 적용하면서 결정적 행동이 가져야 할 속성을 탐구했다. 그 결과, 결정적 행동은 맥락성, 예측성, 가치성이 높은 행동이다(이석재, 2014). 이들 요소의 개념적 정의는 다음과 같다.

(1) 맥락성

원하는 결과를 얻기 위해 다짐하고 선언할 때, 각자 처한 현재 상황을 고려해야 한다. 맥락성은 '변화 요구-결정적 행동-원하는 결과'가 서로 연계성을 갖는 정도이다. 한 예로, 당신이 다니던 회사를 그만두고 새로운 직장으로 이직을 한다고 가정해 보자. 이 상황에서 결정적 행동은 무엇인가? 새로운 직장은 당신의 변화 요구와 부합해야 한다. 지금보다 더 나은 직장을 얻고자 한다면, 당신이 노력할 내용과 강도는 더 높은 수준의 취업 경쟁력을 만들 수 있어야 한다.

원하는 새 직장이 많은 취업지망생이 선망하는 곳이라면, 당신의 결정적 행동은 분명하다. 다른 사람보다 더 치열하게 노력하는 것이다. 그렇지 않으면 원하는 결과를 이루기 쉽지 않을 것이다. 당신이 선택한 행동이 갖는 맥락성이 클수록 원하는 결과를 얻을 가능성은 커진다.

(2) 예측성

예측성은 당신이 선택한 행동이 원하는 결과를 얻을 가능성에 대한 예측이다. 새 직장으로 이직하기 위해 당신이 실천할 행동들을 생각해 보자. 다국적 기업에 이직을 하기 위해 영어 능력을 향상할 필요성이 있다고 가정하자. 듣기, 말하기, 쓰기 능력 중에 어떤 것을 향상할 것인가? 당신이 생각하는 학습 행동이 원하는 능력을 기대하는 수준에 도달할 수 있게 하는가? 실천행동에 따른 결과를 예측하고 그 정도를 평가해 보자. 당신이 추정하는 예측성이 클수록 원하는 결과를 얻을 가능성은 커진다.

(3) 가치성

가치성은 당신이 선택한 행동이 만드는 원하는 결과의 가치이다. 당신은 다국적 기업으로 이직을 원하고 있다. 다국적 기업의 기업평가는 아주 좋은 곳부터 매우 낮은 곳까지 천차만별이다. 다국적 기업이지만 어느 수준의 기업평가를 가진 곳으로 이직할 수 있는지는 당신의 노력에 달렸다. 높은 수준의 기업평가를 받은 다국적 기업은 급여와 후생복지 등의 여건이 낮은 기업평가를 받은 곳보다 더 좋을 것이다. 당신의 취업 노력에 따라 결과가 달라진다.

당신이 맥락성과 예측성을 높이는 노력만으로 이직의 성공 여부와 만족도를 확정 짓는 것은 아니다. 최종 이직한 다국적 기업의 기업평가가 최고일 때 당신은 최고의 성취를 이루었다고 말할 수 있다. 따라서 다국적 기업으로 이직할 수 있어도 당신의 노력 정도에 따라서 얻는 가치는 달라진다. 당신이 기대하는 결과의 가치는 당신이 선택한 결정적 행동에 달려 있다.

2) 결정적 행동을 도출하는 방법

원하는 결과는 개인이나 팀과 조직이 달성하려는 목표이거나 그 목표를 이루기 위한 세부 목표이다. 또는 최종 목표를 달성하는 과정에서 설정한 중간 목표(또는 과정 목표라고 부름)이다. 원하는 결과가 개인의 삶과 조직의 경영에 기여하는 정도가 클수록 결정적 행동이 갖는 의미와 가치가 크다. 따라서 맥락적이며 시스템적인 관점에서 결정적 행동을 도출해야 한다. 다음의 4단계를 따르면 원하는 결과를 얻을 가능성을 높이는 결정적 행동을 선별할 수 있다.

단계 1 원하는 결과를 명확히 한다

먼저 "내가 만들어 보고 싶은 결과는 무엇인가?"라고 묻고 답을 찾는다. 이 질문에 쉽게 대답을 하기도 하지만, 답을 찾지 못하는 경우도 있다. 이 질문에 대해 사람들은 다양한 개인적인 의견을 말한다. 몸과 마음의 건강, 가정의 행복, 경력개발, 스트레스 관리, 번아웃 해결, 경제적 안정, 원만한 부부관계, 자녀교육 등 다양하다.

조직 리더들은 개인 변화와 조직 변화, 이에 따른 성과 향상을 원하는 결과로 선정한다. 또 BHAGs(Big Hairy Audacious Goals)라고 불리는 도전적이며 불가능해 보이는 확장된 목표, 또는 반드시 달성해야 할 중간 목표일 수도 있다.

코칭에서 만난 리더들의 생각은 다음과 같이 다양하다. 포용력과 성과지향의 균형 리더십, 효과적인 감정관리, 성공적인 역할 전환, 결과를 만드는 성과리더십 향상, 직원몰입 제고, 행복한 일터 만들기, 구성원의 몰입과 행복감 높이기, 리더와 구성원 간의 신뢰 강화, 팀워크 향상, 원 팀 정신(one team spirit) 형성과 내재화, 성과를 만드는 긍정적 조직문화 형성, 사업부와 팀 간의 열린 소통을 통한 협업 강화, 금년도 사업목표 달성 등이다.

단계 2 현재 모습을 객관적으로 확인한다

현재 모습을 객관적으로 평가하기 위해 진단 또는 인터뷰 결과와 그간의 노력을 비교한다. 이를 통해 근본적인 변화가 필요한 점을 확인한다. 타인의 피드백을 원한다면, 친구, 선후배, 지인 등에게 의견을 물어볼 수 있다. 또는 관심 있는 주제를 객관적으로 진단하는 각종 검사를 받아 본다.

리더를 대상으로 하는 경우, 나는 다면진단 도구이며 온라인으로 진행하는 효과적 리더십 진단(ELA), 팀효과성 진단(TEA), 조직효과성 진단(OEA)의 결과를 활용한다. 필요하면 리더의 상사, 동료, 부서원을 대상으로 인터뷰도 한다. 다음과 같이 질문할 수 있다.

- 그의 리더십 강점은 무엇입니까?
- 주위 사람들은 다 알고 있지만, 정작 그 자신이 모르는 것이 있다면 무엇입니까?
- 반복해서 그에게 피드백을 했지만, 변화하지 않는 점은 무엇입니까?
- 지금의 역할을 성공적으로 수행하는 데 시급히 보완할 점은 무엇입니까?
- 그가 코칭을 통해 어떤 변화를 경험하길 기대하십니까?
- 그에게 기대한 변화가 성공적으로 이루어졌다는 것을 어떻게 알 수 있겠습니까?

그에게 원하는 결과를 얻기 위해 지금까지 어떤 노력을 하였는지 묻고, 그 노력의 결과를 체크한다. 현재의 모습을 객관적으로 확인했다면, 진단 결과와 그간의 노력을 서로 비교하고 근본적인 변화가 필요한 점을 느껴 보도록 요청한다.

단계 3 원하는 결과를 얻기 위한 결정적 행동을 찾는다

원하는 결과가 담대하면, 지금까지 해 왔던 행동을 조금 새롭게 바꾸는 것으로는 부족하다. 원하는 결과에 따른 결정적 행동도 근본적인 변화를 반영해야 한다. 다음과 같은 질문을 사용해 결정적 행동을 찾는다. 각 질문에 대해 떠오르는 생각을 순서 없이 목록으로 작성한다.

- 원하는 결과를 얻기 위해 지금 반드시 보여야 하는 행동은 무엇입니까?

- 지금까지 노력한 것과 근본적으로 달리 행동해야 하는데, 실행하지 못한 것이 있다면 무엇입니까?
- 원하는 결과를 얻을 가능성을 높이는 행동은 무엇입니까?

단계 4 결정적 행동을 최종 선정한다

앞 단계에서 정리한 행동이 원하는 결과를 얻을 가능성을 확인한다. 이를 위해, 먼저 원하는 결과를 얻으려면 앞으로 어떻게 행동해야 하는지를 생각한다. 각각의 행동을 세 가지 속성 각각에 대해 5점 만점의 리커트(Likert) 척도로 평가한다. '아주 높다'(5점), '보통이다'(3점), '매우 낮다'(1점)와 같이 점수 간격이 동일한 척도를 사용한다.

- 맥락성: 현재 처한 상황에서 이 행동이 '변화 요구-결정적 행동-원하는 결과'의 틀과 어느 정도 연계성을 갖습니까?
- 예측성: 이 행동을 하면 어느 정도 원하는 결과를 얻을 수 있다고 예측하십니까?
- 가치성: 이 행동을 하면 원하는 결과의 가치를 어느 정도 높인다고 생각하십니까? (원하는 결과가 갖는 기본 가치는 1점)

표 1-1 결정적 행동 평가표

단계 3에서 정리한 행동	결정적 행동의 속성 점수			합계
	맥락성	예측성	가치성	
1.				
2.				
3.				
4.				

5.				
6.				
7.				
8.				
9.				
10.				

그다음 각 행동별로 평가한다. 먼저, 행동의 맥락성을 평가한다. 도출한 모든 행동을 마치면, 예측성을 평가하고 마지막에 가치성을 평가한다. 이와 같이 평가를 순차적으로 하는 것이 중요하다. 세 가지 속성에 대한 합계 점수가 큰 행동부터 내림차순으로 배열한다.

배열한 결과, 상위에 있는 3개의 행동이 결정적 행동이다. 상황에 따라 한 개의 결정적 행동을 최종 선정할 수도 있다. 여기서 선택과 집중을 고려해 결정적 행동의 수를 결정한다. 지금까지 원하는 결과를 얻기 위한 결정적 행동을 도출하는 과정을 단계별로 살펴보았다.

2. 목적중심의 행동변화를 설계한다

목적은 행동변화의 방향을 제시한다. 삶의 목적은 추상적인 선언이 아니다. 삶의 목적은, 달리 말하면 삶의 과제이다. 왜 이 일을 해야 하는가에 대한 의미와 가치를 담은 실천적 표현이다. 이와 같이 삶의 목적은 방향을 주고 삶의 과제는 달성해야 할 목표와 구체적인 내용을 준다.

목적중심의 행동변화 계획을 세울 때, 중요한 것은 변화 목표에 담는 내용과 방향이다. 변화 목표는 당신이 추구하는 목적과 연결되어 있다. 원하는 결과가 시급히 달성해야 할 것이라고 해도, 결과는 목적과 부합해야 한다. 목표가 지향하는 근본은 삶의 목적이다. 따라서 그 목적에 이르는 과정 목표를 선정한다. 과정 목표들이 누적되면 최종적으로 목적 달성에 이른다.

이와 같이 원하는 결과가 목적과 연계할 때, '변화 요구–결정적 행동–원하는 결과'를 이루려는 활동이 의미를 갖는다. 사람들의 변화 노력을 동기부여하는 것은 잘 짠 계획보다 계획에 담긴 내용이 갖는 가치와 의미이다. 가치와 의미는 목적으로부터 나온다. 그리고 목적은 사람들에게 변화를 주도하는 용기를 준다. 따라서 목적이 명확해야 한다.

"내 삶의 목적은 ~이다."와 같이 진술할 수 있다.

나의 경우, "다른 사람과 생각나눔을 통해 교학상장을 돕는 것이다."인데, 이처럼 삶의 목적은 각자가 추구하는 삶의 가치와 실현된 결과물, 행동 등을 은유나 이미지로 표현할 수도 있다. 예를 들면, "나는 삶의 여정에서 길을 잃지 않도록 방향을 알려 주는 등댓불이다."와 같다. 삶의 목적을 떠올리면 내면에 울림이 생기고 열정이 솟아난다. 삶의 목적이 갖는 힘이다.

삶의 목적을 설정하기 위해 다음과 같은 방법을 사용해 본다.

- 일상에서 행복과 기쁨, 존재감을 느끼는 자신의 모습을 관찰한다.
- 평소 세심한 주의와 관심을 갖는 이슈와 주제를 생각해 본다.
- 강점이나 재능을 잘 발휘하는 삶의 모습을 생각해 본다.
- 미래의 자기, 가능한 자기 자신의 모습을 상상해 본다.

- 평소 존경하고 닮고 싶은 인물이 추구하는 삶의 목적을 참고한다.
- 내면에 깊은 울림을 준 체험을 했다면, 내면의 소리를 들어본다.

어떤 생각이 떠오르는가? 그때 무엇을 하는가? 그것은 주위에 어떤 영향을 미치는가? 이러한 역동의 주인공은 어떤 삶의 목적을 추구한다고 생각하는가? 이러한 질문에 대한 답을 하면서 자주 등장하는 개념, 이미지 등을 정리한다. 정리한 내용을 토대로 삶의 목적을 간단한 문장으로 요약한다. 이제 다음 빈칸을 채운다.

"내 삶의 목적은 (   )이다."

변화 목적이 삶의 목적과 연계될 때 강력한 영향력을 갖는다. 변화 목적과 연계된 변화 목표를 구체적으로 세우면, 목표를 달성하기 위한 실천행동을 구체적으로 도출할 수 있다. 목표가 담대하면 그 목표를 달성하는 행동도 이전 모습과 근본적으로 달라져야 한다. 담대하고 도전적인 목표는 개인에게 사고와 행동의 변화를 자극한다. 이 과정에서 사람들은 자신의 강점과 부족한 점을 알게 된다. 이러한 자기인식은 목표를 달성하는 데 필요한 변화를 수용하고 그에 따라 변화를 시도하게 한다.

개인 변화는 내적 동기에 의해 이루어지기도 한다. 대표적인 사례가 일과 삶의 균형(워크 라이프 밸런스: 일과 삶의 우선순위에 대한 균형과 조화 인식)이다. 지금도 자신의 가치를 존중하고 소확행(소소하고 확실한 행복)을 누리려는 경향이 현저하다. 특히 2018년 7월 1월부터

주 52시간 근무제가 도입되면서 자신의 삶을 구상하고 만들어 가려는 동기가 일상에서 구체적인 실행으로 나타나고 있다.

목표 달성을 위한 계획을 세우고 실행을 다짐하지만, 그 다짐과 실행을 유지하는 데 실패하기도 한다. 심리학 관점에서 보면, 실행에 실패하는 이유는 다짐과 실행의 차이점에 있다. 다짐은 생각이고 실행은 행동이다. 질적 속성이 서로 다르다. 사람들은 생각과 행동을 할 때, 불완전한 상태보다 완전한 상태, 완성된 상태를 지향한다. 따라서 다짐을 하면 그 다짐이 이루어진 상태를 상상하고 가정한다. 그러나 현실은 생각과 다를 수 있다. 또, 다짐을 완성하려면 실행을 지속적으로 유지해야 한다. 다짐과 실행이 불일치하면 쉽게 낙담하고 좌절한다. 작심삼일에 빠진다. 따라서 다짐과 실행을 연결해야 한다. 목표를 달성하려면 실행을 프로세스적으로 접근해야 한다.

행동은 원인과 결과의 매개 변인이다. 원하는 결과는 개인의 요구를 충족시키는 것이다. 때로는 개인의 요구와 타인 또는 조직의 요구를 모두 충족시키는 것이다. 원하는 결과를 얻는 효과적인 방법은 그 결과를 얻을 가능성이 높은 결정적 행동과 변화 요구를 서로 연결하는 것이다. 개인에 따라서는 먼저 변화 요구가 강렬하게 일어나고 그 이후 요구를 충족시키는 원하는 결과를 설정할 수도 있다. 결정적 행동을 성공적으로 실행한다는 측면에서 보면, 변화 요구와 원하는 결과의 순서는 중요하지 않다.

사람들이 원하는 결과를 명확하게 정의하고, 효과성(원하는 결과를 얻는 정도)에 영향을 미치는 주요 요인들의 관점에서 그들이 처한 현황을 진단하고 변화 요구를 찾아낸다. 원하는 결과와 변화 요구가 확인되면, 이를 토대로 원하는 결과를 얻는 데 필요한 행동변화 계획을 수립한다.

효과성 코칭은 결정적 행동에 집중한다. 나는 코칭 고객에게 원하는 결과를 얻을 가능성을 높이는 데 필요한 행동을 집중해서 생각해 보도록 다음 질문을 던진다. 독자도 각 질문에 대해 답해 보자.

- 진정으로 원하는 결과는 무엇입니까?
- 원하는 결과는 변화 목적(또는 삶의 목적)에 어느 정도 부합합니까?
- 현재 상황에서 어떤 변화가 필요합니까?
- 원하는 결과는 변화 요구를 어느 정도 반영합니까?
- 어떤 행동을 해야 원하는 결과를 얻을 수 있겠습니까?

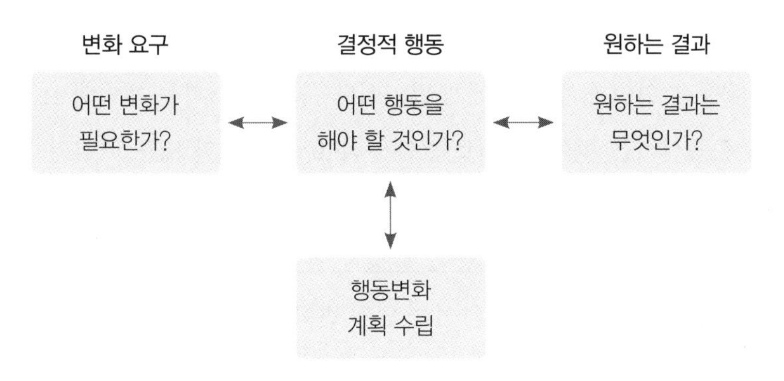

[그림 1-1] 행동변화 계획 수립(이석재, 2015)

1) 변화 목표 설정서 작성하기

변화 목표를 설정할 때, 리더십 진단이나 효과성 진단의 결과, 효과성 기상도의 분석 결과, 다면 피드백의 내용, 인재육성 부서의 요구 등을 종합한다. 개인인 경우는 자기 관찰과 성찰에서 도출된 변화 포인트, 개인의 효과성을 높이는 것 등을 변화 목표에 반영한다.

개인과 조직을 포함한 통합적 설계를 했다면, 코칭을 통한 개인 변화, 조직 변화와 성과 향상을 변화 목표에 포함한다. 변화 목표 설정서는 다음 네 가지 요소에 대한 내용을 포함한다.

(1) 원하는 결과

원하는 결과에는 개인, 팀과 조직이 이루고 싶은 결과가 있다. 이루고 싶은 결과는 원하는 결과와 다르다. 이루고 싶은 결과는 변화 요구와 무관하게 달성해야 할 결과이다. 이와 달리 원하는 결과는 개인과 조직의 변화 요구에 합치하는 것이다. 변화 요구를 반영하지 않은 결과는 원하는 결과가 아니다. 따라서 원하는 결과를 정할 때에는 이러한 차이점을 반드시 확인한다. 효과성 코칭에 참여한 리더들이 원하는 결과로 설정한 예는 다음과 같다.

- 개인 차원
  - 포용력과 성과지향의 균형을 갖춘 리더 되기
  - 효과적인 감정관리
  - 코칭 마인드를 갖춘 리더 되기
  - 성공적인 역할 전환
  - 리더십 영향력 높이기

- 조직 차원
  - 리더와 구성원 간의 신뢰 강화
  - 구성원의 높은 몰입과 행복
  - 원 팀 정신(one team spirit) 형성과 내재화

–성과를 만드는 긍정적 조직문화 형성
–사업부와 팀 간 열린 소통을 통한 협업 강화

(2) 결정적 행동

원하는 결과가 확정되면 앞에서 소개한 결정적 행동의 선정 방법에 따라서 그 결과를 얻기 위한 결정적 행동을 도출한다. 결정적 행동은 원하는 결과를 얻을 가능성을 높이는 행동으로 맥락성, 예측성, 가치성이 큰 것이다.

결정적 행동은 '주도적으로 행동하기'와 같이 한 가지일 수도 있다. 코칭 상황에 따라 원하는 결과를 얻을 수 있는 가능성을 높이는 것으로 세 개를 선정한다. 많은 행동을 선정하는 것보다 원하는 결과를 얻는 것이 중요하다.

(3) 구체적인 실천행동

바람직하게 변화된 모습을 만드는 구체적인 행동으로 표현한다. 개인 생활과 일터에서 실천하는 결정적 행동을 본인도 자각하고 타인도 관찰하고 인지할 수 있게 설정한다. 세부적인 실천행동은 생각, 창작과 창안, 실행을 포함한다.

• 한 개의 실천행동에는 한 개의 구체적인 변화 내용을 설정한다(예, 개인별 맞춤형 미팅을 격주로 1회씩 갖는다).
• 실천내용이나 변화된 모습은 측정할 수 있도록 표현한다.
• 실천행동은 현재형으로 표현한다(예, 주 1회 팀 미팅을 한다).

(4) 목표가 달성되었을 때 기대되는 구체적인 모습

세부적인 실천행동이 완료되었을 때, 주위 사람이나 함께 일하는 타인과 조직에 어떤 변화가 기대되는지를 적는다. 기대하는 모습이 구체적이고 상상할 수 있을 때 실행력은 더 증진된다. 기대되는 모습은 성공적인 변화를 확인하는 지표와 같다. 바람직하게 변화된 모습의 성공 지표를 생각한다. 기대되는 모습이 구체적이고 객관적일 때, 변화 노력이 원하는 방향으로 가고 있는지를 점검할 수 있다.

목표 달성도를 측정하기 위해 기대되는 모습의 달성도를 다음과 같이 계량화할 수도 있다. 점수와 비율 중에서 하나를 선택하거나 필요에 따라서 혼용할 수 있다.

- 기대되는 모습에 대해 코칭 전과 후의 성취도를 100점 만점으로 부여한다(점수).

표 1-2 변화 목표 설정서

원하는 결과		
결정적 행동	구체적인 실천행동 (생각, 창작/창안, 실행)	목표가 달성되었을 때 기대되는 구체적인 모습 (점수 혹은 비율)

- 기대되는 모습의 달성도를 백분율(%)로 코칭 전과 후에 대해 부여한다(비율).

3. 진단기반의 구조화된 대화를 한다

요즘 팀장의 새로운 경쟁력은 팀효과성을 향상하는 코칭을 하는 것이다. 최상규 팀장은 금년 초에 신설된 팀을 맡았다. 팀장의 역할도 처음 맡아 보는 탓에 시간이 어떻게 가는지 모를 정도로 바빴다. 그러나 그는 팀이 추진하는 주요 업무에 대한 직무전문성을 가지고 있다. 팀장이 되면 어떤 모습의 리더가 되겠다는 다짐과 나름의 팀 비전도 가지고 있었다. 팀 운영이 자신의 생각대로 되지 않는다는 것을 깨닫는 데는 6개월도 걸리지 않았다.

최 팀장이 생각하는 이상적인 팀장의 모습은 열린 마음으로 팀원과 소통하면서, 그들이 일할 수 있도록 지원하고 여건을 마련해 주는 것이다. 팀원을 포용하고 격려하는 리더십을 발휘하면 팀원은 자발적으로 움직일 것으로 생각했다. 그는 평소 이러한 생각을 실천에 옮겼다. 그러나 팀원의 활동은 그의 기대와 전혀 달랐다. 팀원들은 자발적으로 움직이긴 했지만 각자 자기주장을 강하게 했다. 또 팀장의 스타일과 대립되는 일 처리 방식과 의견을 제안하며 갈등을 빚기 일쑤였다.

도대체 그의 팀에 어떤 문제가 있는 것일까?

브루스 터크먼(Bruce Tuckman, 1965)의 팀 발달이론에 따르면, 팀이 온전한 하나의 팀이 되기까지 5단계의 발달과정을 거친다.

첫 단계는 팀 형성기(forming)이다. 이 단계에 팀원들은 팀 리더에 집중하지만, 팀 내의 다른 팀원과는 거리를 둔다. 각자의 특성과 역량을 중심으로 독립적인 모습을 보인다. 이후 팀은 혼돈기(storming)에 접어든다. 팀원들은 자신이 한 일에 대해 인정받고 싶어 하고, 협력보다 독자적으로 성과를 만들려 한다. 이로 인한 갈등이 빈번하다. 이 단계를 지나면, 팀은 규범기(norming)에 들어간다. 구성원이 함께 일할 수 있는 규정과 규칙을 정하고 이에 따른다. 팀에서 합리적이며 효율적으로 일할 수 있는 체계가 마련된다. 드디어 팀은 성과를 창출하는 수행기(performing)에 들어선다. 마지막 단계는 휴지기(adjourning)로 팀의 목적이 이루어지면서 해체된다. 최상규 팀장은 팀의 현황을 종합적으로 분석한 후 팀이 혼돈기에 있다고 판단했다.

최 팀장은 팀의 발달과정에 주목하면서, 팀효과성 향상을 위한 워크숍에 참가했다. 나는 팀의 현재 모습을 진단하고, 팀장이 팀원들과 코칭 대화를 통해 원하는 결과를 얻는 데 필요한 결정적 행동을 찾도록 도왔다. 코칭 대화는 팀 코칭으로 진행되며 구조화된 형식이다. 여기서 구조화된 형식이란, 원하는 결과를 얻을 수 있도록 계획된 목표지향적인 활동을 뜻한다. 대화의 시작은 팀의 현재 모습을 객관적으로 진단하는 것이다.

구조화된 대화는 다음과 같이 총 5단계로 구성된다.

단계 1 팀효과성의 수준 진단

팀효과성 모델에 기반한 팀효과성 진단(TEA)을 통해 팀효과성 수준과 팀효과성에 영향을 미치는 열두 가지 요인들의 상대적 중요도에 대한 팀장과 팀원 간의 인식 차이를 진단했다(이석재, 2020a). 영향요인들은 각각 긍정성 요인(스트레스 내성, 정서관리, 다양성 수용, 상호 신뢰, 개방성, 팀 정체성)과 생산성 요인(주도성, 주인의식, 자원지

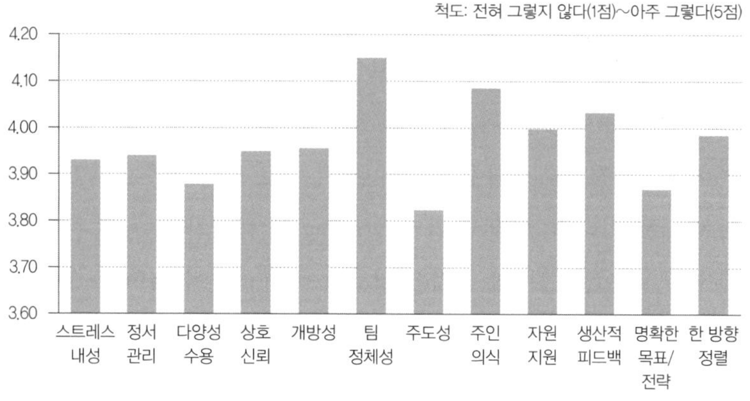

[그림 1-2] 팀효과성 진단의 결과

원, 생산적 피드백, 명확한 목표/전략, 한 방향 정렬)에 속한다.

진단 결과, 팀 정체성과 주인의식은 높으나, 다양성 수용과 주도성은 낮았다. 또한, 팀 목표와 전략이 명확하지 않은 것으로 나타났다. 팀원들이 진단에 제시한 주관식 의견도 동일한 결과를 보였다.

단계 2 팀이 원하는 결과 정의

팀은 한 조직을 구성하는 기본 단위이며 최소 단위이다. 팀이 달성해야 하는 결과는 경영기여도가 높은 업무성과이다. 팀효과성 코칭은 다음과 같은 질문으로 원하는 결과의 내용을 명료하게 정의한다.

"팀이 가장 원하는 업무성과를 생각해 보십시오. 우리 팀이 반드시 이루고 싶은 업무성과는 무엇입니까?"

이 질문은 현재의 목표를 도전이라는 관점에서 다시 검토하도록 이끈다. "업무성과를 이루면 달라지는 것은 무엇입니까? 그 성과가 우리 팀과 팀원에게 중요한 이유는 무엇입니까?"

이러한 질문에 답하면서 팀원 각자와 팀의 연계성을 높이고 자존감을 키운다. 이어서 긍정성이 만드는 팀 문화에 대해 질문한다.

"우리 팀이 원하는 결과를 얻는 데 바람직한 팀 문화를 생각해 보십시오. 가장 바람직한 팀 문화는 어떤 모습입니까?"

최 팀장과 팀원들은 신규 제품의 사업화를 통해 해외시장을 개척하는 것이 그들이 원하는 결과라는 데 동의했다. 해외시장을 개척하고 수익을 창출할 수 있는 제품을 만들기 위해서 서로의 사고 스타일과 직무전문성을 인정하고 협력하는 팀 문화를 만들기로 했다. 또 각자의 잠재성이 업무 성과로 나타났으면 좋겠다고 의견을 모았다.

단계 3 결정적 행동 명확화

탁월한 업무성과는 팀의 생산성과 긍정성이 균형 있게 관리될 때 가능하다. 팀이 지금까지 상상해 보지 못한 결과를 만들어 내려면, 팀원들이 공유하고 있는 생각과 태도, 신념, 행동을 종합적으로 되돌아볼 필요가 있다. 문제를 해결하기 위한 관심의 시선을 팀원 자신에 두는 것이다.

"원하는 업무성과를 달성하려면 무엇을 달리해야 할 것인가?"

단순히 이전과 달리하는 것이 아니라 그 행동을 실천함으로써 원하는 결과를 얻을 가능성이 높아져야 한다. 과연 그 행동은 무엇일까? 바로 결정적 행동이다. 결정적 행동은 지금까지 반복되었던 행동이거나 완전히 다른 행동일 수 있다. 지금까지 반복된 행동이라도 그 행동이 요구되는 상황을 구체화하고 행동을 명료하게 한다면 결정적 행동이 된다.

진단 결과에서 나타났듯이 최 팀장과 팀원들은 팀 정체성과 주인의식이 높은 반면 다양성 수용과 주도성이 낮은 데 주목했다. 팀 정체성과 주인의식이 높은 것을 보면 팀원의 개인 정체성도 높을 것이다. 따라서 개인 정체성을 존중하고 인정할 필요가 있다. 팀의 주된 특징은 공동 목표를 추구하고 상호의존성이 높은 것이다. 그러나 현재 팀은 다양성을 덜 수용하고 주도적이지 않다. 이러한 문제점에 대한 심층적인 토론을 통해 각 팀원들의 업무활동이 존중받고 있지 못하다는 점이 분명하게 드러났다. 결정적 행동을 다음 두 가지로 확정했다.

- 팀원들이 서로 인정하는 대화를 나눈다.
- 팀 목표에 대한 공감을 이끌어 낸다.

이를 위해서는 각자 하는 일이 중요한 이유, 팀 성과에 대한 기여, 상위 조직의 성장에 대한 기여 등을 수시로 공유할 필요가 있다. 이를 통해 목표의 내용, 일의 가치와 의미에 대한 이해를 높이는 것이다. 달리 말해 팀을 한 방향으로 정렬(team alignment)했다.

단계 4 결정적 행동의 실행계획 수립

최 팀장은 3단계까지 논의한 내용을 토대로 결정적 행동을 실행하기 위한 팀 차원의 실행계획을 수립했다. 먼저, 각각의 결정적 행동에 대해 팀장과 팀원의 역할과 책무를 구분하여 정한다. 팀장은 팀원과의 합의를 통해 각 역할과 책무에 대한 분담을 최종 결정한다. 이어서 실행계획을 통해 기대했던 결과를 얻으려면, 실행을 촉진하는 데 영향을 미치는 요인과 방해요인에 대한 토의가 필요하다.

이때 팀장은 실행을 촉진하는 요인과 억제하는 요인을 찾는 질문을 적극 활용한다. 계획수립에 집중하다 보면 실행과정에서 만나는 장애물을 예상하지 못할 가능성이 크다. 성공적인 실행을 촉진하는 요인을 효과적으로 활용하고, 억제 요인에 미리 대응하는 환경을 사전에 준비하고 관련 요인을 제거한다.

- 억제 요인을 찾는 질문
  - 실행계획을 추진할 때, 가장 불편한 점은 무엇입니까?
  - 실행 과정에서 통제할 수 없는 것이 있다면 무엇입니까?
  - 실행을 하기 어렵게 만드는 요인은 무엇입니까?
  - 결정적 행동을 실천하는 과정에서 잃게 되는 것은 무엇입니까?
  - 실행을 더디게 할 우리 팀의 환경은 무엇입니까?

- 촉진 요인을 찾는 질문
  - 실행을 이끌기 위해 통제할 수 있는 요인들은 무엇입니까?
  - 성공한 실행을 묘사하는 이미지 또는 은유는 무엇입니까?
  - 실행에 성공하면 팀에 미칠 긍정적인 영향은 무엇입니까?
  - 지금보다 더 좋아지게 하려면 무엇이 필요합니까?
  - 실행을 가속화하는 가능한 방법은 무엇입니까?

단계 5 실행에 필요한 KSA 향상

팀효과성 향상을 위한 마지막 단계로 결정적 행동을 통해 원하는 결과를 얻을 가능성을 높이기 위해 행동변화를 실천하는 데 도움이 되는 지식(Knowledge), 기술(Skill, 이하 기술로 표기함), 태도(Attitude)를 찾아 정리했다. 브레인스토밍이 KSA를 찾는 데 효과적이다.

먼저, 팀장과 팀원은 각자 필요한 것을 구분하여 작성한다. 수집된 정보들을 종합하여 팀의 역량 강화를 위한 교육 프로그램을 준비하거나, 당해 연도 사업을 추진하면서 수시로 업무 능력을 향상하고 팀에 필요한 업무환경을 조성하는 데 기초 자료로 활용한다.

최 팀장과 팀원들은 실행계획에 따라 매주 팀 회의나 월간 회의에서 실행한 것을 공유하고, 서로를 인정하고 격려했다. 의견이 다를 때는 단순히 논쟁하기보다 답을 찾는 데 집중했다. 팀장은 경영진으로부터 전달 또는 피드백을 받은 내용을 빠짐없이 팀원들에게 전하면서 그들이 하고 있는 일의 가치와 의미를 상기시켰다. 이러한 활동이 지속적으로 전개되면서 팀 분위기와 일의 완성도가 이전보다 뚜렷이 향상되었다. 최 팀장은 팀 리더라면 구조화된 코칭 대화를 할 수 있어야 한다는 점을 깨달았다.

코칭이 활성화되기 전에는 일하는 방법을 관리하여 성과 향상을 도모했다. 일하는 동작과 시간을 연구하고, 식스 시그마, 직무분석과 성과관리기법 등이 출현했다. 최근에 인적자원의 경영적 가치가 부각되면서 출현한 코칭은 일(doing)보다 그 일을 하는 사람(being)에 초점을 둔다. 인본주의 심리학과 인간존중 경영, 목적 중심의 경영 등이 대표적인 실천이다. 구성원의 잠재성을 자극하고, 그 과정에서 생성되는 창의성과 열정을 원하는 결과로 연계시킨다.

일을 무시하지 않고 일과 사람에 대한 관심을 적절히 배분한다. 사람에 대한 관심 비중을 이전보다 더 높이는 것이다. 일과 사람을 다루기 위해서는 사업관리 전문성과 코칭 리더십이 필요하다. 코칭 리더십은 어느 한 리더의 역량을 키우는 것이 아니라 팀장, 조직장과 같이 역할별 리더의 리더십 효과성을 향상하고 서로 연계하는 것이다.

팀의 기여도와 조직의 대외 경쟁력을 높이려면, 이제 리더의 코칭 능력을 키워야 한다. 팀이 원하는 결과를 얻기 위해 결정적 행동을 도출하고 이를 실행할 수 있는 체계적인 계획을 수립했다면, 팀장은 코칭 마인드를 갖춘 상태에서 실행계획을 성공적으로 이끄는 구조화된 대화를 해야 한다. 이제 팀효과성 향상을 위한 코칭대화 능력은 팀장의 새로운 경쟁력이다.

4. 코칭 사례: 역할에 맞게 리더십 행동 바꾸기

박기철 전무는 신설 조직인 신기술개발센터의 장이다. 글로벌 경쟁이 치열해지면서 시장을 선도할 수 있는 기술 경쟁력을 확보해야 한다. 이를 위해 핵심기술에 대한 기술기획과 개발 중인 제품의 신뢰성을 다각도에서 테스트하는 활동이 중요하다. 이 센터는 관련 기술동향을 분석해 미래기술을 전망하고 생산된 신제품을 테스트한다. 이를 통해 연구개발과 생산조직의 활동을 평가하고, 제품의 완성도를 높일 수 있도록 관련 부서에 평가 결과를 제공한다.

그는 센터의 직무에 대한 기술적 전문성을 가지고 있다. 구성원들에게 센터의 비전과 방향을 명확하게 제시할 뿐만 아니라, 결과지향적인 리더십을 발휘하며 조직관리능력도 무난하다는 평가를 받았다. 센터장의 주된 고민은 젊은 인력들이 자발적이며 진취적으로 움직이지 않는다는 것이다. 그는 구성원들이 일하는 자세와 방식에 대해 바람직한 모습을 분석해 제시하고 구체적으로 개선해야 할 사안에 대해 적절히 대응하고 있다고 자부한다. 그러나 함께 일하는 팀장과 구성원들은 상사가 개방적인 듯하면서 지시적이며 상사로서 평가하는 듯한 대화와 질책이 심하다고 생각한다.

센터장은 과연 조직관리를 어떻게 하면 좋을지, 구성원의 마음을

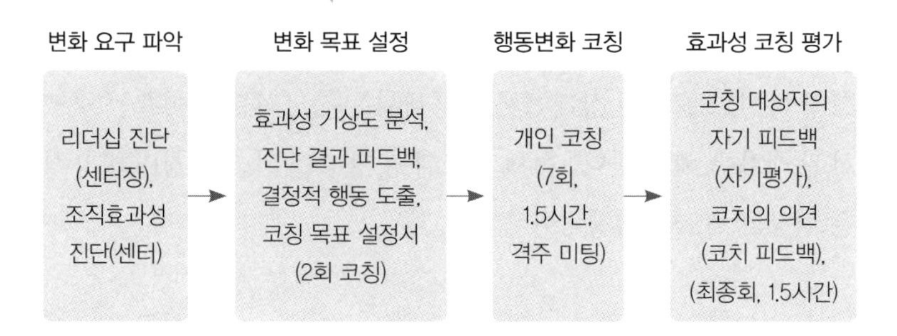

[그림 1-3] 리더십 향상을 위한 코칭 설계(이석재, 2015)

사는 방법을 알고 싶어 한다. 그들이 좀 더 자발적이며 진취적인 모습을 보이고, 시키지 않아도 직무에 몰입하고 도전하였으면 한다.

어떻게 하면 가능할까?

센터장을 위한 회사의 코칭 요구는 성공적인 조직운영과 리더십 향상이다. 코칭 운영은 면대면 코칭으로 총 10회, 격주로 매회당 1.5시간을 진행하는 것으로 코칭을 시작하기 전에 확정되었다. 따라서 나는 효과성 코칭 방법론을 토대로 전체 코칭 기간에 진행될 단계적인 활동을 다음과 같이 4단계로 설계했다.

단계 1 변화 요구 파악

리더십 코칭을 위해 효과적 리더십 진단(ELA)과 조직이 원하는 결과를 얻는 데 영향을 미치는 요인들이 어떤 모습을 보이고 있는지를 파악하기 위해 조직효과성 진단(OEA)을 실시했다. 두 진단의 결과를 활용하여 효과성 기상도 분석을 하면, 리더십이 조직 전체에 미치는 영향을 파악할 수 있다.

센터장의 리더십은 성과지향적이며 추진력이 강점인 반면, 감성리더십이 부족한 것으로 나타났다. 그는 센터 내에서 발생하는 이슈나 갈등을 신속히 해결했다. 그러나 센터와 업무 유관성이 높은 부서와의 이해관계 충돌로 인한 갈등과 이에 대한 조정은 미흡한 것으로 나타났다. 첨예한 갈등에는 직접 개입하기보다 회피했고, 더 나은 결과를 만들도록 구성원에게 단호한 피드백을 주는 것을 주저했다.

조직효과성을 진단한 결과에서도 구성원들은 조직이 성취지향적이며, 비전과 목표가 명확하고 업무성과를 향상하는 데 필요한 코칭이 효과적으로 이루어지고 있다고 보았다. 반면, 조직 내에 의사소통이 원활하지 못한 것을 문제점으로 지적했다. 조직 간, 상하 간 소통이 원활하지 못하고, 상사의 속마음을 염려하지 않고 편하고 자유롭게 대화하기 어렵다고 보았다. 나는 센터장에게 다음 질문을 던졌다.

"현재 상황에서 이전과 다르게 행동해야 할 것은 무엇입니까?"

단계 2 변화 목표 설정

센터장은 리더십 다면진단과 조직효과성 진단의 결과를 토대로 자신의 리더십이 조직에 미치는 영향을 심도 있게 검토했다. 마침내 그는 센터 소속의 리더들과 구성원과의 소통 방식에 변화를 줄 필요성이 있다고 판단했다.

그는 코치와 브레인스토밍을 통해 하나의 결정적 행동을 도출했다. 소속 리더나 부서원이 달라져야 하는 것이 아니라, 자신이 먼저 그들에게 다가가는 것이다. 그는 성과지향적이며 추진력이 강한 성과리더십을 유지하면서, 포용력을 발휘하여 상대방의 관점과 입장을 고려하는 소통 리더십을 실천하기로 했다. 이러한 결정적 행동에 대한 그의 세부적인 실천행동은 다음과 같다.

- 팀장에게 권한 위임과 자율성을 주고 팔로업을 한다.
- 팀장의 결정적 행동을 찾고 행동변화를 돕는다.
- 팀장과 부서원의 업무수행에서 작은 진전도 인정한다.
- 부서원이 스스로 결론을 내릴 수 있도록 기회를 준다.
- 부서 간의 갈등해소와 협업촉진으로 부서원의 몰입을 높인다.

단계 3 행동변화 코칭

그는 센터의 핵심 직무에 대한 기술적 전문성을 바탕으로 리더십을 발휘하고 있기 때문에, 당면한 문제에 대해 명확한 지침과 해결책을 주는 대화를 했다고 생각했다. 센터 소속의 리더들은 센터장의 소통 의도와는 달리 지시적이며 통제적인 소통을 한다고 피드백을 했다. 이러한 인식 차이를 줄이기 위해 그는 센터 리더들에게 권한 위임과 자율성을 부여하고, 자신이 원하는 결과를 만드는 '생산자'에서 그 결과를 만들도록 환경을 조성하는 '조력자'로 자신의 역할을 재정립하고 실행에 옮겼다.

이전에는 부서원들과 밀접하게 소통하는 감성 리더십을 발휘하였으나, 승진을 하고 사업과 인력의 규모가 큰 조직을 맡으면서 밀접한 소통 기회를 갖기 점점 어렵게 되었다. 이에 따라 그는 소수의 센터 리더와 소통했고, 사업과제와 당면 이슈를 해결하는 데 관심을 집중했다. 이 과정에서 센터장은 센터 차원의 중요한 이슈를 해결하기 위해 신속히 의사결정을 하고 지시했지만, 팔로업을 제대로 하지 못했다. 이로 인해 챙겨야 할 과제들은 누적되고 시간이 갈수록 마음은 조급했지만, 정작 성과관리는 미흡했다.

나는 센터장에게 다음 질문을 던졌다.

"센터장님, 지금 놓치고 있는 것은 무엇입니까? 그것을 개선한다면 무엇을 바로 실행하겠습니까?"

그는 자신의 역할을 성공적으로 수행하는 데 필요한 행동은 계속 무엇인가를 더 하겠다는 생각을 버리고, 하지 않을 것을 챙기는 것이라고 생각했다. 이 생각을 실행하기 위해 '하지 않을 것'에 대해 무관심하지 않도록 보완 장치를 마련했다. 그는 '하지 않을 것'에 속하는 업무를 센터 리더들에게 권한을 위임하고 자율성을 부여했다. 구성원들이 신바람 나게 일할 수 있도록 그들의 몰입을 끌어 내는 자율적이며 창의적인 업무환경을 조성하려고 노력했다.

센터장은 매회 코칭 세션에서 챙겨야 할 다섯 가지 실천행동을 어느 정도 실행하고 있는지에 대해 구체적인 실행 예시를 소재로 코칭 대화를 나누었다. 실천행동의 진척도를 체계적으로 관리하는 방법은 다음과 같다. 첫째, 각 행동에 대해 지난 미팅에서 점검한 내용을 기준으로 새롭게 전개된 것이 무엇인지를 확인한다. 둘째, 변화 다짐을 실행하는 과정에서 느끼고 생각한 점, 성찰하고 통찰한 것에 대한 생각을 나눈다. 셋째, "오늘 나눈 대화가 코칭 목표를 달성하는 데 어떤 점에서 도움이 되었다고 생각하십니까?"와 같은 코치의 질문에 구체적으로 답한다.

단계 4 효과성 코칭 평가

이번 리더십 코칭을 도입하는 이유는 리더가 성공적으로 조직을 운영하고 성과리더십을 발휘하도록 돕는 것이다. 이러한 지원 활동이 기대만큼 이루어졌는지를 객관적으로 평가하는 경우도 있고, 지원 그 자체에 목적으로 두고 주관적으로만 평가하기도 한다.

박기철 센터장의 경우는 지원 목적으로 진행되었다. 따라서 코칭 성과를 객관적으로 평가하지 않고, 두 가지 피드백을 수집해 코칭

성과로 정리했다. 하나는 코칭을 통한 인식변화, 직무 현장에서 보여 준 행동변화와 실행 실적에 대한 센터장의 자기평가이다. 센터장은 자신의 역할을 돌아볼 수 있는 기회를 가졌고, 센터의 업무 특성에 맞는 조직 관리 방식과 성과 향상을 위한 구체적인 실천 방안을 찾았다고 긍정적으로 평가했다. 다른 하나는 코칭 성과에 대한 코치의 종합 의견이다. 나는 센터장의 역할에 대한 인식변화와 행동변화를 실행하는 과정에서 그가 보인 변화 동기와 의지에 대해 긍정적인 피드백을 했다. 또 코칭이 종료된 이후 센터장이 지속적으로 추진할 리더십 과제에 대한 의견을 제시했다.

생각 파트너의 심리코칭

다음 질문에 대한 생각을 정리해 보십시오.

- **생각(Think)**: 최근에 달성하고 싶었으나 작심삼일 또는 반복된 실패로 끝난 사례를 떠올려 보십시오. 이루고 싶은 목표는 무엇입니까? 그 목표를 달성하기 위해 실천한 행동을 적어 보십시오.

  1. 이루고 싶은 목표: ______________________

  2. 실천한 행동('~한다.'와 같은 동사형으로 적습니다.)

     ____

     ____

     ____

- **선택(Choose)**: 목표 달성에 실패한 이후 새롭게 실천해 보고 싶은 행동이 있습니까? 기존에 이미 해 보았지만, 다르게 바꿔서 실행해 보고 싶으십니까?

1. 그 목표를 달성하기 위해 앞으로 실행하고 싶은 모든 행동의 목록을 작성하십시오.

____

____

____

2. 각 행동별로 맥락성, 예측성, 가치성을 평가하십시오.

____

____

____

3. 세 가지 평가요소의 총합 점수가 큰 상위 3개 이내의 행동을 선정하십시오.

____

____

____

• **실행(Act)**: 앞에서 최종 선정한 행동을 구체적으로 실행한다면, 그 내용은 무엇입니까? 그 행동을 실천할 때, 예상되는 방해요인과 실행을 촉진하는 요인은 무엇입니까? 방해요인을 어떻게 해소하겠습니까?

1. 구체적인 실천행동: ______________________________

____

2. 실행을 방해하는 요인: ____________________________

____

3. 실행을 촉진하는 요인: ____________________________

____

변화 요구를 변화로 끌어낸다

"올바른 방향이라면 잘못된 변화는 없다."

– 윈스턴 처칠(Winston Churchill), 정치인

사람들은 원하는 결과를 얻고자 열망하는 본래적인 마음을 가지고 있다. 그 마음의 기능적 속성은 효과성 추구이다. 효과성은 원하는 결과를 얻는 정도이다. 나는 '사람들은 삶에서 원하는 결과를 얻을 가능성을 높이는 효과성을 추구한다'라고 가정한다. 따라서 사람들이 무엇인가를 진정으로 원할 때 효과성을 추구하는 마음이 작동한다. 기존의 사고와 신념, 관행, 습관을 바꾸려는 변화 요구를 내심 갖는다. 원하는 결과에 대한 열망이 클수록 변화 요구도 크다.

이러한 변화 요구는 사람의 마음속에 있으며 쉽게 드러나지 않는다. 자기방어기제가 변화 요구를 방해하기 때문이다. 방어기제는 변화 요구가 있을 때 변화를 거부하도록 작동하는 심리이다. 특히 변

화 요구가 자발적인 것이 아니라 외부적으로 요구된 것이라면, 변화를 추구하기보다 저항한다.

따라서 변화 요구는 자발적일 때, 능동적으로 변화 요구를 충족시키는 행동을 하려고 한다. 변화 요구는 제1장에서 다룬 결정적 행동과 밀접한 관련을 갖는다. 변화 요구를 반영한 행동이어야 그 행동을 실행하겠다는 의도(intention)가 생긴다. 실행의도가 클 때, 일상에서 결정적 행동을 지속적이며 일관되게 보인다. 이 장에서는 변화 요구에 대한 심리를 탐구한다.

1. 사람들은 강요된 변화에 저항한다

사람들은 다른 사람으로부터 진솔한 피드백을 받으면, 그 피드백을 준거로 자신을 본다. 진솔함에 나를 진심으로 존중하는 상대방의 마음이 있다고 생각한다. 따라서 그의 피드백을 객관적이라고 믿는다. 이러한 심리가 작동하기 때문에 진솔한 피드백은 변화를 자극하고 촉진하는 긍정적인 힘을 갖는다.

코칭에서 만난 김지우 팀장은 어려운 가정환경에서도 소위 명문대학교를 졸업했다. 그는 자신의 삶을 만들어 가는 노력과 능력에 대한 자부심이 컸다. 사람들이 부러워할 직장을 다니며 출중한 재능을 발휘하는 배우자와 결혼했다. 그는 늘 자신이 최고라고 생각했다. 자존감이 아주 높았다. 이러한 생각을 한 번도 의심한 적이 없었다. 그런데 어느 날 그는 지인으로부터 다음과 같은 피드백을 받고 무척 놀랐다.

“김 팀장은 독특한 시각에서 대화 주제를 보고 질문하지. 그런데 자기주장이 강하고 맞는 말을 잘하지만, 그 말이 늘 좋게만 들리지 않아. 불편하게 생각하는 사람들이 있어요. 다만 그들이 속마음을 드러내지 않았을 뿐이야. 친분이 두터워지면, 편하게 속마음을 말할 것 같지만 오히려 속으로 삭이는 경우도 있거든. 친한 사람들은 말을 해도 둘러서 말하지. 김 팀장은 그 분위기를 느끼고 파악한 것 같은데 늘 보면 달라진 것이 전혀 없어. 그래서 오늘은 이 말을 꼭 해주고 싶네. 김 팀장은 대화하는 스타일이 똑같아. 변한 것이 없다고. 어떻게 생각해?"

지인과는 10년 이상의 친분 관계를 맺고 있다. 김 팀장은 이전에도 여러 번 비슷한 말을 지인으로부터 들은 것 같았다. 그런데 왜 조금도 그의 말뜻을 알아차리지 못했을까? 아마 알았더라도 당시에는 그의 말을 다르게 해석했을 것이다. 나는 김 팀장과 이 주제에 대해 여러 차례 코칭 대화를 나눴다.

"김 팀장님, 의견 차이가 있을 때, 어떻게 그 상황을 대하십니까?"

"보통 제가 다른 시각에서 대화 주제를 생각하고 질문하는 것처럼 상대방도 자기 자신의 시각에서 의견을 말한다고 생각합니다. 상대방의 말이 내 모습과 연관이 있다고는 미처 생각하지 못했습니다."

"자신과 연관이 없다면, 그때 당신은 어떤 사람인가요?"

"저는 늘 그렇듯이 저의 방식대로 대화합니다. 저는 사리분별을 잘하고 똑똑하다고 생각합니다. 저는 그렇게 생각하죠."

"최근 지인의 피드백을 어떻게 들었습니까?"

"처음에는 내가 달라져야 할 점이 뭐지? 왜 달라져야 하지? 달라져야 한다는 말뜻을 이해할 수 없었습니다. 좀 불편했습니다. 사실 지인이 말하는 달라져야 하는 모습은 본래의 나와 다르거든요. 지인의 말은 고맙지만, 당시에는 받아들이기 어려웠습니다."

1) 변화의 역설

사람들은 흔히 달라져야 하는 모습이 자신의 본래 모습과 다를 때 타인의 변화 요구에 거부감을 느낀다. 외부의 변화 요구에 저항하는 심리가 '변화의 역설'이다(Beisser, 1970). 여기서 역설이란, '자기 존재와 다른 모습으로 강요된 변화 요구는 수용되지 않는다'는 것이다. 변화 요구가 클수록 더 저항한다. 사람들은 자기가 아닌 존재가 되려고 노력하기보다 더 자기 자신이 되려고 할 때, 변화는 자연스럽고 심오하게 일어난다. 따라서 진정한 변화는 '현재의 나'가 더 '완숙한 나'로 성장하는 것이다.

김 팀장이 불편을 경험하는 심리가 변화의 역설이다. 그는 자존감이 높고 자기확신도 높다. 따라서 다른 사람으로부터 변화 요구가 있을 때, 그것은 상대방의 생각이라고 이해했다. 사람마다 각자 자신의 눈으로 세상을 본다. 다른 사람이 나를 그들의 시각에서 보는 것은 당연하다. 마치 스스로 내 생각이 맞고 타당하다고 생각하는 것과 같다.

김 팀장이 처음에 지인들로부터 받은 변화 요구는 자발적이기보다 강요된 것이다. 강요된 변화는 저항을 일으킨다. 따라서 대인관계에서 바람직한 자기 모습을 만들기 위한 결정적 행동을 알아차리고 실행하려는 의도를 억제한다. 그러나 어느 순간, 지인의 피드백에 담긴 진솔함을 느꼈다. 무엇이 그 느낌을 갖게 했는지는 모른다. 어쩌면 코칭 대화를 나누면서 자기인식이 각성되는 빈도가 높았기 때문일 수 있다.

변화의 역설이론에 따르면, 의도적으로 바람직한 모습이라고 정하는 것 자체가 수용되지 않는다. '어떤 모습을 만들어야 한다'는 생각이 변화에 저항을 불러일으킨다. 이러한 저항 때문에 타인이 요구하거나 본인이 목표를 설정하는 경우라도 변화에 성공하기 어렵다.

2) 변화를 만드는 효과적인 방법

나는 코칭에서 만난 리더들을 통해 변화에 대한 저항을 해소하고 그들이 적극적으로 변화를 시도하는 환경을 조성하는 효과적인 방법을 찾았다. 코칭 사례를 들어 소개하겠다.

첫째, 본인의 현재 상태를 스스로 인식하도록 기회를 준다. 코칭에서 만난 문학규 팀장은 명문대와 대학원을 졸업했다. 회사 내에서 핵심 인재로 인정을 받았다. 적어도 한 사건을 경험하기 전까지 실패를 모르고 살았다. 그는 해외사업을 개척하도록 임무를 맡은 후 몇 개월 만에 불어닥친 경제위기로 신설 사업장을 폐쇄했다. 그가 경험한 첫 번째 실패였다. 그 실패의 주된 원인이 외부에 있었지만 그에게는 한으로 남았다. 그는 내면에 실패자라는 주홍글씨를 새겼다.

그와 몇 번의 코칭 미팅을 가졌다. 그는 이전의 활기차고 촉망받는 팀장으로 돌아가 자신의 꿈을 키우고 싶어 했다. 그와 신뢰가 쌓였다고 판단될 때, 나는 그에게 눈을 감고 편안한 자세를 취하도록 했다. 이어서 한을 느끼는 신체 부위에 손바닥을 가져가 보도록 했다. 그는 가슴 주변에 손을 가져갔다. 그리고 몇 번을 시도하더니 한을 느끼는 곳을 찾지 못하겠다고 말했다.

나는 다음과 같은 6단계 포커싱 기법(Gendlin, 1978)을 상세히 소개하고 안내에 따라 스스로 한을 찾아볼 것을 코칭 과제로 부여했다. 그도 코칭 과제를 흥미롭게 여기고 받아들였다.

단계 1 내면에 집중할 수 있도록 주변을 정리한다(clear)

편안한 마음을 갖는다. 그리고 "현재의 삶이 어떻게 돌아가고 있지? 지금 내게 가장 중요한 것은 무엇인가?"라고 자신에게 묻는다. 몸에서 일어나는 감각을 느껴 본다. 몸의 느낌이 답을 준다. 일단 그 느낌을 확인한다. 또 다른 느낌도 찾아본다. 내면에 깊이 들어가지는 않는다. 이 단계에서는 당신과 감각 사이에 공간이 있음을 알 수 있다.

단계 2 몸에서 일어나는 감각을 느낀다(feel)

몸에서 느낀 여러 문제 중에 한 가지 문제를 선택해 집중한다. 개별적으로 생각하기에는 너무 많다. 하지만 이 모든 것을 함께 느낄 수 있다. 당신이 평소에 뭔가를 느끼는 곳에 주의를 기울이면, 거기에서 모든 문제가 어떤 느낌인지 알 수 있다. 모든 문제와 연관해서 느낀 감각이 그곳에 있다.

단계 3 느낀 감각에 머문다(handle)

느낀 감각 그 자체에서 단어, 간단한 문구나 이미지가 나온다. 임의로 부여하는 것이 아니다. 예를 들면, 묵직하다, 무섭다, 따듯하다 등과 같은 단어가 떠오른다. 맞아떨어지는 단어(문구, 이미지)가 나타날 때까지 감각의 속성을 간직한다. 그 느낀 감각에 충분히 머문다.

단계 4 공명을 경험한다(resonate)

느낀 감각과 단어(문구, 이미지)를 서로 비교하며 어떻게 공명하는지를 체크한다. 이때 비교가 맞아떨어지는 공명을 보여 주는 몸의 신호를 포착한다. 몸의 신호가 보여 주는 단어(문구, 이미지)를 선택한다(김 팀장의 경우, 한). 필요하면 느낀 감각에 적합한 새로운 단어 등을 찾도록 반복한다.

단계 5 몸의 신호에 질문을 한다(ask)

"삶의 어떤 문제가 이 몸의 신호를 만들었나? 이 몸의 신호가 내게 말하는 것은 무엇인가? 이 느낀 감각에 담겨 있는 것은 무엇인가?" 라고 질문한다. 답을 얻었다면, 느낀 감각이 다른 감정이나 정서 또는 행동으로 바뀔 때까지 그대로 둔다.

단계 6 감각이 전하는 정보를 받아들인다(receive)

그 감각이 짧게 있다가 사라지더라도 함께 머문다. 감각에 개입하거나 판단하지 말고 관찰자가 된다. 감각이 전하는 정보를 경청한다. 느낀 감각이 다른 것으로 바뀔 수도 있다. 이러한 변화를 그대로 일어나게 둔다. 한 번에 모든 답을 구할 수 없다. 반복해서 탐구한다.

문 팀장과 2주 후에 코칭 미팅을 가졌다. 그는 여러 차례 포커싱(focusing)을 시도했으나 1단계부터 몸에서 어떤 느낌도 경험하지 못했다고 말했다. 이어서 내면에 '한이 없다'는 사실을 알았다고 고백했다. 그동안 내면의 한으로 힘들어했던 지난날은 모두 생각이 만든 허상이었다. 본인 스스로 느끼고 만든 감각에 묶인 것이다.

그는 이러한 감각을 탐구하고 해결했을 때 한을 극복했다. 그가 결정적 행동으로 설정한 것이다. 이 경험을 한 후 그는 이전의 촉망받는 팀장의 모습으로 돌아갔다.

문 팀장의 사례는 '스스로 변화를 만들어야 한다'는 점을 보여 준다. 그의 상사나 인사부서 또는 코치가 변화를 요청했다면 그는 요청에 저항했을 것이다. 타인이 요구하는 팀장의 모습은 달성해야 할 목표로 던져진 것이다. 이러한 목표는 내면의 요구로부터 나온 것이 아니다. 원하는 결과와 내면 요구가 연결되지 않으면 변화는 자발적으로 일어나지 않는다.

둘째, 미래의 자기보다 현재의 자기에 초점을 두고 자기인식을 활성화한다. 문 팀장의 사례가 실증이다. 현재의 자기에 집중할 때 원하는 결과 모습이 내면과 깊게 연결된다. 그렇다고 미래의 자기가 무용하다는 것은 아니다. 미래의 자기가 담대하고 삶의 목적과 일치할 때 현재의 삶에 방향을 제시하는 힘을 갖는다.

자기인식이 활성화되면 원하는 결과를 만드는 데 부적합한 행동들을 변별할 수 있다. 그릇된 습관, 자신만의 고유한 행동패턴, 자동적으로 떠오르는 부정적 생각 등을 찾고 교정할 수 있다. 이와 같이 현재의 관점에서 원하는 결과를 얻을 가능성을 높이는 행동변화에 집중하는 기회를 갖는다. 현재의 자기와 자기인식이 각성되지 않은 상태에서 변화 요청이나 시도는 내적 저항을 불러일으키고 결정적 행동을 억제하는 요인으로 작용한다.

셋째, 진정성 있는 변화를 자극한다. 국내 한 대기업의 임원은 시한부 선고를 받았다. 그는 젊은 시절부터 생사고락을 함께한 회사에 마지막으로 기여하고 싶다는 소망을 갖고 있다. 나는 임원코칭에서 그를 만나 총 8회 코칭세션을 가졌다. 이 과정에서 그의 진정성을 확인했다. 코칭 과제의 일환으로 조직문화 개선을 위한 이벤트를 제안했을 때, 그는 내부인력을 참여시켜 이벤트를 성공적으로 개최했다. 그는 회사의 기업가치를 충실하게 준수했다. 조직문화 개선을 위한 기본 방향과 진행 사항에 대해 의사결정할 때 사용한 기준은 기업가치였다.

만일 코치의 입장에서 이벤트를 제안하고 실행도 책임졌다면 그의 진정성은 이벤트에 담기지 못한다. 따라서 참가자 모두에게 깊은 감동을 주지 못했을 것이다. 나는 다른 기업의 임원을 코칭할 때 유사한 코칭 과제를 제안했다. 그 결과, 본인의 진정성이 원하는 결과를 얻는 결정적 행동을 촉진한다는 점을 재확인했다.

넷째, 자기효능감을 자각하고 발휘한다. 자기방어기제는 변화를 저해하는 대표적인 장애물이다. 동전의 전면이 변화라면, 뒷면은 변화를 억제하는 방어기제이다. 나는 코칭 고객이 사용하는 방어기제를 찾아내 무력화할 수 있는 환경을 조성한다. 그가 변화의 초입에서 이전 상태로 돌아가는 것을 저지하고, 작은 성공 체험을 통해 성장 가능성에 집중하게 하도록 돕는다.

"지금 가능한 것은 무엇입니까?"

이러한 질문을 통해 그가 이전에 머물렀던 상자에서 빠져나와 새로운 상황에 직면하고, 변화와 도전을 시도할 기회를 찾도록 돕는다.

자기 자신과 외부환경을 통제할 수 있는 능력이 부족하면 결정적 행동을 억제한다. 반면 통제 능력을 갖고 있다는 자신감을 가진 사람은 어떠한 상황에서도 목표를 달성하는 자신의 노력과 상황 대응력을 확신한다. 이와 같이 자기효능감이 높은 사람은 급속한 환경 변화에 대응하는 과정에서 기회를 포착하고 이에 몰입한다(Bandura, 1997). 그들은 성공을 예측할 수 있는 기회가 있다면 선택하고 도전한다.

2. 긍정적 이탈로 새로운 변화를 끌어낸다

리더가 조직을 안정적으로 운영하려면 구성원들이 조직의 규범이나 규칙, 가치에 준하는 사고와 행동을 해야 한다. 표준이 만들어지면 효율적인 조직운영이 가능하다. 그러나 여기에 묶이면 변화를 만들기 어렵다. 이러한 관점에서 조직은 표준으로부터 이탈(deviance)을 강하게 통제하지만, 긍정적인 측면에서 의도된 이탈은 허용한다. 긍정적 이탈은 기존의 전형적인 사고 틀에서 벗어난 창의적이며 도전적인 결정적 행동의 실행을 촉진한다. 이는 개인, 팀과 조직의 효과성을 높인다.

이탈에는 부정적 이탈과 긍정적 이탈이 있다(Goode, 2015). 이탈의 통념적인 의미는 부정적인 측면에서 조직의 규범을 의도적으로 벗어난 행동이다. 물건을 훔치거나 조직이나 구성원의 안녕을 위협하거나 해하는 행위이다. 이들은 모두 대표적인 부정적 이탈이다. 사람들은 흔히 이탈을 부정적인 관점에서 생각한다. 이로 인해 긍정적인 측면에서 이탈에 대한 세분화된 사고와 행동을 계획하기 어렵다.

긍정적 이탈은 준거집단의 규범을 벗어났지만, 집단 구성원의 찬사와 지지를 받을 수 있는 방법으로 의도된 행동이다. 그 행동이 개인, 팀과 조직에 이익을 줄 수도 있고, 탁월한 행동으로만 평가받을 수도 있다(Spreitzer & Sonenshein, 2003).

긍정적 이탈은 크게 세 가지 기준에 부합하는 행위이다. 자발성이 있는 행위, 올바르고 존중받을 수 있는 방식으로 이루어진 이탈 행위, 준거집단의 규범으로부터 크게 이탈된 행위이다. 이 세 가지를 충족하는 의도된 행위가 긍정적 이탈이다. 조직에서 긍정적 이탈은 기존의 규범을 위협하지 않으면서 새로운 변화를 만들고 조직을 이끌어 갈 수 있는 잠재력을 가지고 있다(Appelbaum et al., 2007).

1) 긍정적 이탈의 눈으로 세상을 본다

긍정적 이탈은 겉보기에 불가능해 보이지만 그 해답을 찾으려 하고, '원래 그런 것이다'라고 간주하는 것에 의문을 던지고, 불가능하다고 흔히 생각하는 한계를 돌파해 탁월한 결과를 만든다. 이러한 관점에서 긍정적 이탈은 원하는 결과를 얻는 결정적 행동이며, 또 이러한 행동을 촉진하는 영향요인이기도 하다. 대표적인 예는 다음과 같다.

- 2016년 자네티(Zanetti) 박사가 뉴햄프셔주 엡솜에서 기관 후원을 받아 공중보건 계획을 주도했다. 프로젝트 운영자들은 '당뇨병 환자를 위한 디너클럽과 토론'이라는 이름의 이벤트를 열었다. 특별한 방식으로 제2형 당뇨병을 치료한 긍정적 이탈자들이 환자들을 직접 면담하며 도움을 주었다(Zanetti & Taylor, 2016). 특히 치료 장비와 생활 여건이 어려운 환자들에게 자기 자신의 치료 경험과 지식을 공유했다.
- 2001년 지미 웨일스(Jimmy Wales)와 래리 생어(Larry Sanger)는 위키미디어 재단을 공동설립하고 위키백과 서비스를 제공했다. 종래 백과사전은 브리태니커 백과사전이 대표적이었다. 위키백과는 위키를 이용해 전 세계 누구나 함께 만들어 가는 웹 기반의 다언어 백과사전이다. 종래 정보가 특정 전문가에 의해 중앙집중식으로 관리되었다. 위키백과는 누구나 자신의 전문

성을 글로 공유하고 지속적으로 수정·보완하는 방식이다. 위키백과의 내용은 복사·수정과 배포가 자유롭고 상업적 목적의 사용도 가능하다.

- 2000년 스티브 잡스(Steve Jobs)가 애플에 복귀해 강점기반의 경영전략을 수립하고 연이어 MP3 플레이어, 아이폰, 맥북과 같은 제품과 아이튠즈 서비스를 출시했다. 일반적인 경영전략은 문제점을 진단하고 이에 대응하는 전략계획을 수립한다. 잡스는 조직의 핵심 능력, 시장의 기회 포착, 결과지향적인 학습조직과 혁신지향의 조직문화를 강점기반으로 해 가치를 창출하는 경영전략을 펼쳤다. 이를 통해 이해관계자와 외부인의 시각에서 예상을 뛰어넘는 탁월한 성공을 이루었다.
- 1989년 핀란드 헬싱키대학에 재학 중이던 리누스 토발즈(Linus Torvalds)가 유닉스를 기반으로 공개용 운영체제(OS)인 리눅스(Linux)를 개발했다. 1991년 11월 버전 0.02가 일반인에게 완전 무료로 공개되면서 확산되었다. 표준 대신 진화를 선택한 것이다. 유닉스가 중대형 컴퓨터에서 주로 사용되는 것과는 달리, 리눅스는 워크스테이션이나 개인용 컴퓨터에서 주로 활용된다. 리눅스는 각종 주변기기와 사용하는 시스템의 특성에 맞게 소스를 변경할 수 있어 다양한 변종이 출현하고 있다.
- 1983년 9월 대학교수인 무하마드 유누스(Muhammad Yunus)는 방글라데시에 그라민 은행(Grameen Bank)을 설립하고 빈곤층을 대상으로 무담보 소액융자제도인 마이크로 크레디트(micro credit)를 통해 가난을 극복할 수 있는 길을 열었다. 기존의 은행과는 반대로 빈곤계층만을 대상으로 한 은행 서비스를 제공했다. 그는 두 가지를 가정하고 은행을 설립했다. 첫째, 대출은 인

간의 권리이다. 둘째, 빈곤자는 자신이 처한 상황을 개선할 방법을 가장 잘 아는 사람이다.

- 1978년 머크사(Merck & Co.)가 개발도상국에 사상충증(강에 사는 일부 파리의 기생충을 통해 감염되는 열대 피부병)을 퇴치하기 위해 무상으로 약을 개발하여 보급했다. 기업이 영리를 목적으로 하는 집단이라는 점에서 이번 활동은 예외적이다. 또 자발적으로 이루어졌다는 점이 특징이다.

긍정적 이탈과 유사한 개념으로는 친사회적 행동이 있다. 조직 구성원의 시민의식, 내부고발, 기업의 사회적 책임, 창의와 혁신 활동 등이다. 이러한 행동들은 기존의 역할과 책임의 범주 내에서 이루어지고, 규범에서 크게 벗어나지 않는 행동들이다. 내부고발의 경우, 타인을 모함하거나 위협하려는 의도를 가지고 있다면 부정적 이탈이다.

분명히 조직 내에 일반 직원과는 다르게 당면한 복잡한 문제를 포기하지 않고 자기만의 방식으로 해결하는 사람이 있다. 그들을 찾아내어 문제에 접근하는 방식과 과정을 이해하면, 조직의 생산성을 높이는 데 크게 도움이 된다. 리더가 구성원들의 독특한 능력을 활용하는 데 있어 다음 두 가지 질문은 긍정적 이탈자를 찾는 출발점이 된다.

- 당면한 문제를 해결하는 데 탁월한 능력을 발휘하는 사람이 있는가?
- 만일 그가 문제의 해법에 대해 예외적인 의견을 제시한다면, 당신은 그것을 수용하겠는가?

많은 경우, 첫 번째 질문에 대해서는 해당 인물의 목록을 작성할 수 있다. 그러나 두 번째 질문에 대해서는 답하기 쉽지 않다. 그들이 보여 주는 문제해결방법은 집단의 규범이나 행동규칙으로 볼 때 상당히 예외적이기 때문이다. 그들이 보여 주는 예외성을 어떤 눈으로 보고 판단할 것인가? 자신의 의견을 명확하게 표현하는 팀원의 대화를 어떻게 받아들일 것인가? 상사의 지시에 합리적인 근거를 제시하면서 자기 의견을 당당히 드러내는 직원의 태도에 어떻게 대응할 것인가? 자신의 관심 사항에 깊이 몰입하면서 자율적으로 업무를 추진할 수 있도록 업무환경을 허락해 주기를 바라는 직원을 어떻게 할 것인가?

리더의 리더십 스타일이 도전을 받는 상황이 나타난다고 가정해 보라. 우리 조직은 그와 같은 사례를 무시하는가? 아니면 관심을 갖고 예의주시하며 생산적인 결과로 연계되도록 지원하는가? 조직이 긍정적 이탈자에 대해 관심을 가지면, 그들의 문제해결방식을 통해 조직 목표를 달성할 수 있다. 또한 긍정적 이탈자를 포용하고 그들의 문제해결방식을 조직 내에 확산하는 과정에서 의사소통이 활발해지고 열린 대화가 가능한 조직문화가 만들어질 수도 있다.

2) 긍정적 이탈을 사용하는 방법

리처드 파스칼 등(Richard Pascale et al., 2010)은 전 세계 지역문제에 긍정적 이탈의 개념을 적용한 프로젝트에 참여했다. 그들은 특정 사회문제를 해결하면서 공동체에 존재하는 긍정적 이탈자를 찾고, 그들이 불가능하다고 인식되는 상황에서 탁월한 성과를 내는 과정에 주목했다. 파스칼 등은 그들의 저서 『긍정적 이탈(The power of positive deviance)』에서 불가능한 문제를 해결해 가는 4단계 과정을 제시했다(Pascale et al., 2010).

단계 1 문제와 바람직한 결과를 정의한다(define)

공동체 구성원들이 문제의 중요성을 측정한 자료를 만들거나 검토하도록 참여시키고 명확한 목표를 정한다. 문제가 해결되었을 때 과거와는 다른 모습의 바람직한 미래를 분명하게 표현한다. 문제를 해결하는 과정에서 예상되는 어려움, 도전거리를 목록화하고 참여가 필요한 모든 이해관계자들을 파악한다.

단계 2 일상적인 행위를 알아낸다(determine)

공동체 내의 다양한 사람과 대화하면서 문제에 대처하는 일상적인 행위나 규범적인 행위를 파악한다. 이 자료는 다음 단계에서 긍정적 이탈을 이해하고 평가하는 데 기초가 된다.

단계 3 성공하는 행위와 전략을 발견한다(discover)

조사와 관찰을 거쳐 흔하지 않지만 바람직한 결과를 만들어 내는 집단이나 개인을 찾고, 긍정적 이탈자 집단을 구성한다. 이들을 대상으로 심층 인터뷰를 하고, 현장에서 이루어지는 활동을 조직적으로 관찰하고 기록한다. 그들이 문제를 해석하고 있는 내용, 문제를 해결하려는 동기, 문제를 해결하는 수단과 구체적인 행동을 분석한다. 이를 통해 이전에는 적용하지 않았던 독창적인 아이디어를 찾는다.

단계 4 발견 사항에 근거해 액션러닝 계획을 구성한다(design)

문제해결방안이 도출되면 많은 공동체 구성원이 학습하고 실천할 수 있는 기회와 장을 제공한다. 추진체를 구성하고 책임과 역할을 부여한다. 계획에 따른 실천사항과 결과를 주기적으로 수집해 평가하고 피드백한다.

앞의 4단계 접근 방법은 기업이 직면하는 문제에도 적용할 수 있다. 급변하는 시장 환경에 대응해 기업의 영업, 연구개발, 신사업개발 관련 조직 등에서 다양한 도전 과제를 수행하는 과정에서 한계 상황에 직면할 수 있다. 긍정적 이탈은 이러한 상황에서 분명히 한계 상황을 성공적으로 해결해 가는 사람이 있다고 가정한다.

조직 내에 있는 소수의 긍정적 이탈자를 통해 불가능하다고 판단되는 문제를 포기하지 않고 해결할 수 있다. 긍정적 이탈은 문제해결의 한 방식이며, 조직 내 리더십과 조직문화를 바꾸는 촉진자 역할을 한다.

그들이 새로운 변화와 결과를 만드는 결정적 행동에 주목하자.

3. 자기성찰로 행동변화를 점검한다

내면을 탐구할수록 원하는 결과를 얻기 위한 결정적 행동을 억제하는 방어행동과 같은 장애물을 발견하게 된다. 이러한 장애물을 극복할 때 행동변화가 촉진된다. 이를 통해 원하는 결과를 얻는다. 자기 자신과 타인에 대한 인식을 깊고 폭넓게 해 내적 성숙을 키울수록 결정적 행동에 집중할 수 있는 성찰의 힘을 갖는다.

자기성찰은 인식변화가 행동으로 옮겨지는 과정과 결과를 면밀히 점검하고 평가하는 활동으로 자기주도적 학습과 같다. 자기 자신을 깊게 들여다보면서, 자신의 변화 노력 전체를 진지하게 돌아본다. 오로지 자신의 감각에 충실하면서 느낌과 생각을 인식하고, 자신에게 질문을 던진다. 진정한 변화가 일어나려면 자신은 어떤 사람이어야 하는가를 생각하고 학습한 것을 정리한다.

- 내가 염려하는 것은 무엇인가?
- 나는 어디에 묶여 있는가?
- 내가 주저하는 것은 무엇 때문인가?
- 나는 진정 어떤 사람이고 싶은가?

내면을 탐구할수록 자신의 잠재성을 발휘하지 못하게 억누르는 방어행동을 보게 된다. 타인을 비난하고, 결정적인 순간에 수동적인 행동을 보이거나 타인에게 지나치게 의존하는 것도 자기방어행동이다. 방어행동에 대응하기 전에 그 행동에 숨겨진 동기나 요구를 읽어야 한다. 자기 자신과 타인에 대한 인식을 깊게 하고 폭을 넓힐수록 생각과 행동의 변화를 주도할 수 있다.

1) 신념에 묶인 팀장 이야기

이장벽 팀장은 '리더는 성과로 말한다'는 신념을 가지고 있다. 업무목표는 도전적으로 설정하고 과감한 시도를 한다. 팀을 운영할 때도 팀원들에게 업무목표를 할당하는 식이다. 팀장으로서 성과 이외의 이슈는 팀원들과 논의는 하지만, 형식적으로 하는 경우가 다반사이다. 팀원들이 생각하는 팀의 이미지를 보면, 밤하늘에 북극성 하나만 떠 있다고 묘사한다. 북극성은 바로 팀장이다. 회사에 가장 빨리 출근하는 사람도 팀장이고 가장 늦게 퇴근하는 사람도 팀장이다.

팀원들에게 보이는 팀장은 몹시 바쁘고 때론 허둥댄다. 의사결정을 빨리 하지만, 잠시 후 번복하는 경우도 있다. 일이 진행되지 않으면 안절부절못한다. 팀원들을 보는 눈이 마치 감시하는 것 같아서 팀장이 사무실을 순회할 때는 팀 분위기가 냉랭하다. 뭔가 일촉즉발의 긴장감이 있다. 이 팀장은 이러한 분위기를 전혀 알아차리지 못한다. 팀원을 바라보는 팀장의 시각은 이렇다. '팀원은 대개 편하게 일하는 것을 선호하기 때문에 그들이 원하는 분위기로 가다 보면 팀 목표를 달성하기 어렵다'고 그는 생각한다.

이 팀장이 코칭을 받게 된 계기는 팀의 경직된 분위기가 최악으로 가고 있기 때문이다. 팀 성과는 우수하지만 팀장의 리더십에 문제가 있으니 이를 개선하면 더 유능한 리더로 성장할 것이라는 상사의 판단에 따른 것이다. 코칭에서 만난 이 팀장은 팀원에 대한 불만을 노골적으로 드러냈다. 팀원 다수의 사고와 행동이 맘에 들지 않았고, 목표 대비 성과가 미진한 부분은 팀원들의 탓으로 돌렸다.

그는 최근 실적이 부진해서 팀장의 지위와 역할이 위협받고 있다고 생각했다. 자신을 희생자로 보는 것이다. 때론 실적부진을 시장 상황이나 사내 여건이 좋지 않기 때문이라고 그 원인을 외부로 돌렸다.

이 팀장은 자기방어적인 논리를 가지고 현실을 대했다.

"내가 목표를 설정하고 기대하는 것에 비해 팀원들이 따라오지 못합니다. 현재 경력직이 부족하고 대부분 신입사원 수준입니다. 일을 하고 싶어도 할 수가 없는 구조입니다. 성과를 낸다는 것이 놀라운 일이지요."

이러한 경우 자신의 모습을 객관적으로 보는 것이 필요하다. 이 팀장의 리더십 행동에 대해 이 팀장이 자신을 보는 것과 타인이 보는 것을 진단하고 비교했다. 이 팀장은 비전과 목표를 명확하게 제시한다고 생각하지만, 팀원들은 독단적이고 자기주장이 강하다고 보았다. 팀 회의나 일반 대화에서 이 팀장은 개선이 요구되는 부분에 대해 상세하고 정확하게 피드백을 주고 있다고 생각했다. 반면에 팀원들은 지시와 질책 중심이고 자율성을 주지 않기 때문에 답답하다고 호소했다. 이와 같이 팀장과 팀원 간에는 근본적인 시각 차이가 존재했다. 이러한 시각 차이가 클수록 이 팀장의 리더십이 미치는 영향력은 작아졌다.

"팀장님, 진정 되고 싶은 팀장의 모습은 무엇입니까?"

이 팀장은 팀원들로부터 존경을 받고 싶어 했다. 탁월한 성과를 만드는 것도 알고 보면 팀원들이 팀장을 능력 있는 리더로 평가하고 따르길 바랐기 때문이다. "성과 이외에 팀원의 존경을 받는 방법은 무엇일까요? 자신의 어떤 부분이 바뀌면 팀원들이 더 존경할 것으로 생각하십니까?"

이 팀장에게 질문에 대한 답을 찾도록 마라톤 경주를 상상하게 했다. "당신이 팀원들과 뛰고 있는 모습을 상상해 보십시오. 어떤 모습인지 설명해 주시겠습니까?" 이 팀장은 목표지점을 향해 열심히 뛰고 있는데, 팀원들은 보이지 않는다고 말했다. 결승점에는 함께 도달해야 하는데 혼자 뛰고 있기 때문에 공동 우승을 하기는 쉽지 않다고 했다.

"그럼 함께 우승하기 위해서는 어떻게 하시겠습니까?"

이 팀장은 목표를 향해 달리기만 했던 자신의 모습을 전반적으로 되돌아보았다. 그동안 직원들의 생각을 알아보는 질문을 하기보다 목표가 어느 정도 달성되었는지를 질문했다. 쌍방향 대화를 하기보다 자신의 생각을 주로 말하고 전달하는 독백을 했다. 목표를 중심으로 대화하다 보니, 인정하고 칭찬하기보다는 질책하고 비난하는 대화가 더 많았다. 철저하게 나 중심의 대화를 했다.

그는 가정에서 가족 간의 대화도 "특별한 일 없지?"라고 묻는 것이 대부분이었다. 가족의 성장을 도와주고 함께 생활하는 가장보다는 팀을 관리하듯 대화하고 지시하고 평가하는 역할을 했다.

이러한 자기성찰을 통해 자신이 원하는 탁월한 성과를 이루는 데 방해가 되는 요인은 타인이나 환경이 아니라 바로 자기 자신이라는 결론에 도달했다. 팀장 역할을 성공적으로 수행하기 위해서는 지금의 모습에서 근본적인 변화가 필요하다고 스스로 확신했다.

"혼자 뛰는 것이 아니라 함께 뛰어야 합니다."

"어떻게 하는 것이 함께 뛰는 것일까요?"

이 팀장의 표정에서 변화의 의지가 보였다. 나는 이 팀장과 토의를 통해 구체적으로 함께 뛰기 위한 실천행동을 확정하도록 도왔다. 그는 다음과 같이 다짐했다.

- 먼저 3분 듣고 질문한 후 내 말을 한다.
- 나의 생각과 다르다고 잘못된 생각이 아님을 인정한다.
- 하루에 3명 이상의 팀원을 칭찬하고 인정한다.
- 대화에서 100% 확신할 때, 20%를 내려놓는다.
- 일과 개인생활을 균형 있게 조절한다.

자기대화가 이루어진 이후 자기성찰을 통해 인식변화가 행동으로 옮겨지는 과정과 결과를 검토한다. "지금 이슈가 무엇인가? 예상대로 진행되지 않는 것은 무엇인가? 왜 그와 같은 이슈나 지연이 발생했는가? 왜 주저하는가? 근본적인 원인은 무엇인가?" 자기성찰은 자기주도적 학습과 같다. 자기 자신에 집중하고 자신을 깊게 들여다보면서 자신의 본질에 대해 진지하게 생각하는 것이다.

2) 자기성찰을 하는 방법

자기성찰은 원하는 결과를 얻기 위한 목표 지향적인 방법이다. 목표와 방향에 맞는 결과를 만들지 못하면 다음 단계의 변화로 나아갈 수 없다. 고객이 스스로 자기성찰을 생산적으로 하는 단계적 접근과 유용한 질문은 다음과 같다(이석재, 2023).

단계 1 성찰할 변화 주제를 선정한다

변화의 시작과 종료까지 전체 과정에 적용한다. 성찰에 집중할 수 있는 공간을 확보한다. 지금 경험한 느낌과 생각, 행동을 되돌아보고 환경이 변화 노력에 미치는 영향과 추가적인 변화가 필요한 사항을 찾는다. 추가 사항을 변화 주제로 선정한다. 변화 주제는 변화의 목적에 적합한 것으로 제한한다. 변화 주제를 부정적인 것으로 정하면 정신적으로 압도당할 수 있으므로 주의한다. 자신에게 다음의 질문을 순차적으로 하고 변화 주제를 찾아본다. 변화 주제는 현재 상태에 만족할 수 없다고 판단되어, 지속적인 변화 노력이 필요한 것이다.

- 지금까지 변화 활동에 어떤 일이 일어나고 있는가?
- 지금 불편하게 느끼는 것, 개선되어야 할 것은 무엇인가?
- 달라져야 한다면 그 변화의 근원은 어디에 있는가?

단계 2 변화 주제에 대한 답을 찾는다

변화 주제에 대해 탐구할 질문을 생각하고 답을 찾는다. 원하는 결과를 얻는 데 중요한 느낌과 생각을 적어 본다. 이 과정에서 중요한 점은 변화 주제의 핵심을 다룰 때, 자기 자신에게 진실해야 한다는 것이다. 통찰이 일어나면 새로운 관점을 가질 수 있다. 새로운 관점과 통찰의 의미를 깊게 탐구한다. 변화 주제에 대해 탐구할 질문을 할 때, 다음의 질문을 추가로 한다.

- 이 질문은 변화 주제에 대한 답을 찾는 데 초점이 맞춰져 있는가?
- 이 질문에 대한 답은 내면을 충분히 탐색한 결과인가?
- 내가 지금 놓치고 있는 것은 무엇인가?

단계 3 통합적인 시각에서 개선점을 확정한다

변화가 요청되는 맥락과 원하는 결과와 연결성을 갖고 있는 범위에서 개선점을 명확하게 서술한다. 개선점의 대상은 정서, 인지, 행동에 속한 것이다. 개선점의 내용은 지금보다 더 발전적인 방향으로 나아가는 데 필요한 것으로 한다. 다음 질문을 통해 통찰한 내용을 정리한다.

- 성찰을 통해 학습한 것은 무엇인가?
- 원하는 결과를 얻을 가능성을 높이는가?

• 다음 단계를 진행한 후에 결과를 확인할 수 있는가?

4. 코칭 사례: 팀 변화로 개인 변화 이끌기

팀 변화는 리더와 팀원들의 개인 변화에도 영향을 미친다. 개인의 관점에서 '변화 요구–결정적 행동–원하는 결과'를 연결할 때, 팀은 개인 변화가 일어나는 중요한 맥락이다. 팀효과성을 향상하고자 하는 경우 팀이 원하는 결과를 성취할 가능성을 높이는 결정적 행동을 찾고, 이를 실행하기 위한 계획을 수립하는 팀 워크숍을 개최한다.

결정적 행동은 원하는 결과를 얻을 가능성에 직접적인 영향을 미치는 행동이다. 이 행동은 팀이 지금까지 보여 준 여러 행동에 포함되어 있을 수 있다. 그러나 그 행동을 면밀히 관찰하고 분석하지 않으면 쉽게 파악되지 않는다. 팀장은 연구를 하듯이 지속적으로 결정적 행동을 찾아야 한다. 결정적 행동은 원하는 성과를 얻는 열쇠이다.

최규환 팀장은 기술환경 변화에 선제적으로 대응할 수 있도록 준비하고, 고객이 요구하는 품질 수준보다 더 높은 수준의 제품을 개발해 회사의 경쟁력과 수익성을 개선하는 데 기여하는 역할을 담당하고 있다. 그러나 최 팀장의 리더십이나 팀의 성과는 사업부장의 기대에 미치지 못하고 있다. 팀의 성과가 부진한 이유는 어디에 있는 것일까?

사업부장과 인사부서의 의견을 종합해 보면, 최 팀장은 현재보다 더 높은 수준의 성과를 낼 수 있는 잠재력을 갖춘 우수한 팀원과 경쟁사와 비교해 차별적인 경쟁력을 확보한 사업을 담당하고 있다. 팀장의 경력을 보면 해당 팀의 업무에 맞는 직무 전문성을 갖추고 있으며 팀장에 대한 사내 평판이 무난하다. 이와 같은 판단에 근거해 사업부장은 팀장의 리더십을 향상하는 개인 코칭과 팀효과성 향상 워크숍을 함께 추진해 보기로 결정했다.

팀장의 리더십만으로 팀 변화를 만들기는 쉽지 않다. 팀장과 팀원이 함께 참여하여 공동 과제로 추진할 때 성공할 가능성이 더 크다. 따라서 효과성 코칭에서는 팀장을 대상으로 한 개인 코칭을 전개하면서 팀장과 팀원이 모두 참여하는 팀 코칭을 한다.

나는 한 대기업의 소속 팀을 대상으로 팀효과성을 향상하는 코칭을 전개했다. 기본 설계는 팀장에 대한 개인 코칭을 8회 진행하면서, 팀장과 팀원이 참여하는 팀효과성 향상 워크숍을 1회 개최하는 통합적 접근을 따랐다. 팀 변화를 만드는 코칭 설계이기 때문에 팀장과 팀원이 함께 참여해 팀 변화를 만드는 일련의 활동을 성공적으로 운영할 수 있도록 디자인했다. 이를 통해 팀 변화를 만들고 개인 변화를 이끌려고 한다.

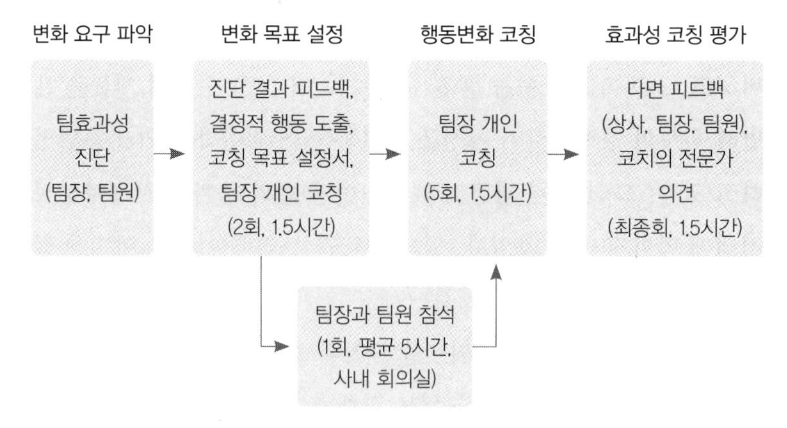

[그림 2-1] 팀 변화를 만드는 코칭 설계(이석재, 2015; 2020a)

단계 1 변화 요구 파악

팀장을 대상으로 한 사내 리더십 진단 자료가 있기 때문에 이번 프로젝트에서는 팀을 대상으로 한 팀효과성 진단만을 실시했다. 진단의 주요 결과는 다음과 같다.

- 긍정성 요인을 보면 팀 정체성이 강점으로, 스트레스가 개발 필요점으로 나타났다.
- 생산성 요인에서는 명확한 목표와 전략, 주인의식이 강점으로 나타났고, 주도성과 자원지원 요인이 개발 필요점으로 나타났다.
- 팀의 긍정성(3.93)과 생산성(3.88)에 대한 진단 결과로 볼 때, 균형을 갖춘 팀의 모습을 보였다(5점 Likert 척도).
- 팀에 대한 팀장과 팀원의 호감도는 100점 만점에 85점 이상으로 높게 나왔다.

이 결과를 토대로 팀효과성 향상 워크숍을 디자인했다. 이 워크숍의 목적은 팀의 결정적 행동을 찾고 팀의 긍정성과 생산성을 향상하는 실행계획을 수립하는 것이다.

단계 2 변화 목표 설정

최규환 팀장의 리더십을 분석해 보면 프로젝트의 일정에 따라 안정된 업무수행과 성과를 보였다. 팀원 개개인을 세심하게 배려하고 자율성을 부여했다. 팀원의 잠재성을 키우고 활발한 소통을 통해 신뢰를 구축했다. 이러한 스타일로 변화와 혁신을 추구하려는 노력보다 팀을 안정적으로 운영하려는 경향을 보였다.

성과는 내지만 더 큰 성과를 만들지 못했다. 또 외부 환경 변화를 예측하고 미래지향적인 과제 개발, 선제적으로 프로젝트를 제안하는 활동 등이 미흡했다. 팀장 본인도 이러한 자신의 모습을 인지하고 있었다. 이번 코칭 프로젝트에 참여하면서 그는 팀장 중심의 팀 운영을 지양하고 팀원들과 대화를 통해 상호협력하면서 변화관리를 주도하는 리더십을 발휘하는 것을 변화 포인트로 설정했다.

최규환 팀장은 이번 코칭에서 원하는 결과로 세 가지를 설정했다. 팀의 핵심 역할인 기술환경 변화에 선제적으로 대응해 준비하고, 고객의 요구를 넘어서는 고품질의 제품을 개발하고, 회사의 경쟁력과 수익성을 제고하는 데 기여하는 것이다.

이러한 결과를 만들기 위한 팀장의 결정적 행동과 구체적인 실천 행동을 도출했다. 최 팀장은 다음 두 가지 행동을 결정적 행동으로 확정했다.

- 팀원의 참여를 끌어내는 소통 리더십을 강화한다.
- 팀의 변화 방향에 대한 저항을 이해하고 완화한다.

또 결정적 행동이 성공적으로 실천되었을 때 기대되는 팀원들의 반응과 팀의 변화된 모습에 대해서도 상상해 보고 서술적으로 변화된 모습을 작성했다. 그는 앞의 내용을 담은 코칭 목표 설정서를 작성했다.

단계 3 행동변화 코칭

최 팀장에 대한 개인 코칭은 총 8회로 하고, 코칭 미팅은 면대면 방식이며 회당 1.5시간을 기본으로 해 격주로 진행되었다. 최 팀장의 행동변화 코칭은 코칭 목표 설정서에 명시된 내용을 중심으로 전개되었다. 코칭 전반부에는 팀장의 리더십 변화와 팀의 변화가 시너지를 내도록 팀효과성 향상 워크숍을 진행했다. 이어서 행동변화 코칭은 코칭 목표와 워크숍에서 수립한 실행계획을 연결하는 것이다.

팀효과성 워크숍은 다음 4단계를 따라 진행한다. 워크숍을 진행하는 시간은 구성에 따라서 차이가 있지만, 기본은 5시간이다.

- 단계 1: 팀이 원하는 결과 정의

팀장과 팀원은 먼저 팀이 가장 원하는 결과가 무엇인지를 정했다. 당해 연도 팀 목표를 조기에 달성하고 미래지향적인 과제(안)를 선제적으로 발굴하는 것을 원하는 결과로 확정했다.

- 단계 2: 결정적 행동의 도출

코치는 모든 팀원에게 개인별로 팀효과성 진단 보고서를 배포하고, 보고서를 읽는 법을 알려 주었다. 이어서 모든 팀원이 결과를 해석하고 시사점을 찾아 정리하도록 요청했다.

코치는 다음 두 가지 질문을 던졌다.

–원하는 결과를 만들기 위해 팀이 보여야 할 결정적 행동은 무엇입니까?
–그 행동을 통해 원하는 결과를 얻는다면, 구체적으로 언제 그 행동을 보여야 합니까?

팀장과 팀원들은 팀효과성 진단의 결과를 참고해 두 질문에 대한 답을 토의했다. 그 결과, 사업부와 팀의 변화관리 내용과 방향에 대한 정보가 팀원들과 공유되지 않는 데 불만과 저항이 많았다. 이러한 소통 부족으로 인해 팀 내 불안이 증폭하고 미래지향적인 자기관리가 어려웠다.

한 예로, 경력개발에 대한 방향과 계획을 세우기 어려웠다. 조직이 오랫동안 존속하면서 팀원이 보수적인 성향을 가지고 있어 변화가 요구될 때 방어적인 모습을 보이는 경향도 있다. 따라서 이러한 인식을 바꿀 필요가 있다. 또 서로 다양성을 존중하면서 주도적으로 해야 할 일과 할 수 있는 일을 찾아서 추진하는 열정과 주도성을 보여야 한다는 데 동의했다.

그룹토의를 마친 후 도출한 실천행동들을 내용의 유사성을 토대로 범주화하고, 각각의 범주에 행동중심으로 주제어를 작성했다. 이어서 각 주제어에 대해 결정적 행동의 세 가지 속성을 상, 중, 하 등급으로 평가하고 총점을 산출했다.

이를 바탕으로 두 개의 결정적 행동을 최종 선정했다.

–상호 신뢰하고 다양성을 존중한다.
–팀원들 간에 업무 공유를 활발히 한다.

• 단계 3: 실행계획 수립

두 개의 결정적 행동별로 팀이 상호 신뢰하고 다양성을 존중하기 위한 실천행동과 팀원들 간에 업무 공유를 활발히 하기 위한 실천행동을 논의하고 합의했다. 세부적인 실천행동을 도출한 후 정리하는 과정에서 실천행동의 우선순위와 개수에 대한 논의가 있었다. 팀원들은 우선적으로 두 개의 행동에 집중하기로 결정했다. 팀의 변화가 어느 때보다 엄중하다는 데 모두 동의하고, 그에 따른 결정을 내렸다.

① 상호 신뢰하고 다양성 존중

–일의 전문성을 서로 신뢰하고 주도적 활동을 돕는다.

–평가하고 판단하기보다 생산적인 피드백을 먼저 한다.

② 팀원들 간에 업무 공유하기

–팀의 업무가 개선된다고 생각하면 우선 알려 준다.

–내 일 외에 동료를 위한 정보 공유도 적극적으로 한다.

• 단계 4: 실행에 필요한 지식, 기술, 태도

팀원이 결정적 행동과 세부 실천행동을 성공적으로 수행하는 데 필요한 지식, 기술, 태도에 대해 브레인스토밍을 했다. 일에만 집중하는 상황이 반복되면서 정신적 · 육체적으로 탈진되고 있다. 말 한 마디라도 서로를 존중하고 배려하는 자세로 하기, 좋은 일과 소식을 나누기, 서로 인정하고 긍정적인 대화를 주고받기를 실천하는 것으로 의견 일치를 보았다.

단계 4 효과성 코칭 평가

팀장은 주간회의에서 프로젝트별로 발표를 할 때, 다른 팀원의 도움과 협조가 있었던 사항과 기대하는 사항을 꼭 포함할 것을 요청했다. 코치와의 개인 코칭에서 워크숍에서 정리한 실행계획을 실천한 내용에 대해 '10분 뉴스' 시간에 팀원과 공유하기로 했다. 워크숍이 종료된 이후 팀장 코칭은 면대면으로 회당 1.5시간, 격주 미팅으로 6회를 진행했다. 코칭 후반부에 팀효과성 진단을 2차로 진행할 것을 제안하였으나, 전사 차원에서 이미 많은 진단이 실시되고 있어 재진단을 실시하지 못했다.

코칭의 성과 평가는 상사와 본인, 팀원의 피드백으로 구성되었다. 코치 의견은 정보 공유에 대한 것으로 팀장은 현재 상황에서 팀 변화와 관련해 공식 채널을 통해 수집되는 정보만을 팀원들과 공유해 팀장과 팀원 간의 신뢰를 유지할 것을 조언했다. 일부 팀원은 팀 변화에 대한 저항이 많이 해소되었다고 말했다.

최규환 팀장의 사례를 통해 맥락 효과를 확인했다. 맥락 효과란, 우리가 특정 자극을 지각하고 인식과 판단하는 과정에 그 자극을 둘러싸고 있는 환경 요인의 영향을 받는 것을 뜻한다(Tversky & Simonson, 1993). 팀은 팀원이 속해 있는 집단으로서 맥락에 해당한다. 따라서 팀 변화는 개인 변화에 영향을 미친다.

팀이 담대한 목표를 설정하고 성취하고자 할 때, 팀원도 팀 목표에 상응하는 과감한 자기변화를 주도해야 한다. 이때 팀 역동은 팀원 개개인의 변화에 영향을 미친다. 팀이 원하는 결과를 얻고자 팀 차원의 결정적 행동을 도출했다면, 팀 변화를 통해 팀원이 선택한 결정적 행동을 구체적으로 실행하는 데 지대한 영향을 미칠 수 있다.

생각 파트너의 심리코칭

다음 질문에 대한 생각을 정리해 보십시오.

• 생각(Think): 지금 어떤 변화가 필요하다고 생각하십니까? 변화 요구를 한 문장으로 표현해 보십시오.

___

___

___

• 선택(Choose): 당신의 변화 요구는 다음 일곱 가지 요구 중에서 어느 것과 관련이 있습니까? COACH ME 요구는 필자가 2002년부터 2018년까지 코칭한 조직 리더들의 변화 요구를 범주화기법으로 분석해 정리한 것입니다.

C	**주도적으로 삶을 구성하기(Construction)** 사람들은 자신의 삶을 주도적이며 적극적으로 구성하려고 한다.
O	**자신만의 시선 키우기(Orientation)** 사람들은 자신과 타인 및 환경을 바라보는 독특한 시각을 가지고 있고, 코치는 이를 존중하고 확대되도록 돕는다.
A	**늘 깨어 있는 인식 갖기(Awareness)** 사람들은 자신의 모습을 객관적으로 자각할수록 자신의 강점과 부족한 점을 발견하게 되고, 변화의 주제를 명확하게 설정한다.
C	**협업을 통해 성장하기(Collaboration)** 사람들은 혼자 자기 성장을 이끌어 갈 수도 있지만, 공동 목표를 달성하기 위해 다른 사람과 협업할 때 그 활동은 더 촉진된다.
H	**삶의 희망 키우기(Hope)** 사람들은 현실적인 사고 틀에서 벗어날 때, 새로운 가능성을 발견하고 현재보다 더 성장하고자 하며 멋진 기대와 꿈을 갖는다.
M	**더 나은 나와 일의 성취 추구하기(Motivation)** 사람들은 보다 나은 나, 더 나아가 최고의 나가 되고자 하며, 일터에서는 최고의 성과를 내고자 한다.

삶의 목적 탐구하기(Explore)

E 사람들은 자신을 포함해 타인과 환경에 대해 끊임없이 탐구하려고 하며, 그 과정을 통해 학습하고 성장하는 경험을 한다.

- **실행(Act)**: 선택한 변화 요구를 실행으로 옮긴다면 지금 무엇을 하겠습니까? 이 책에서 소개한 효과성 프레임워크(변화 요구–결정적 행동–원하는 결과)를 따라 실행에 옮겨 보십시오.

원하는 결과는 상호의존적이다

"그저 관심만 보이는 사람을 육성하지 말라.
헌신하는 사람을 육성하라. 헌신 없이는 성공할 수 없다."

– 켄 블랜차드(Ken Blanchard), 세계적인 경영컨설턴트

원하는 결과는 현재 시점에서 얻고자 하는 것이지만 더 본질적인 것일 수 있다. 예를 들면, 삶의 목적으로부터 나온 것이다. 삶의 목적에 기초한 것일 때, 원하는 결과 자체가 갖는 영향력이 아주 크다. 원하는 결과가 자신의 존재 이유를 담고 있다면 상황에 따라서 산발적으로 생겨나는 원하는 결과는 중요하지 않을 수도 있다.

그러나 조직의 일원으로서 한 개인은 조직이 원하는 결과를 거부하기 어렵고, 개인이 원하는 결과와 상충하기도 한다. 따라서 개인이 원하는 결과를 이해하려면 그가 원하는 결과의 맥락을 필히 고려해야 한다. 여기서 맥락이란, '변화 요구–결정적 행동–원하는 결과'가 상호 연결될 필요가 있는 상황을 뜻한다.

원하는 결과는 독립적으로 존재하는 개념이 아니다. 조직 차원에서 보면 조직 리더의 관심은 원하는 결과의 성취에 있다. 그러나 구성원의 관심은 결과를 만드는 과정에서 생기는 변화 요구의 반영에 있다. 이와 같이 세 가지 요소는 밀접하게 연관되고 상호의존적 관계에 있다. 따라서 시스템적이며 통합적인 관점에서 원하는 결과가 성취되는 과정을 살펴야 한다.

1. 원하는 결과가 불명확하면 바쁘기만 하다

국내 한 대기업에 종사하는 김지영 팀장은 매년 팀의 성과목표를 성공적으로 달성했다. 사내에서 대인관계가 원만해 평판도 긍정적이다. 그러나 시간이 갈수록 걱정과 스트레스로 내심 힘들어하고 있다. 그는 조만간 석사학위논문을 제출하는 기한을 또 연기해야 한다. 업무가 바쁘다 보니 학업을 계속 미루고 있다.

그의 개인적 관심의 첫 번째 우선순위는 당연히 석사학위를 취득하는 것이다. 그러나 팀장으로서 최우선 관심은 성과목표를 달성하는 것이다. 그는 새해가 되면 신념 다짐 목록을 작성한다. 그리고 습관처럼 앞의 두 가지 목표를 목록에 포함한다. 나는 그에게 다음과 같이 물었다.

"당신이 진정 원하는 결과는 무엇입니까?"

그는 쉽게 대답하지 못했다. 나는 그에게 '이루고 싶은 결과'와 '원하는 결과'를 구분해서 답변하도록 요청했다. 이루고 싶은 결과는 원하는 결과와 다르다. 원하는 결과는 개인과 조직의 변화 요구가 결과에 반영된 것이다. 이루고 싶은 결과는 변화 요구와 무관하게 달성해야 할 결과이다.

따라서 리더는 변화 요구와 이루고 싶은 결과를 결합해 원하는 결과를 만들어야 한다. 변화 요구와 연결된 원하는 결과는 개인의 잠재성을 발휘하도록 자극하고 그를 몰입하게 한다. 결국 결정적 행동을 촉진하고 더 큰 결과를 만든다. 이러한 과정에서 개인 개발이 조직 개발로 연계된다. 개인이 성장한 결과가 조직 성장으로 나타난다. 이와 같은 논리에서 변화 요구와 원하는 결과를 연계하는 결정적 행동을 억제하는 요인이 있다면 찾아서 제거해야 한다.

김지영 팀장은 연말 인사평가면담에서 사업본부장에게 자신의 성장계획을 소개하고 실행계획에 대해 진지하게 논의했다. 자신의 성장이 팀 목표를 달성하고 팀 문화와 관리에 어떤 긍정적인 기여를 하는지를 설명했다. 또한 팀 변화가 사업부에 기여하는 점도 강조했다.

김 팀장은 인사평가면담을 통해 석사학위 취득을 위한 시간과 학비를 사업부로부터 지원받을 가능성을 탐색했고 이후 확정되었다. 그가 원하는 결과를 만드는 성장 비전을 명확하게 제시했기 때문이다. 이는 그가 주도적으로 선택한 결정적 행동이다. 그는 결국 코칭이 종료된 다음 해에 석사학위를 취득했다.

개인의 성장이 반영된 도전적인 목표를 원하는 결과로 설정하면 그에 따른 개인 차원의 결정적 행동이 구체적으로 드러난다. 김 팀장은 그동안 개인의 성장을 위한 변화 요구를 조직의 변화 요구와 연계시키지 못했다. 석사학위 취득을 개인적인 일로만 생각했다. 따라서 그는 자신의 개인 요구를 충족할 수 있는 현실적인 방법을 찾지 못했다. 이렇다 보니 학위 취득에 대한 요구가 늘 마음속에 있었지만 우선순위에서 하위로 밀려났다.

결정적 행동은 원하는 결과를 얻을 가능성을 높이는 행동이다. 따라서 원하는 결과를 명확하게 정의하지 못하면 결정적 행동을 도출하기 어렵다. 개인이나 조직 모두 목표를 세우지만, 목표 달성에 성공한 비율은 낮다. 2016년 국내 남녀 직장인 761명을 대상으로 새해 초에 세웠던 목표를 달성한 정도를 조사한 결과를 보면, 평균 52.2%인 것으로 나타났다(잡코리아, 2016. 11. 29.).

1) 목표 달성에 실패하는 이유

나는 목표 달성에 실패하는 원인과 이유를 다룬 관련 학술연구, 전문기관의 분석자료, 인터넷에서 검색한 자료, 고민 상담의 글 등을 조사했다. 수집된 자료에서 실패 이유와 원인을 공통 주제별로 묶었다. 분석 결과, 주된 이유는 목표 설정의 문제, 심리적인 문제, 관리와 자원의 문제 등 세 가지였다(이석재, 2019).

(1) 목표 설정의 문제

목표는 세웠지만 원하는 결과를 얻지 못하는 경우, 먼저 목표 설정에 문제는 없는지 살펴야 한다. 조지 도란(George Doran, 1981)이 제시한 목표 달성을 위한 SMART 원칙(구체성, 측정 가능성, 배정 가능성, 현실성, 시간 제약성)과 관련이 높다. 목표 설정에서 발생하는 문제는 다음과 같다.

- 목표 달성을 가능하게 하는 촉진 요인과 억제 요인에 대한 분석 없이 목표만 세운다.
- 목표 달성을 위해 노력하는 과정에서 필요한 개인 변화를 고려하지 않고 설정하기 때문에 목표 달성 노력이 중단된다.

- 목표를 설정할 때, '만약 ~하다면'과 같은 발생 가능한 사건에 대한 완벽한 답을 찾지 못해 목표 설정이 지연되거나, 설정 과정에서 의욕이 고갈된다.
- 달성하려는 목표의 수가 너무 많아 초점을 잡기가 어렵다.
- 목표 달성이 이루어지는 기한을 정하지 않는다.

(2) 심리적인 문제

목표를 확정하고 달성하는 전체 과정에서 행위자의 심리적인 요인이 목표 달성에 실패하는 주된 원인으로 작용한다. 주된 심리적인 문제는 다음과 같다.

- 목표의 의미와 가치, 삶의 목적과의 연관성 등에 대한 인식 부족으로 성취동기가 낮고 목표를 내재화하지 못한다.
- 타인의 요구를 따르거나 보여 주기식으로 목표를 설정한다. 또 타인이 선택한 목표를 자신도 달성해야 할 것으로 생각하고 선택한다.
- 현 상황에서 목표가 최종 해결방안일 때 목표 달성에 집착, 실패에 대한 두려움, 성공해도 만족하지 못할 것에 대한 두려움에 묶이고 중압감에 실패한다.
- 목표 수립 전에 조바심을 갖는다. 목표를 달성할 수 있다는 신념과 능력에 대한 믿음이 부족하고, 실패에 대한 타인의 평가와 시선을 염려한다.
- 목표를 달성해도 그 결과를 받을 만한 자격이 없다고 생각하며 자기 자신을 저평가한다.
- 목표 달성을 위한 시간관리가 미흡하고 인내력 부족으로 필요

한 행동을 지속적이며 일관되게 하지 못한다.

- 목표를 달성할 가능성을 부정적으로 보기 때문에 실패에 대한 불안을 과장하고 억제 요인, 위험 요인에 집중한다.
- 목표 달성에 필요한 행동에 집중하기보다 너무 많은 행동에 주의를 기울임으로 인해 심리적으로 압도되고 탈진한다.

(3) 관리와 자원의 문제

목표 달성을 위해 필요한 관리 시스템, 시간과 인적 · 물적 자원을 확보하지 못하는 경우 목표 달성에 실패하게 된다. 주된 자원과 지원의 부족 문제는 다음과 같이 요약할 수 있다.

- 목표 달성을 위한 시간과 예산 투입, 목표 달성의 활동과 진척도 등을 체계적으로 관리하는 툴이나 시스템이 없거나 자원 부족으로 목표 달성을 위한 활동에 집중할 수 없다.
- 목표를 달성하는 과정에 대한 의욕과 동기의 동요가 있을 수 있다. 의욕과 동기가 저하된 경우, 심리적인 응원과 격려를 줄 수 있는 인물이 주위에 없다.
- 목표를 수립할 때, 예상하지 못한 상황으로 인해 추가로 자원 지원이 필요한 경우를 사전에 고려하지 못해 중단된다.
- 목표 달성에 필요한 정보, 지식과 기술을 습득할 수 있는 기회를 확보하지 못한다.

2) 원하는 결과를 설정하는 방법

원하는 결과는 개인적인 변화 요구를 충족하는 목표이다. 리더에게 원하는 결과는 개인과 조직의 변화 요구가 조화롭게 반영된 목표이다. 따라서 원하는 결과를 명확하게 정의하려면, 먼저 변화 요구의 심리적 근원을 객관적으로 파악해야 한다. 또 원하는 결과를 설정하는 관점을 고려할 필요가 있다. 다음 세 가지 방법을 참고하자.

(1) 자기인식의 준거와 연결한다

삶을 대하는 자기인식은 변화 요구-결정적 행동-원하는 결과를 연결하는 근원이다. 자기인식은 사람들이 갖는 멘털 모델(mental model)에 기반한다. 이와 같이 무엇인가를 원한다는 것은 사람의 내면에서 나온다. 내면에서 나온 것일수록 원하는 결과를 열망한다.

따라서 원하는 결과를 설정할 때, 삶에 대한 자기인식을 구성하는 다섯 가지 요소에 대한 생각을 확인한다. 기본적인 질문은 "전반적으로 원하는 결과는 삶에 대한 자기인식의 준거와 연결되어 있는가?"이다. 이 질문에 대해 부정적인 답은 결정적 행동을 억제하는 요인으로 작용한다. 그러므로 원하는 결과가 자기인식의 준거와 연결되는지를 확인하고 그 연결성을 높이도록 한다. 연결성을 높이기 위해 필요하다면 원하는 결과의 내용을 수정하거나 재구성해 본다. 자기인식의 준거는 다음과 같다. 이와 관련된 상세한 내용은 제5장 '자기인식을 깨워 변화를 촉진한다'에서 살펴볼 것이다.

- 정체성: 나는 누구인지 알고 있다.
- 주체성: 나는 원하는 삶을 구상하고 만든다.
- 목적성: 나는 존재 이유를 알고 있다.
- 일치성: 나는 삶의 목적과 합치되는 생활을 한다.
- 수용성: 나는 현실을 조건 없이 있는 그대로 받아들인다.

(2) 미래 관점에서 현재를 본다

사람들은 원하는 결과를 설정하면서 자기인식을 각성한다. 이를 바탕으로 자신의 삶을 구상하고 책임지는 인본주의적인 심리를 경험한다. 만일 현실을 먼저 확인하려고 하면, 당면한 현실문제를 떠올리면서 이 문제를 해결하기 위한 대응방안을 모색한다. 이때 사람들은 현실적인 결핍, 상대적 박탈감, 실패와 좌절 등을 극복하는 평가적이며 부정적인 사고를 할 가능성이 높다. 현실문제가 자기인식과 자기존중에 대한 관심을 압도하는 것이다.

따라서 미래 관점을 먼저 취하고 자신에게 질문한다. "원하는 것은 무엇인가?" 이 질문에 대한 응답으로 현재를 본다. 코칭의 1세대인 존 휘트모어(John Whitmore)는 '성과코칭'(Whitmore, 1992)을 통해 사람들에게 목표 설정을 먼저 하라고 제안했다. 그는 사람들이 자신의 삶을 당당히 마주하는 존재방식을 선택하도록 지지하고 돕고자 했다. 또 자신의 목표를 설정하고 달성하는 과정에서 자기인식과 책임감을 가져야 한다고 강조했다. 원하는 결과를 스스로 선택하고 결정하는 것이다.

(3) 어리석은 선택을 하지 않는다

윌리엄 글래서(William Glasser)는 인간의 선택과 행동을 유발하는 힘은 외부에 있지 않고 내부에 있다고 주장했다(Glasser, 1965; 1998). 사람들은 현실에서 얻는 느낌, 행동, 생리적인 결과와 사고를 주체적으로 선택할 수 있다고 본다. 예를 들면, '오늘 너무 화가 난다'가 아니라 '오늘 내가 너무 화를 내고 있다'와 같이 본인이 선택한 결과라는 것이다. 그는 능동적인 선택을 통해 삶을 구상하고 결정하는 자유를 강조했다. 그 선택의 결과가 원하는 결과를 가져오지 못할 수도 있다. 중요한 점은 감정, 생각과 행동의 주체가 바로 나라는 것이다.

그러나 사람들은 불확실한 상황에서 판단할 때, 합리적으로 사고하기보다 외부 정보나 준거에 의존한다(Tversky & Kahneman, 1974). 오늘날과 같이 불확실하고 변동성이 높고 예측 불가능한 시대에는 합리적 사고를 하기 어렵다(Thurman, 1991). 따라서 사람들은 기대와 달리 합리적인 선택과 의사결정을 하지 못하는 경우도 있다.

선택을 하지만 어리석은 선택을 피하는 것이 중요하다. 이를 위한 효과적인 방법은 어리석은 선택이 가져올 부정적 결과는 피하고, 원래 원하는 결과를 얻을 수 있는 대안을 찾는 것이다. 이러한 사고방식이 비합리적인 선택에 따른 실수를 줄일 수 있다.

2. 실행의도가 약하면 결과를 놓친다

결정적 행동은 원하는 결과를 얻을 가능성을 높이는 행동이다. 원하는 결과가 담대하면 이것을 얻기 위한 행동은 이전의 행동과 달라야 한다. 따라서 결정적 행동은 원하는 결과를 만드는 데 필요한 행동변화를 수반한다. 행동변화연구에 따르면 행동변화를 이루겠다는 목표의도보다 언제 어디서 어떻게 행동하겠다는 실행의도가 행동변화를 만든다(Gollwitzer, 1999). 여기서 의도(intention)의 사전적 의미는 무엇을 하고자 하는 생각이나 계획, 또는 무엇을 하려는 결의를 뜻한다. 심리학에서 의도는 개인의 태도(또는 요구)와 행동을 매개하는 개념이다.

실행의도라도 인지적으로 명료화와 구체화 과정을 거쳐야 원하는 결과를 얻으려는 목표의도로 발전하고 결과적으로 행동변화를 만드는 영향력을 갖는다. 이와 같이 '실행의도–목표의도–행동변화'가 서로 연결되려면 행동에 대한 지각된 통제가 중요하다. 행동에 대한 지각된 통제는 행위자가 자신의 행동을 실제로 얼마나 잘 수행하고 통제할 수 있는지에 대한 주관적 평가이다.

1) 인지전략과 행동의도의 심리기제

의도를 실제 행동으로 옮기기 위해서는 행동을 할 기회와 시간, 돈, 기술, 타인의 도움과 협력 등과 같은 자원이 영향을 미친다. 이러한 요소들은 행위자가 지각하는 통제에 영향을 미친다. 목표를 달성하려는 열망에 '이것은 꼭 이루겠다'고 다짐해도 실패하기 쉽다. 우리의 경험으로 보면 신년 다짐은 작심삼일이 되기 쉽다. 다짐하는 의도는 좋지만 의도가 실행을 보장하는 것은 아니다. 자기 통제에 실패하기 때문이다. 그 결과로 실행의도가 약하면 결정적 행동을 일관되게 지속하기 어렵다.

효과성 코칭을 실천하는 코치는 코칭 고객(이하 고객으로 부름)이 원하는 결과인 코칭 목표를 달성하도록 네 가지 인지전략(강점발견, 관점확대, 통찰 심화, 자기수용)을 통해 행동의도(실행의도와 목표의도를 포함)를 자극한다. 관점이 확대될수록 기존 행동은 조직 차원에서 새로운 도전으로 발전하고 과감한 도전으로 커진다.

강화된 행동의도를 경험한 고객은 개인 생활과 일터에서 가능성을 탐색하고 결정적 행동을 실행에 옮긴다. 개인 차원에서는 기존 행동에 변화를 시도한다. 가능성을 탐색하고 나아가 창의적 행동으로 발전한다. 이러한 과정을 통해 잠재력이 성장하고 최고 수준의

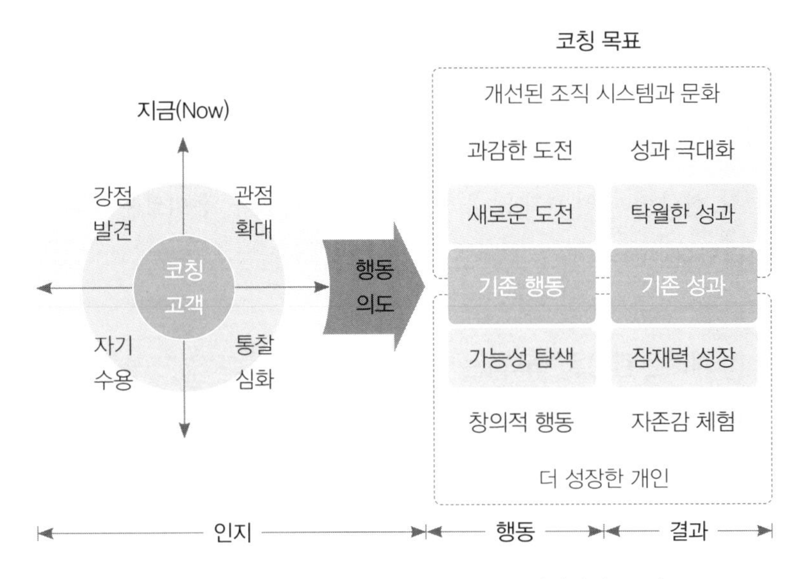

[그림 3-1] 효과성 코칭 목표의 달성 흐름도(이석재, 2015)

자존감을 체험한다. 이를 통해 더 성장한 개인이 된다. 조직 차원에서는 새로운 도전과 과감한 도전을 한다. 그 결과, 기존의 성과가 탁월한 성과, 성과 극대화로 커진다. 전반적으로 조직 시스템과 문화가 개선된다.

흐름도에서 볼 수 있듯이 행동의도는 인지와 행동을 연결한다. 인지적으로 변화 요구가 일어나도 원하는 결과를 얻는 결정적 행동을 하는 데는 행동의도가 가시적으로 드러나야 한다.

2) 실행의도를 촉진하는 방법

우리가 상황을 지각하는 방식은 결정적 행동을 실행하는 통제 가능성에 영향을 미친다. 부부가 서로 갈등하면서도 만족스러운 결혼 생활을 영위한다면, 그것을 가능하게 하는 것은 무엇인가? 심리학자인 머레이 등(Murray et al., 1996)은 이에 대해 재미있는 답을 제시했다. 그들은 부부를 면담하면서 서로에 대해 긍정적인 면과 부정적인 면을 물어보았다. 연구자들은 면담 후 그들이 부부관계를 유지하는지, 한다면 어떤 관계를 유지하는지를 추적했다. 흥미로운 결과가 나타났다.

(1) 새로운 관점을 자극하는 '그러나'의 힘

배우자가 상대방에 대해 부정적인 면을 이야기하면서도, '그러나(but)' 그 부정적인 면에 대해 다른 해석을 갖고 있을 때, 그들 부부는 갈등을 극복하고 원만한 관계를 유지했다. "우리 남편은 꼼꼼해서 힘들어요. 그러나 그것 때문에 우리가 실수를 적게 하지요."와 같이 꼼꼼함이 갖는 부정적인 면과 긍정적인 면을 모두 보는 것이다. 이러한 상황 지각이 갈등을 통제할 가능성을 높인다.

문제가 상대방에게 있겠지만, 제한된 시각에서 상대방을 보는 것도 문제일 수 있다. 다시 갈등의 원인을 들여다보자. 그것의 또 다른 해석과 숨겨진 의미를 찾아보자. 이 과정에서 부부가 서로 긴밀하게 연결되어 있다는 것을 알게 된다. 지금까지 함께 나눈 삶은 결코 혼자 주도한 것이 아니다. 알게 모르게 서로 만들어 놓은 것이다.

상대방을 질타할 때, 일부는 당신이 만들어 놓은 것일 수 있다. 서로 행복한 부부관계를 유지하고 싶다면, 부정에 담긴 긍정의 요소와 의미를 찾아보는 것이다. 다음 문장에 A와 B의 내용을 채워 보자. 부부 갈등을 새로운 관점에서 볼 수 있는 시각을 제시할 것이다.

"배우자는 (A:) 것이 문제이다. 그러나 (B:)해서 좋다."

(2) 감정의 스펙트럼 넓히기

갈등을 유연하게 지각하는 또 다른 방법은 감정 스펙트럼을 넓히는 것이다. 빛의 성분을 파장에 따라 배열한 스펙트럼처럼 감정을 부정과 긍정에 따라 배열한 스펙트럼을 생각해 보자. 그리고 자신에게 질문해 본다. "나는 어느 정도의 감정 폭을 경험했는가?" 상대방에게 공감하려면, 다양한 감정을 공유하고 느낄 수 있을 만큼 감정 스펙트럼을 폭넓게 경험하는 것이 효과적이다.

직접 경험할 수 없다면 간접 경험을 통해서라도 내면의 감정을 각성하고 섬세하게 다듬어야 한다. 간접 경험으로 가장 유용한 것은 책을 읽는 것이다. 감정 스펙트럼의 폭이 넓을수록 상대방의 감정을 공감하고 포용할 가능성이 높다. 서로의 감정 차이가 불러올 갈등을 지혜롭게 통제할 수 있다.

(3) 변화를 주도적으로 선택하기

나는 벤저민 하디(Benjamin Hardy, 2020)의 책 『최고의 변화는 어떻게 만들어지는가』를 읽고 변화를 만드는 심리기제를 생각했다. 이 책의 원제는 『Personality isn't permanent: Break free from self-limiting beliefs and rewrite your story』이다. 성격을 바꿀 수 없다는 통념에 묶이지 말고 주도적으로 자신의 삶을 만들라는 것이다.

나는 이 책의 내용을 한 문장으로 요약해 보면 '변화는 선택이다'라고 생각한다. 이 말은 삶을 내하는 태도이며 주체성을 반영한 것이다. 따라서 나는 '변화는 선택이다'라는 것이 책의 요지라고 생각한다. 선택에 방향성을 주는 것은 삶의 목적이며, 정체성은 삶의 이야기를 새롭게 쓴다. 그는 삶의 목적과 정체성이 상호작용하는 과정에서 요구되는 많은 선택 사항을 결과지향적으로 보라고 말한다. 삶을 수사적으로 보거나 현학적으로 보일 수 있는 접근, 즉 삶의 과정을 중시하는 접근은 무용하다고 본다.

저자는 자신의 주장을 뒷받침하기 위해 각종 연구결과, 저명한 인물들의 삶, 그들이 남긴 말들을 적시 적소에 사용한다. 때로는 논리적으로 받아들이기 어려운 주장을 반복하기도 한다. 예를 들면, 열정, 동기, 자신감 등을 행동의 부산물로 보는 주장이다. '먼저 행동하라'를 중시하는 입장이다. 따라서 행동하면서 체험하는 것으로 보았다.

나는 '어떤 행동을 하느냐'가 더 중요하다고 생각한다. 그의 책을 읽으면서 2019년에 출간한『내 삶을 바꾸는 생각 혁명』의 프롤로그에 쓴 자기 삶을 주도적으로 구상하고 만들라는 내 관점을 떠올렸다. 하디가 변화를 만드는 네 가지 지렛대(트라우마를 조절한다, 정체성을 다시 쓴다, 잠재의식을 강화한다, 환경을 바꾼다)를 선정한 것은 내게 시사하는 바가 컸다. 나는 삶을 변화시키고 싶은 사람들의 실행의도를 통제하고 원하는 행동변화를 만들 수 있다고 생각한다. 그래서 나는 '변화를 만든다'는 점에서 하디의 생각에 공감했다.

(4) 강력한 질문의 힘

질문은 실행의도를 자극하고 강화한다. 경영 컨설턴트의 대가 피터 드러커(Peter Druker)는 "훌륭한 선생은 질문을 잘한다."라고 말했다. 대화에서 질문은 여러 효과가 있다. 질문은 대화의 물꼬를 터 주어 대화를 더욱 활발하게 만든다. 질문은 상대방이 더 생각하도록 이끌고 이러한 과정에서 상대방은 스스로 답을 찾기도 한다. 질문을 주고받으면서 이전에는 몰랐던 새로운 정보를 얻을 수도 있다. 질문은 묵묵부답이었던 사람의 마음을 조금씩 열리게 한다. 마음의 문이 열리는 것이다.

세계적인 토크쇼의 여왕으로 명성을 얻은 오프라 윈프리(Ophra Winfrey)는 불우한 청소년기를 보냈던 것으로 알려져 있다. 어느 날 의붓아버지는 오프라에게 삶을 사는 사람들의 여러 모습을 소개했다.

"세상에는 세 종류의 사람이 있다. 첫 번째 사람들은 일을 만들어 낸다. 두 번째 사람들은 남들이 일을 만들어 내는 것을 바라본다. 세 번째 사람들은 무슨 일이 일어나는지조차 모른다."

그리고 강력한 질문을 했다.

"너는 어떤 사람이 되고 싶으니?"

이 강력한 질문은 오프라에게 자신의 인생을 돌아보고, 미래를 향해, 자신의 꿈을 향해 도전하게 하는 강력한 질문이었다. 자신이 현재 이 순간에 어떤 모습으로 있는지를 돌아보고, 어떤 모습의 삶을 살아야 하는지를 곰곰이 생각하게 하는 강력한 질문이었다. 또한, 현재의 자기에 머무르지 않고, 자신의 문제점과 해결책을 스스로 발견하고 자기의 존재감을 더 확장할 수 있는 길을 깨닫게 해 주는 질문이었다.

이런 질문을 코칭에서는 발견질문이라고 한다. 기존의 사고방식에 얽매이지 않고 새로운 관점을 찾도록 도움을 준다. 자신의 현재 모습에 묶이지 않고 숨겨진 자신의 모습을 자각할 수 있는 길을 묻는다. 또 주어진 문제에 대한 답을 스스로 찾도록 도와준다.

3. 결과를 만드는 상호협력을 끌어낸다

우리 속담에 '백지장도 맞들면 낫다'는 말이 있다. 쉬운 일이라 하더라도 협력하면 훨씬 더 쉬워진다는 뜻이다. 이 속담이 전하는 지혜는 개인생활과 일터에서도 공통적으로 적용된다. 원하는 결과를 만들고 싶으면 상호협력이 답이다.

특히 공동의 목표가 명확할 때 상호협력의 성과는 놀라웠다. 2001년 9월 미국의 쌍둥이 빌딩이 테러를 당했을 때, 연방항공국의 목표는 미국 전역의 상공에 떠 있는 5,000대 이상의 항공기를 신속히 가까운 비행장에 착륙시키는 것이었다. 위기 상황에 대응하는 매뉴얼은 있었지만, 실제 상황은 더 극한 상황이었다. 공동 목표는 관계기관의 소통을 결집시켰고, 대응결과는 성공적이었다.

2002년 중국 광둥 지역에서 발생한 사스(SARS)의 감염경로와 바이러스를 추적하기 위해 9개국의 11개 연구소를 온라인으로 연계해 문제를 해결했다. 두 사례는 모두 공동 목표가 명확할 때, 상호협력은 초유의 사건을 성공적으로 해결하는 데 결정적인 해법이라는 것을 단적으로 보여 주었다.

2019년 12월 31일, 중국의 우한시에서 원인 불명의 폐렴 환자 27명이 발생하면서 처음 공식적으로 보고되었다. 그 후 세계적인 대유행으로 확산되어 2020년 3월 세계보건기구에서는 팬데믹으로 선언했다. 2020년 1월 국내에서 첫 번째 환자가 발생했으며 2024년 현재 종결되지 않은 상태이다. 2022년 '세계재난보고서(World Disasters Report 2022)'에 따르면, 한국의 코로나19 대응 활동을 성공 사례로 평가했다. 코로나19 발생 후 초기 대응에 이견이 있지만, 신속하고 광범위한 진단 검사와 확진자 추적, 진단키트 개발과 자가 격리 조치를 시행한 점을 긍정적으로 들었다. 또 이 과정에서 대한적십자사도 신속하고 투명한 정보 공개로 국민의 신뢰를 얻었다. 정부와 민간의 적극적인 협력, 국민 참여를 통해 사회적 연대를 견고하게 구축한 것을 성공 원인으로 분석했다.

1) 팀 차원의 상호협력이 결정적 행동이다

팀장은 각 팀원이 만드는 결과를 합친 것보다 더 큰 결과를 만들 수 있다. 팀의 심리적 역동성을 면밀히 관찰해 시너지를 낼 수 있는 티핑 포인트(tipping point)를 찾아 자극하고 폭발한 팀 에너지를 활용해 원하는 팀 성과를 만드는 것이다. 팀원들의 상호협력을 끌어내는 코칭 역량은 탁월한 성과를 원하는 팀장이 꼭 갖추어야 할 리더십 요소이다.

영업 능력이 탁월했던 김호진 팀장은 '개인의 영업 능력을 극대화할 때 탁월한 성과가 나온다'는 신념을 가지고 있다. 그는 팀장이 되면서 각 팀원의 영업 능력을 세밀히 관찰하고 분석했다. 고객을 만나 신뢰를 쌓고 판매 상품에 대한 정보를 설득력 있게 전달하고 최종 구매 결정을 하기까지 살폈다.

그는 팀 회의에서 자신의 영업 경험과 노하우를 활용해 성과를 내는 데 필요한 변화 포인트를 개인별로 피드백했다. 팀장을 맡고 6개월이 될 때 원하는 만큼의 성과가 나타났다. 그러나 이상하게 그 이후 영업 실적에 큰 진전이 없었다. 영업의 달인이란 별칭을 가진 팀장으로서 전혀 상상하지 못한 결과이다.

도대체 김 팀장의 무엇이 문제일까?

김 팀장은 성공 패러다임에 갇혀 있었다. 자신의 성공 스토리에 기초해 리더십을 발휘하는 경우 사람보다 일, 협력보다 경쟁, 전체보다 부분에 집중할 가능성이 높다. 직무 역량은 뛰어나지만, 리더십 역량은 부족하다. 김 팀장에게 새롭게 필요한 역량은 직무 역량보다 리더십 역량이다.

전통적인 리더십은 인적자원의 역량과 잠재성을 활용하기보다 관리와 통제를 통해 원하는 결과를 만들어 낸다. 그러나 시장이 글로벌화되고 경쟁이 치열해지면서 기능 간의 연계성, 신뢰와 상호의존성, 창의성, 다양성 존중과 책임성을 기반으로 '상호협력을 통한 협업'이 새로운 경쟁력이 되었다. 이러한 관점에서 조직의 최소 단위인 팀을 맡은 팀장에게도 상호협력을 끌어내는 리더십이 중요하다.

김호진 팀장은 개인 코칭에 참여하면서 상호협력을 끌어내기 위한 사전 활동으로서 팀원들의 관점과 요구를 파악하기로 했다. 그는 팀원들을 개인 면담하면서 두 가지 사실을 알게 되었다.

하나는 팀의 목표와 개인 목표를 체계적으로 연계해 관리하지 못했다는 점이다. 전사 차원에서 영업성과를 분석하고 여러 상품의 판매전략을 바꾸고 있지만, 자신만이 그 변화를 인지하고 있었다. 팀원에게 해당 변화를 수시로 알려 주고 체계적인 대응전략을 고민하는 소통이 부족했다.

다른 하나는 팀원들의 의식변화이다. 김 팀장은 팀원 개인의 역량을 키우고 성과를 내도록 이끌면, 팀장과 팀원 간의 결속이 강화되고 이를 기반으로 지속적인 성과가 나타날 것으로 생각했다. 그러나 팀원들의 생각은 달랐다. 팀은 없고 팀장 한 사람과 일하는 느낌을 가졌다. 팀에 대한 소속감, 팀 정체성 등은 전혀 형성되지 않았다. 팀원들이 서로 경쟁관계에 있다는 사실에 더 민감해지고, 때로는 영업 능력에 있어 팀장을 경쟁자로 의식하게 되었다. 팀원들은 이러한 생각들로 인해 스트레스를 받았다.

2) 팀의 역동성을 관찰하고 코칭하라

심리학자들은 실험연구를 통해 주의집중의 오류가 지각과 인식에서 나타난다는 점을 밝혔다. 특정목표 대상물이나 생각에 주의를 집중하다 보면 맥락에 대한 정보를 지각하거나 인식하는 데 실패한다. 한 곳에 시선을 집중하면 그 주변이 흐려지고 식별하기 어려운 것과 같다.

성과에 집중하다 보면 이러한 오류에 쉽게 빠진다. 팀장은 자신의 역할이 결과를 만드는 생산자가 아니라 조력자라는 인식을 가져야 한다. 나무도 보지만, 숲도 보는 균형감을 가져야 한다.

따라서 팀장은 팀의 역동성을 객관적으로 관찰할 수 있는 심리적 여유와 여건을 스스로 마련해야 한다. 그래야만 팀원들의 잠재성을 끌어내어 어떻게 원하는 결과를 만들 것인지를 연구할 시간이 생긴다.

상호협력을 성공적으로 이끄는 팀장의 역할과 단계적 접근 방식은 다음과 같다.

단계 1 공동 목표를 확인하고 설정한다

공동 목표가 주어질 때 팀원들이 상호협력 관계에서 일을 수행할 가능성이 높다. 상호협력을 촉진하기 위한 팀 코칭을 진행할 때, 코치는 미리 팀장과 대화를 통해 확인하는 것이 있다. 팀원들이 공동 목표를 명확하게 이해하며, 개인별 목표가 상호배타적이면서 포괄적으로 세분화되어 있는지 여부를 확인한다. 또 팀원의 직무와 역할이 개인 역량과 육성 방향에 합치하는 방향으로 배분되어 있는지를 확인한다.

영업팀은 팀 워크숍을 통해 공동 목표를 '새로운 영업방식의 첫 성공 스토리 만들기'로 정했다. 코치는 팀장과 팀원들의 관심이 공동 목표에 집중하도록 상호협력을 촉진하는 요인과 억제하는 요인을 도출하고 대응방안을 모색하도록 도왔다.

① 상호협력을 억제하는 요인

- 팀원들이 상호 무관심하고 소통이 부족
- 이기주의적인 사고와 행동, 타인에 대한 배려가 부족한 모습
- 인과응보식의 대응으로 경직되고 대립적인 관계
- 상호불신으로 이해관계와 거래적 관계에 민감
- 도움을 주고받기보다 오로지 이득만 취하기

② 상호협력을 촉진하는 요인

- 업무수행과정에서 취득하는 정보와 직무 경험에 대한 공유
- 다양한 의견에 대한 수렴과 일치를 끌어내기
- 열린 소통을 통해 속마음을 공유하고 팀 차원에서 해소하기
- 팀워크를 통해 개인의 잠재력을 팀 차원에서 발휘하기
- 팀원들 간에 상호규범의 원칙에 따라 도움을 주고받기

단계 2 긍정적 자기인식을 통해 관점을 확대시킨다

팀장은 팀원들이 각자 긍정적으로 자기를 인식하고 객관적으로 자신을 보도록 돕는다. 자기 피드백이나 타인 피드백으로부터 자기 자신을 변화시키도록 한다. 예를 들면, 팀원이 오랫동안 공을 들여온 고객과 계약을 성사시켰다면, 팀원의 잠재성과 성과 간의 연계성에 대한 피드백을 한다.

"김철수 님, 지난 3개월간 포기하지 않고, 불가능해 보이는 고객과 계약을 마친 것을 축하합니다. 김철수 님은 인내력과 도전정신이 탁월합니다. 같이 일하니 마음 든든합니다."

이러한 인정을 담은 팀장의 긍정 피드백은 현재의 자기인식을 고양하고 확대시킨다. 이러한 경험은 상자 안의 사고에서 상자 밖의

사고를 하도록 돕는다. 자기중심성에서 벗어나면서 자신과 환경을 통제할 수 있는 자기결정능력을 가지고 있다는 긍정적 인식을 갖게 한다.

이를 통해 팀의 공동 목표에 대한 주인의식을 갖고 주도적으로 맡은 업무를 수행할 가능성을 높인다. 또한 성과 측면에서 개인중심의 기여자를 팀 차원의 팀 기여자로 전환시킨다. 팀 워크숍에서 팀원들은 각자 피드백의 핵심 내용과 '팀 기여자가 되기 위한 변화 포인트와 실천행동'을 개발했다.

단계 3 상호이해를 기반으로 상호의존성을 강화한다

팀효과성을 향상하려면 팀원들이 독립적인 의식과 개별적인 업무수행 중심에서 상호의존적이라는 인식을 가져야 한다. 또 협력적인 의식을 갖고 협동의 비중을 높이는 조치를 취한다. 이를 위해 팀장은 상호의존성이 높은 사회적 관계를 구축하는 데 초점을 둔다. 더불어 이전보다 더 팀 성과에 기여할 수 있는 팀원이 되도록 코칭한다.

상호의존성을 높이기 위해서는 자기중심성에서 벗어나 타인의 관점을 소중하게 생각하고, 타인이 지각하는 나 자신에 대한 인상과 피드백을 중요하게 인식하도록 한다. 이를 통해 서로를 이해하는 폭과 깊이를 키운다.

김 팀장은 팀원들과 타인의 관점 갖기, 공감적 경청, 다양성 수용, 상호의존성에 대한 자각, 관점 전환을 경험하게 하는 팀 활동에 참여했다. 팀 내에서 각자의 업무가 다른 사람의 업무와 어떤 연계성을 가지고 있고, 업무수행에 있어 구체적으로 무엇을 달리하면 업무 연계성과 효율성이 높아질 것인지를 명확하게 정의하고 실행 과제를 도출했다. 이때 팀원의 자율성과 주도성이 요구된다.

상호의존성은 중립적인 상태의 의미를 갖지만, 팀의 기능적인 측면에서 보면 팀 역동성의 근간이다. 따라서 기다리는 것이 아니라 찾아가는 적극성이 필요하다. 상호의존성은 팀 내의 관계와 타 팀과의 관계에도 적용된다.

단계 4 새로운 가능성의 발견, 성공 사례를 만들라

지난 2014년 브라질 월드컵에서 독일이 아르헨티나를 1 대 0으로 누르고 우승컵을 차지했다. 독일이 16강에 진출해 알제리, 프랑스를 차례로 이긴 것은 주최국 브라질에 7 대 1로 완승하고, 최종 우승하는 데 견인차가 되었다. 브라질 월드컵 이후 독일은 사회 각 분야의 성공 사례를 발굴해 글로벌 시장에서 '독일 모델'을 강조하며 수출했다.

작은 성공 사례는 팀원에게 긍정적인 자기인식을 심어 주고 가능성을 도전과 성취의 기회로 만들려는 동기를 자극한다. 성공을 경험하면, 성공을 만드는 과정에 작동했던 요인들의 관계성을 경험하게 된다. 성공을 만드는 논리를 알게 된다.

김 팀장은 타 팀과의 업무관계에서 청취한 긍정 피드백을 팀원들과 수시로 공유하고, 팀 내에서도 서로 피드백하는 시간을 만들었다. 이 팀은 연말에 사례들을 정리해 '성공 사례집'으로 발간할 예정이다. 큰 성공은 아니더라도 이전보다 긍정적인 내부변화와 외부 피드백을 성공의 주요 지표로 삼았다. 상호협력이 긍정적인 결과로 나타날 때, 변화의 지속성을 높이는 강화요인이 되고 새로운 가능성을 낳는 자극제가 된다.

단계 5 실행과정 관리, 성과변화에 대해 피드백하라

상호협력은 일회적인 활동이 아니라 공동 목표를 달성하기 위해 노력하는 일련의 과정이다. 따라서 상호협력의 초기 모습이 원하는 목표를 달성하는 방향에 부합한지를 팀원들에게 수시로 피드백하는 것이 중요하다.

베리 등(Berry et al., 2005)은 두 가지 유형의 피드백을 제안했다.

하나는 긍정 피드백으로 행동, 영향, 인정으로 구성된다. 팀장은 팀원들의 행동을 관찰하면서 그 행동의 영향이 긍정적인 부분에 대해 알려 주고, 인정하는 대화를 한다. 인정은 팀원의 바람직한 행동을 그의 내적 특성으로 설명하는 것이다. "홍길동 님, 일을 완결하는 것을 보니 책임감과 치밀함이 훌륭합니다."라고 말하는 것이다. 앞서 단계 2에서 소개한 것과 같은 형식이다.

다른 하나는 부정적인 피드백으로 행동, 영향, 기대, 결과로 구성된다. 공동 목표와 연계해 기대하는 것과 바람직한 결과를 명확하게 알려 준다. "박철호 님, 이번 달 영업목표를 달성하지 못했네요. 이번 분기에 팀 목표 달성이 어느 때보다 중요한데 걱정입니다. 다음 달 영업실적을 달성할 것으로 기대합니다. 매주 영업목표 달성 정도를 체크하길 바랍니다."

김 팀장은 팀원 개인별로 원하는 결과를 얻기 위해 바람직한 행동과 바람직하지 않은 행동, 그 행동들의 영향 및 기대하는 사항에 대해 피드백했다. 이러한 피드백은 원하는 결과를 얻을 가능성을 높이는 결정적 행동이다. 팀장과 팀원들은 공식적인 팀 회의나 수시 업무 미팅에서 대화를 할 때, 피드백을 구성하는 요소들을 꼭 포함했다.

팀이 원하는 결과를 만드는 팀 차원의 결정적 행동은 상호협력이다. 팀장은 팀의 개인 차원과 팀 차원의 역동성을 동시에 관리해야 한다. 김호진 팀장은 팀의 역동성을 새롭게 이해하고, 역동성이 팀 성과의 원천임을 깨달았다. 효과성 코칭은 이와 같이 팀원의 긍정적 자기인식을 중요하게 다룬다.

팀효과성을 향상하기 위해 코치는 팀 코칭 워크숍을 개최하고, 팀장과 팀원들이 자기 피드백이나 타인의 피드백을 토대로 자기인식의 확대를 꾀하도록 돕는다. 팀원들이 상호이해를 바탕으로 상호의존성의 중요성을 인식하고 공동 목표를 주도적으로 달성하고자 할 때, 상호협력은 효과적으로 발휘된다. 공동 목표와 상호의존성은 팀의 핵심 특성이다.

4. 코칭 사례: 팀장의 성과리더십 향상

역량과 성과를 연계시키는 결정적 행동은 원하는 결과를 얻을 가능성을 높인다. 고객으로 만난 김순옥 팀장은 이미 사내에서 팀원을 코칭한 경험을 갖고 있다. 코칭에 대한 기초 과정을 학습하고 현장에 적용한 것이다. 그는 매년 더 높은 성과를 달성해야 한다. 결코 쉽지 않은 일이다.

첫 코칭이 있는 날은 화창했다. 코칭 세션은 주로 회사 내에 있는 소회의실이나 대화를 방해받지 않는 공간에서 이루어졌다. 이번에는 회사 근처에 있는 조용한 커피숍에서 가졌다. 실내 공간이 차단벽으로 구분되어 있어서 조용하고 대화에 집중하기 좋다. 또 코칭 대화가 일어나는 물리적 공간이 회사 밖일 때, 마음도 편하고 개방적인 상태가 된다.

단계 1 변화 요구 파악

나는 팀장과 인사를 나눈 후 바로 코칭 대화로 들어갔다.

"지난번에 전화를 통해 코칭 프로그램의 목적, 진행 방법, 기간 등에 대해 전반적인 사항을 공유했습니다. 이와 관련해 추가로 궁금한 점이 있습니까?"

"없습니다. 그때, 상세히 안내해 주셔서 감사합니다."

"감사합니다. 그럼 오늘 이 시간을 어떻게 사용하면 도움이 되겠습니까?"

"이메일로 보내 드린 관심 사항의 첫 번째인 성과 이슈가 가장 큽니다. 어떻게 하면 성과를 낼 수 있을지에 대해 대화를 나누었으면 합니다."

"팀장님, 이렇게 해 보시겠습니까? 두 손을 앞으로 나란히 내어 보십시오. 손바닥이 위를 향하게 합니다. 좋습니다. 현재 어떻게 성과를 만드십니까? 성과를 만드는 데 가장 중요하게 고려하는 것을 하나 선정해서 오른손에 올려놓으십시오."

"도전적인 목표입니다. 팀장으로서 회사와 사업부, 고객이 원하는 결과에 대해 매년 도전 목표를 설정합니다. 그들이 원하는 결과 그 이상의 도전적인 목표를 설정합니다."

"좋습니다. 이번에는 다음으로 중요하게 고려하는 것을 왼손에 올려놓으십시오."

"요즘 신세대 팀원들의 업무수행 태도가 중요하고 생각합니다."

"네, 잘하셨습니다. 자, 그럼 두 손을 번갈아 보십시오. 그리고 생각나는 대로 말씀해 보시기를 바랍니다."

"도전적인 목표를 달성해야 하는데 신세대 팀원들의 업무수행 태도가 말썽입니다. 팀원들의 태도가 도전적인 목표와 연결되어야 합니다. 지금은 둘을 연계시키기 어렵습니다."

"그러네요. 중요한 두 가지가 연계되지 않는군요. 또 어떤 생각이 떠오르지요?"

"둘 간에 간극이 큽니다. 도전적인 목표를 낮출 수도 없고, 신세대의 의견을 그대로 들어주기 어렵습니다. 둘 다 챙겨야 하는데 그 방법을 모르겠습니다. 어떻게 하면 좋을까요?"

"팀장님의 고민이 느껴집니다. 어떻게 하면 좋을까요? 다시 두 손을 보시고 천천히 생각해 보십시오. 빨리 이야기하지 않아도 됩니다."

"두 손을 붙이면 좋겠는데 그 방법을 모르겠습니다."

"또 어떤 생각이 떠오르는지요?"

그는 고개를 갸우뚱하면서 여러 생각을 하는 듯했지만, 자신의 생각을 말하지 못했다. 시간적인 여유가 있는 경우 반복해서 질문을 하지만, 오늘같이 여유 시간이 적은 경우에는 바로 다음 대화를 진행시킨다.

"두 손은 팀장님의 몸통을 통해 연결되어 있습니다. 이 형태가 시사하는 바는 뭘까요? 어떤 생각이 떠오르는지요?"

"정말 그렇네요. 몸으로 연결되어 있군요. 두 손에 있는 내용은 이미 연결되어 있었군요. 문제에 대한 답은 밖에 있는 것이 아니라, 바로 저에게 있는 것이군요."

"팀장님, 훌륭하십니다. 팀장님 지금 문제에 대한 답을 밖에서 찾다가 시선을 내면으로 향하면서 자기 자신에게서 찾으려고 합니다. 잘하셨습니다. 지금 어떤 생각을 하십니까?"

"이 단순한 논리가 놀라운 성찰을 갖게 하는군요. 몸에서 전율을 느낍니다. 그동안 시선을 밖에 두고 살았습니다. 시선이 더 깊게 내면을 향합니다. 먼저 떠오르는 생각은 팀장과 팀원의 생각 차이가 큰데, 그 차이를 줄이려고만 했습니다. 그 차이가 무엇을 말하는지에 대해 객관적으로 보려는 노력을 하지 않았다는 생각이 듭니다."

"그럼 지금 상황은 팀장님에게 무엇을 요구한다고 생각하십니까?"

"팀 성과를 결정하는 요인들은 명확합니다. 성과 향상에 긍정적이며 직접적인 영향을 미칠 수 있는 것은 전략입니다. 전략에 대해 팀원들과 충분히 대화를 갖지 못했습니다. 전략을 일방적으로 주면 그들의 참여를 끌어내기 어렵고, 그렇다고 전략을 가져오게 하면 참신한 생각이 없습니다."

"그럼 성과 향상 전략은 구체적으로 무엇일까요? 업의 내용이 단순하고 그간의 오랜 경험에서 도출한 전략이 있을 것 같은데요."

단계 2 변화 목표 설정

팀장은 그동안 성과 향상 전략으로 사용한 것들을 정리했다. 팀장과 다른 지역에서 동일한 서비스를 판매하고 있는 팀장들이 실천하고 있는 전략들과 내용에서 별다른 차이가 없었다. 주된 공통점은 우수한 인력 확보, 팀장과 팀원 간의 1 대 1 미팅 빈도와 시간관리, 팀장과 팀원 간의 친밀감 제고, 정보 공유 등이다. 한 가지 흥미로운 점을 발견했다. 기존 팀원이나 신규 팀원을 대상으로 한 교육 내용과 방법에 차이가 없었다는 점이다. 팀원들이 담당하고 있는 지역별 특성을 고려하지 않았다. 이렇다 보니 팀원 25명을 개인 면담하는 내용과 그들을 대상으로 한 직무 교육도 거의 동일했다.

팀장은 수시 과제와 사업확장에 따라 긴급하게 수행해야 할 전략과제, 관련 역할을 추가로 맡았다. 이러한 업무환경에서 팀장은 생각할 시간을 갖지 못했다. 팀장들이 성과관리와 조직관리를 성공적으로 수행하기 위해서는 생각할 시간이 필요하다. 생각할 시간이 없다면 일상은 형식화되고 단순히 반복될 가능성이 높다. 이러한 여건 속에서 팀장은 나름의 애로사항으로 인해 많이 지친다.

팀장은 이번 코칭 목표를 성과리더십 향상으로 확정했다. 또 다른 코칭 목표는 코칭 대화를 통해 팀장의 결정적 행동은 팀원의 업무 역량과 성과를 연결시키는 것이다. 나는 팀장에게 목표관리 매트릭스를 작성해 보도록 코칭 과제를 부여했다. 아울러 다음 코칭 시간에는 작성한 결과물에 대해 서로 의견을 나누기로 했다. 목표관리 매트릭스를 작성하는 방법은 다음과 같다.

- 각 팀원들의 업무 역량과 성과를 평가한다.
- 업무 역량(X축)과 성과(Y축)의 좌표상에서 교차하는 지점에 해당 팀원을 동그라미로 표시하고 그 옆에 해당 팀원의 이름을 쓴다.
- 다음 미팅 전에 작성이 완료되면 코치와 이메일로 공유한다.

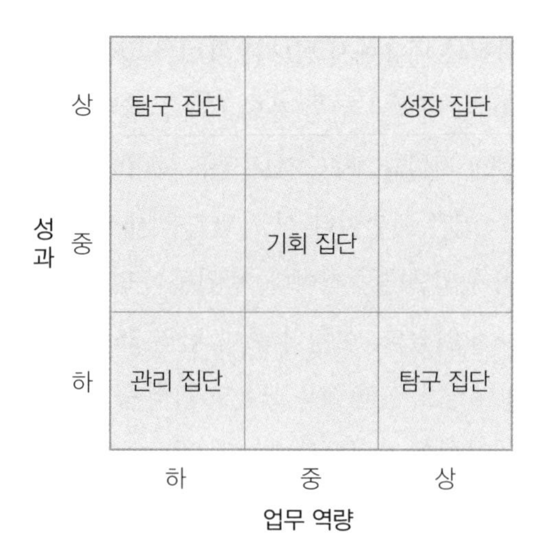

[그림 3-2] 목표관리 매트릭스

팀장은 약속대로 이메일로 작성한 자료를 보내왔다. 사실 이 코칭 과제를 수행하는 데에는 많은 시간이 걸린다. 이러한 이유로 고객이 자료 작성을 하지 않는 경우도 있다. 팀장이 자료 작성을 했다는 것은 코칭에 대한 몰입도가 높다는 증거이다. 코치도 고객이 참여 의지를 보이고 실제적인 참여를 할 때, 코칭에 대해 더 의욕을 갖는다.

코칭은 누가 주도하는 것이 아니라 서로 협력하는 활동이다. 따라서 코칭 과제의 수행 여부는 코치와 고객 간의 협력 수준을 보여 주는 지표이다. 따라서 고객과 코칭 세션을 진행할 때, 코칭 과제를 수행한 데 대해 감사 인사를 나누고 코칭에 대한 그의 관심과 열정을 인정한다.

단계 3 행동변화 코칭

모든 팀원의 업무 역량과 성과에 대한 목표관리 매트릭스 표를 작성하면, 팀장은 각 팀원별로 그들의 업무 역량이 성과와 연결되는 관계를 파악할 수 있다. 매트릭스 표의 주된 논리는 업무 역량과 성과의 정적인 상관관계를 가정하는 것이다. 즉, 업무 역량이 낮으면 성과가 낮고, 업무 역량이 중간이면 성과가 중간, 업무 역량이 높으면 성과도 높게 나타난다. 팀장은 팀원의 업무 역량을 향상하기 위한 노력을 기울이면 그만큼 성과도 비례해서 향상된다고 기대할 수 있다. 이러한 논리를 토대로 팀원에 대한 성과 면담, 육성 지원 등을 할 수 있다. 행동변화 코칭은 다음 주제에 집중했다.

(1) 팀 회의 방식의 개선

매트릭스 분석을 통해 팀원들의 현재 모습을 이해하기 전까지 팀장은 팀 회의에서 업무 진행 현황을 점검하고 개선 사항을 지시했다. 팀원들 간에 업무 역량이나 성과 수준에서 차이가 있다는 것을 경험적으로 인지했지만, 팀원의 업무 역량과 성과 간의 관계에 대한 큰 그림은 갖지 못했다. 따라서 팀장은 팀 회의에서 개별 팀원과 업무 현안에 대해 대화하는 데 어려움은 없었다. 그러나 팀 전체를 놓고 볼 때, 성과 중심으로 대화를 해야 할지 아니면 업무 역량 향상에 중점을 두고 대화를 해야 할지에 대한 방향을 잡지 못했다.

이와 같이 선택과 집중을 하지 못함에 따라 그는 팀 회의에서 모든 가능성을 염두에 두고 대화했다. 이러한 소통으로 인해 팀원들은 팀장의 메시지를 정확하게 파악하기 어려웠고, 팀장은 핵심 메시지를 간결하게 전달하지 못했다. 설상가상으로 팀장이나 팀원 어느 누구도 자신들의 속마음을 겉으로 표현하지 않았다. 이러한 팀 회의 분위기가 반복되면서 팀장과 팀원 모두 회의를 불편하게 느꼈고 거부감을 가졌다.

(2) 맞춤형 1:1 면담 실시

매트릭스 분석을 토대로 팀장과 팀원 간의 맞춤형 1:1 면담을 설계했다. 개인 면담을 위한 기본 구성은 4개 집단이다. 이들 집단에 대한 면담의 주요 접근과 내용은 다음과 같다.

① 관리 집단

관리 집단은 업무 역량과 성과가 모두 낮은 집단이다. 이 집단은 부족한 업무 역량만큼 성과를 낸다. 우선 전체 팀원 중에 몇 명이 이 범주에 속하는지를 본다. 해당 팀원들은 다른 사업부로 전직하거나 이직의 대상이 될 가능성이 높다. 이때 팀장이 추진해야 할 일은 해당 팀원의 잠재성이 바람직한 결과로 나타날 수 있는 팀 내 과제 또는 프로젝트를 만들어서 부여하는 것이다.

팀장은 육성이라는 측면에서 세 번의 기회를 주고, 기대하는 결과를 만들어 내는지를 확인한다. 기회를 주었지만 바람직한 결과를 만들어 내지 못한다면, 팀장의 리더십으로 해결할 수 있는 범위를 넘어선 것이다. 이러한 상황에서는 직무를 전환시키거나 일정 기간 교육에 참여해서 부족한 업무 역량을 향상하도록 돕는다.

이와 같은 육성방안들이 효과를 보지 못할 수 있다. 이 경우에는 인사 부서와 협의하여 인사 처우를 통한 해결책을 찾아본다. 이러한 방안들을 통해 해결책을 찾지 못한다면 더 이상 팀장의 리더십으로 해결할 수 있는 이슈가 아니다.

② 기회 집단

기회 집단은 업무 역량과 성과가 모두 중간 수준이다. 이 집단은 업무 역량을 향상할 때, 성과도 비례해서 나타날 것으로 기대할 수 있다. 따라서 개인별로 업무 역량을 구성하는 요소의 현재 수준을 개인 면담의 소재로 삼는다. 예를 들어, 업무 역량이 상담 기술, 고객지향 마인드, 결과지향성이라고 가정해 보자. 기회 집단에 속하는 팀원별로 세 개의 능력 수준을 확인한다. 이들 요소 중에 어떤 것을 향상하면 성과 향상을 기대할 수 있는지를 파악한다. 개인 면담에서는 집중적으로 해당 능력 요소를 향상하는 구체적인 방안에 대해서 소통한다. 이와 같이 보통 집단에 속하는 팀원에 대해서는 업무 능력을 통해 성과 향상을 도모하는 맞춤형 면담과 코칭을 한다.

팀장은 보통 집단에 속하는 팀원들의 업무 역량에 따른 성과의 관계를 세밀하게 분석했다. 이어서 개인별로 성과를 촉진할 수 있는 요인을 찾아내고 개인 면담에서 맞춤형 대화를 나눴다. 이 과정을 통해 팀장은 면담에 대한 자신감을 가졌다. 팀원들은 이전보다 자기 자신의 개선점을 명확하게 알게 되었다. 구체적인 성과 향상을 위한 방안과 이를 위한 육성 방안이 논의되면서 동기부여를 받았다. 개인 면담에 집중하는 모습을 보였다. 이전에는 면담 시간에 늦거나 형식적인 면담으로 치부하며 시간만 채우려고 했다. 이제 팀장과 팀원 간에 신뢰관계가 견고하게 형성되었다.

팀장은 팀원의 업무 역량을 향상하는 데 있어 업무 지시에 대한 팔로업이 중요하다는 것을 인식했다. 코칭 전에는 업무 지시를 하고 난 후 돌발적인 과제를 수행하느라 후속 업무 진행을 챙기지 못했다. 이러한 일이 반복되면서 팀원들도 업무몰입도가 떨어졌다. 매트릭스 분석 자료를 토대로 한 개인 면담은 팀장과 팀원 모두에게 변화의 계기를 마련했다.

③ 성장 집단

성장 집단은 업무 역량과 성과가 모두 상위 수준이다. 조직 관리에서 지향하는 목표이다. 이 집단의 주된 특징은 팀원들이 성취와 성장에 대한 욕구가 크고 자발적이다. 팀장과의 소통이 원만하고 이해력이 빠르다. 팀장은 팀의 중차대한 업무, 시급하면서 중요한 업무, 전략기획 등의 업무를 지시하고 팀원의 업무 수행에 의존하는 경향을 보였다. 팀원은 자율적이며 주도적으로 업무를 수행하는 것을 선호하기 때문에 팀장이 권한 위임을 통해 성장을 지원하면 효과적이다. 직장인으로서 기본자세와 태도, 약속을 준수하고 책임의식이 높은 경우가 있다. 이러한 점은 팀장의 눈에 쉽게 띄고 선호하는 인재상이다.

팀장이 성장 집단에 의존할수록 초기에는 업무 성과가 높게 지속

된다. 그러나 해당 팀원들이 탈진되는지에 주목할 필요가 있다. 업무량이 늘어나면서 '왜 나만 부려먹지?'라는 심리가 작동하기 쉽다. 팀장은 다양한 학습 기회를 우선적으로 주고 신뢰관계, 인정 등을 통해 과중한 업무 수행을 심리적으로 보상하고 있다고 생각하지만 팀원은 다르게 받아들일 수 있다. 따라서 성장 집단에 속한 팀원들의 업무량을 조절하고 탈진될 가능성을 관찰해야 한다. 그래야 팀장과 팀원 간의 긴장이 긍정적으로 지속될 수 있다.

이러한 측면을 고려해 팀장은 더 적극적이고 직접적인 소통을 가졌다. 이 집단에 속하는 팀원들을 대상으로 역량을 끌어내는 대화를 했다. 외부 전문코치를 통해 학습한 코칭 기술을 팀원에게 적용했다. 팀장은 팀원에 대한 코칭의 진행과 결과를 코치와 공유하면서, 더 나은 코칭이 전개되도록 관리했다.

이와 같이 코칭의 학습과 현장 적용을 통해 팀의 맥락을 고려한 맞춤형 코칭을 전개했다. 코칭을 통한 학습과 효과가 코치와 팀장, 팀장과 팀원의 연계를 통해 전이되는 구도를 마련했다.

④ 탐구 집단

탐구 집단은 업무 역량과 성과의 정비례 관계를 벗어난 모습을 보이는 팀원들이다. 예를 들면, 업무 역량은 부족한데 높은 성과를 보이는 경우, 반대로 업무 역량은 높은 데 비해 낮은 성과를 보이는 경우이다. 이러한 패턴은 제3의 요인이 업무 역량과 성과의 관계에 영향을 미치고 있다는 것을 시사한다. 가능한 영향요인에는 어떤 것들이 있을까?

업무 역량에 비해 성과가 높은 경우, 업무 역량에 속하는 것으로 관리하고 있는 요인 이외의 요인이 성과 향상에 영향을 미칠 수 있다. 따라서 팀원과의 면담을 통해 그가 성과를 만드는 방법에 대해 상세하게 면담할 필요가 있다. 이와 같은 팀원이 많다면, 해당 요인들을 업무 역량의 요소에 포함할 필요성이 있다. 팀원 중에는 신세대가 있다. 그는 페이스북이나 블로그, 그 이외의 사회적 관계망을 활용하는 능력이 뛰어나다. 다른 신세대의 일하는 방식에 대한 관찰에서도 이러한 정보기술 활용 능력은 성과 향상에 기여하는 것으로 나타났다.

반대로 업무 역량에 비해 성과가 낮은 경우, 업무 역량을 효과적으로 사용하지 못하는 원인을 찾는 것이 중요하다. 예를 들면, 팀원의 자기확신이 부족할 수 있다. 치밀하고 꼼꼼한 성격이거나 분석적이어서 자기 자신이 동의하고 수용할 수 있는 실행 방안이 나오지 않으면 실제적인 실행을 주저할 수 있다. 또는 새로운 환경에 적응하는 데 어려움이 업무 역량을 발휘하는 것을 방해할 수 있다.

팀장은 탐구 집단에 속하는 팀원들과 개인 면담을 통해 팀원의 성과 만들기 전략을 찾았다. 필요한 경우 해당 팀원으로 하여금 성공 사례를 발표하도록 했다. 이 과정에서 해당 팀원은 존중받고 있다고 생각했다. 팀장이 자신만의 업무 방식을 이해하고 인정해 주고 있기 때문이다. 팀장은 개인 면담과 코칭을 하면서, 코칭 기술을 집중적으로 개발해야 할 필요성을 느꼈다.

단계 4 효과성 코칭 평가

코칭의 성과 평가는 두 가지 활동으로 이루어졌다. 하나는 코칭 세션을 진행하면서 고객이 원하는 코칭 목표를 달성하고 있는 정도와 코칭 만족도, 추가 요청 사항이다. 팀장은 팀장과 팀원 간의 인식 차이와 소통 이슈를 해소하는 데 큰 도움을 받고 있다는 의견을 냈다.

특히 매트릭스 분석을 통해 팀원들의 업무 역량과 성과의 연계성을 볼 수 있게 된 것을 결정적 도움으로 꼽았다. 팀장은 팀장 리더십을 발휘하는 데 있어 시스템적이며 통합적인 관점을 취하는 경험을 처음 가졌고, 객관적인 자료에 기반한 리더십을 발휘하는 데 스스로 만족했다.

다른 하나는 코치의 역할 변화에 대한 평가이다. 팀장이 속한 고객사의 리더를 코칭하는 외부 전문코치들이 모여 각자의 코칭 사례를 익명으로 공유하면서 동료 전문가의 피드백을 들었다. 이 접근은 고객사가 코칭을 도입한 목적과 경영 환경, 조직문화 등에 대한 이해를 전문코치들이 공유하고 있기 때문에 특히 유용했다.

고객사 팀장을 코칭하는 전문코치들이 팀장의 성과리더십과 성공적인 팀 운영에 대해 같은 이해와 시선을 갖고 있다. 또 팀장의 역할에 대해 눈높이를 맞춘 상태에서 서로 의견을 공유했다. 이를 토대로 전문코치들은 코칭에 참여한 팀장들이 역할의 수위를 균등하게 조절하고 원만한 소통 환경과 상호협력할 심리적 기반을 조성하는 데 실질적인 도움을 주었다.

(1) 팀원의 마인드 변화

매트릭스 분석에 기초해서 팀장이 팀원과 진행한 개인 면담은 성공적이었다. 팀장은 팀원들과 대화를 할 때, 객관적인 자료를 갖고 대화를 하기 때문에 중립적인 위치에서 대화할 수 있었다. 자료가 없을 때에는 주관적인 대화도 포함되기 쉬워서 성과 부진에 대해 이야기를 나눌 때는 서로가 긴장하고 불편했다. 때로는 자기방어적인 입장을 취했다.

이번에는 이러한 소모적인 심리 현상을 해소시켰다. 또한 업무 역량과 성과의 관계에 토대를 둔 자료이지만, 면담의 내용은 성과 평가보다 성장에 초점을 맞추었다. 팀장과 팀원 모두, 대화의 내용이 서로 승승을 지향한다는 측면에서 서로 격려와 감사를 나누는 시간을 가졌다.

개인 면담에서 팀원들의 긍정적인 피드백을 정리하면 다음과 같다.

- 내 속마음을 이야기할 수 있어서 편했다.
- 팀원으로서 존중받고 있다는 느낌을 가졌다.
- 이전에는 문제점 지적이 많았는데 성과 향상과 성장을 다루어 좋았다.
- 기존 경험한 면담과 차원이 다른 면담이다. 앞으로도 기대된다.
- 팀장의 노력을 이해할 수 있었다. 팀원으로서 책임감도 느꼈다.

(2) 대화 방식과 분위기 개선

팀장은 팀 내에서 대화하는 방식이 달라지는 변화를 직접 관찰했다. 기존의 일방적인 대화가 생각을 서로 주고받는 모습으로 바뀌었다. 이러한 대화 방식의 변화로 인해 갈등을 넘어 서로 조율하는 생산적인 대화를 할 수 있다. 업무적인 관계 중심이 대인관계 중심으로 바뀌면서 신뢰가 형성되고 상호 입장을 고려하고 배려하는 모습을 보였다.

(3) 맞춤형 교육과 면담 실시

팀장은 매트릭스 자료를 토대로 사내 또는 사외 교육을 수강하도록 했다. 교육 시간이 기존에 비해 반으로 줄었다. 팀원들도 이전보다 교육을 신청하는 빈도가 줄었다. 대신 각자 자신의 업무에 집중하는 시간으로 활용했다. 회사 차원에서 실시되는 교육 이외에 팀 차원에서 내부 교육을 실시했다. 교육의 주된 목적은 성과 향상에 초점을 맞추었다. 교육 방법은 주입식보다 끌어내기식 접근을 취했다. 주요 사항은 다음과 같다.

- "~ 하라."는 지시나 명령 방식의 대화를 지양했다.
- 팀원의 에너지를 주도적으로 끌어냈다.
- 리더로 성장하도록 돕고, 책임감을 향상한다.
- 교육을 통한 성과 향상을 주도하도록 동기부여를 한다.
- 코칭 마인드를 가진 리더로 육성한다.
- 생각을 자극하고 끌어내는 코칭 기술을 키운다.

(4) 팀장과 팀원의 인식 차이 해소

팀장은 성과 향상을 위한 전략을 실행할 때, 팀원과의 인식 차이를 해소하는 소통 전략에 집중했다. 팀장은 신세대와 소통할 때, 객관적인 자료나 사실을 사용했다. 또한 개별적인 접근 이외에도 주제별로 토론하는 방식을 운영했다. 이를 통해 신세대의 참여를 독려하고, 생산적인 토의 결과가 나오도록 했다. 즉, 회의를 마칠 때에 '오늘의 회의를 통해 학습한 것은 무엇인가? 더 나은 성과를 낼 수 있는 아이디어는 무엇인가?'와 같은 질문에 답을 찾도록 했다. 팀장은 신세대와 소통할 때, 다음 사항을 특히 고려했다.

- 상대방이 이해하는 데 어려움을 호소하는 경우, 상대방의 입장과 처한 상황을 고려한다.
- 한번에 일이 되게 하려던 방법을 바꿔, 단계적으로 접근하고 장

기적으로 추진한다.
- 신세대 신입사원은 기존 사원과 다르다는 점을 수용한다.
- 세대 차이를 부각하거나 불편을 감수하기보다 선배들이 모델 역할을 한다.
- 서로 관점 차이가 있을 때, 차이보다 먼저 서로 일치하는 인식을 명확히 한다.

팀장은 신세대를 이해하는 범위가 이전보다 많이 넓어진 것을 코칭의 주요 성과로 들었다. 코칭 전에는 신세대가 아직 실력이 부족하다고 생각했다. 또 원하는 성과를 낼 수 있을지에 대해 염려했다. 그러나 지금은 신세대가 할 수 없다고 생각했던 것을 믿고 맡길 수 있는 상태가 되었다. 이를 통해 팀장이 팀원의 모든 질문에 대답해야 한다는 강박적인 부담에서 해방되었다. 또 팀장은 팀원의 역량과 성과를 연계하는 것이 원하는 결과를 얻는 결정적 행동이라는 점을 확인했다. 그는 팀원의 역량과 성과를 연계하는 프레임워크(framework)가 성과리더십의 기본이라는 점을 실행을 통해 학습했다. 그는 이제 목표관리 프레임워크를 사용해 모든 팀원을 대상으로 맞춤형 리더십을 전개할 수 있다고 확신했다.

생각 파트너의 심리코칭

다음 질문에 대한 생각을 정리해 보십시오.

- **생각(Think)**: 현재 "당신이 진정 원하는 결과는 무엇입니까?" 이 질문에 대해 떠오르는 답을 적어 보십시오.

  1. 원하는 결과: ____________________

  2. 원하는 결과를 구성하는 세부 항목을 적어 보십시오.

  ____

  ____

  ____

- **선택(Choose)**: 원하는 결과를 구성하는 세부 항목이 있는 경우, 어떤 것을 먼저 얻고자 하십니까? 그것을 선택한 당신의 논리를 무엇입니까?

  1. 우선적으로 선택한 것: ____________________

  ____

  2. 그것을 선택한 논리: ____________________

  ____

- **실행(Act)**: 우선적으로 선택한 것을 얻기 위해 지금 무엇을 하겠습니까? 구체적으로 실행하려는 내용을 상세히 적어 보십시오.

  1. ____________________

  ____

  2. ____________________

  ____

  3. ____________________

  ____

변화에 통합적으로 접근한다

"작은 것에 주의를 기울이기만 한다면, 절대 큰 그림을 보지 못하게 된다."

– 르로이 후드(Leroy Hood), 시스템생물학자

개인이 원하는 결과를 얻기 위해 혼자서 노력할 수도 있다. 그러나 개인 개발과 조직 개발을 연계해 보듯이 개인 변화와 조직 변화에 시스템적으로 접근할 수 있다. 조직 변화라는 큰 틀에서 개인 변화에 접근하면 개인이 활용하기 어려운 조직의 제도와 지원 시스템을 활용할 수 있다. 또 조직 내에서 개인의 역할을 수행하는 과정에서 개인 변화를 경험할 수도 있다.

팀과 조직문화도 개인 변화를 자극하는 영향요인으로 작동하기 때문에 개인 변화에 성공할 가능성이 높다. 따라서 이 장에서는 변화를 만드는 통합적 접근을 살펴본다. 독자는 이 장의 내용을 통해 효과성 프레임워크를 개인 차원에서뿐만 아니라 팀과 사업부와 같은 조직 차원에서도 사용하는 방법을 학습한다.

1. 코칭 리더십 프레임워크로 변화를 만든다

코칭 리더십의 논리적인 틀이며 전략을 구사할 수 있는 프레임워크를 토대로 할 때, 실행의도는 결정적 행동을 촉진한다. 코칭 리더십은 리더가 코칭 마인드를 갖고 구성원의 잠재성을 끌어내어 개인과 조직의 지속 가능한 성장과 발전을 돕고 지지하는 리더십 스타일이다. 리더가 조직 목표를 달성하는 과정에서 구성원의 존재감을 존중하고 고양할 때, 구성원이 체험한 긍정성은 조직 목표를 달성하는 결정적 행동을 촉진한다. 그 결과, 리더의 리더십 효과성뿐 아니라 조직효과성도 함께 커진다.

리더는 일하는 과정에서 알게 모르게 구성원의 사고와 행동에 영향을 미친다. 바람직한 점은 긍정적으로 평가하고 인정하고 그렇지 못한 점을 제재하거나 통제한다. 이와 같이 리더십 스타일은 구성원이 특정한 사고방식과 행동 방식을 갖는 데 영향을 미친다. 나아가 구성원은 학습을 통해 조직 특성을 내재화한다. 경우에 따라서 습관이 된다.

코칭 리더십은 조직이 원하는 결과를 얻을 수 있는 가능성을 높이는 실행(doing)과 존재(being)의 균형 리더십이다. 코칭 리더십을 발휘하는 리더는 조직 목표를 달성하기 위한 생산성 관리와 구성원의 존재감을 키우는 긍정성 관리를 균형 있게 한다. 나아가 존재를 통해 실행을 촉진하는 인간 중심의 경영을 실천한다.

코칭 리더십의 근간인 프레임워크를 구성하는 세 가지 요소인 '실

영역	실행		코칭 리더십		존재
관리 대상	**고성과자** 담대한 목표 직무몰입 공정성	← 생산성 관리	**코칭 리더** 균형 리더십 변화 선도 긍휼감	긍정성 관리 →	**작은 영웅** 존재감 직원몰입 다양성
지배 원칙	평가		끌어내기		인정

[그림 4-1] 코칭 리더십의 프레임워크(이석재, 2015)

행-코칭 리더십-존재'의 관리 대상과 각각의 지배 원칙이 코칭 리더십의 효과성을 만든다. 조직 리더로 활동하는 독자라면 현재 발휘하는 자신의 리더십을 코칭 리더십 프레임워크의 관점에서 조명해 보기를 바란다. 아울러 코칭 리더십의 효과성을 높이기 위한 당신의 결정적 행동이 무엇인지를 찾아보자.

1) 실행영역의 핵심 과제, 고성과자 만들기

실행을 통해 원하는 결과를 만드는 리더의 핵심 역할은 구성원의 업무수행에 대한 평가이다. 평가의 최상위에 있는 고성과자(high performer)는 도전적인 목표를 성취하려는 열정에 충만한 인물이다. 조직효과성은 원하는 목표를 달성하려는 열정 충만한 인재들에 의해 향상된다. 흔히 80 대 20의 법칙이 말하는 것처럼, 열정에 충만한 20퍼센트에 속하는 우수 성과자는 소수이다. 조직 리더는 다음 질문을 자신에게 던지고 답을 찾아보자.

- 나는 열정적인 소수의 직원을 어떻게 끌고 갈 것인가?
- 그들의 열정을 지속시키는 동기부여 방법은 무엇인가?

- 내가 가지고 있는 쓸 만한 동기부여 자원은 무엇인가?
- 나는 80퍼센트에 속하는 직원을 어떻게 동기부여할 것인가?

조직 목표를 세웠으면 달성해야 한다. 그러나 평생직장보다 평생직업의 개념이 보편화되면서 일방적인 조직충성은 기대하기 어려워졌다. 인재들은 조직 내에 자기개발의 기회, 직무전문성을 키울 수 있는 기회, 경력개발제도의 운영과 지원 등을 고려해 이직이나 전직을 고민하고 결정한다. 조직 요구와 개인 요구를 균형 있게 조율하고 연계하는 것은 조직 책임자의 중요한 책무이며 동기부여 방법이다.

연구개발을 담당하는 박근식 임원은 성과리더십에 관심이 많다. 최근 연구개발부서의 전체 인력에서 신세대의 비중이 50%를 넘었다. 더해, 남성보다 여성의 비율이 급격히 증가하고 있다. 그는 이러한 변화 속에서 연구원의 역량을 성과로 연결할 방안을 고민했다. 그는 임원코칭에 참여하기 전에 연구원을 1:1로 만나 관련 면담을 했다. 그러나 기대한 결과를 만들지 못했다.

임원이 실시한 성과 면담을 포함해 지난 노력을 점검하고 그의 결정적 행동을 도출했다. 연구원의 주요 관심 사항과 관련 이슈를 찾고 그들이 주도적으로 해법을 찾도록 돕는 것이다. 그는 연구원들이 평소 관심 갖는 주제를 설문 조사했다. 그가 수집한 관심 주제에서 순위가 가장 높은 주제는 다음과 같다.

- 경력개발을 어떻게 할 것인가?
- 주위 이해관계자와의 갈등을 어떻게 해결할 것인가?
- 업무와 대인관계에서 경험하는 스트레스를 어떻게 관리할 것인가?

• 건강한 가정 경제를 꾸리는 방안과 결혼을 어떻게 준비할 것인가?

임원은 업무 상황과 연구원의 개인 상황을 고려해 4~5명 규모로 여러 소집단을 구성하고, 1시간 이내로 자유토론을 했다. 먼저, 첫 번째 주제에 대한 토론을 각 소집단을 대상으로 진행했다. 모든 소집단이 토론을 마치면 이어서 두 번째 주제로 토론했다. 같은 방식으로 네 가지 주제로 모두 토론했다.

미팅 초기에는 참석률도 낮고 토론에 참여하는 열정도 부족했으나 다른 동료들의 가치관, 일하는 방식, 경력비전과 자기관리 방식, 미래설계 등에 대한 정보를 교환하면서 미팅 참석률이 크게 높아졌다. 그 결과, 임원과 연구원 간의 신뢰도 향상되었고 연구원의 자발적인 몰입도가 높아졌다.

(1) 담대한 목표 설정하기

조직은 달성이 불가능해 보이는 담대한 목표를 설정한다. 리더는 불가능하다고 판단되는 목표를 성취하지 않고는 경쟁에서 살아남을 수 없다는 것을 잘 알고 있다. 문제는 불가능의 정도이다. 담대한 목표는 근본적인 패러다임의 변화가 있을 때 달성할 수 있는 목표이다. 따라서 조직 구조와 일하는 방식이 완전히 바뀌고 조직 구성원이 자신의 한계 상황을 극복할 때 달성이 가능한 목표이다(Hargrove, 2003).

조직을 맡은 초기에는 담대한 목표를 세우지만, 시간이 지나가면서 현실적인 목표로 퇴보하는 경우가 있다. 초기의 담대한 목표가 조직 구조와 구성원의 특성, 업의 특성, 사업환경 등의 영향으로 수정되고, 점차 경영진의 지원을 받지 못하면서 최종적으로는 실패하고 만다.

열정을 갖고 도전하려던 목표가 현실의 벽에 부딪히면서 타협하기도 한다. 처음부터 담대한 목표에 도전하는 것 자체가 불가능하다고 여기고, 현실적인 목표를 설정하기도 한다. 하지만 이러한 목표는 조직 리더나 구성원 모두에게 열정을 불러일으키지 못한다.

리더는 이루고 싶은 담대한 목표를 정하고, 도전하도록 자극하고, 그 실행과정을 이끈다. 코치는 이러한 과정을 돕는다. 처음 시도하는 목표라면, 목표에 영향을 미칠 수 있는 요인을 다각도로 점검한다. 그 목표는 전사 차원의 비전과 목표와 연계되고, 한 방향으로 정렬되어야 한다.

전사 차원의 경영방침과 조직운영의 연계성, 조직의 경영목표 달성을 위한 혁신 활동, 성과지향적인 조직운영 방법, 조직 리더의 리더십 개발, 조직문화의 조성 등은 리더가 도움을 받고 싶은 대표적인 코칭 주제이다.

(2) 직무몰입 환경을 조성하기

리더는 구성원보다 결과 중심의 사고를 갖고 일한다. 리더는 결과에 대한 책임을 지기 때문이다. 반면에 구성원들은 그 결과를 만드는 과정을 책임진다. 어떻게 하면 그들이 결과를 만드는 과정에 몰입할 것인가? 리더는 미흡한 결과에 화를 내기보다 그 결과가 나오는 과정을 관리해야 한다.

한 대기업의 임원은 기획관리팀이 맡은 역할을 제대로 수행하지 못해 원하는 결과가 나오지 않는다고 분석했다. 기획관리 팀장은 기획업무와 관리업무를 함께 추진하는 것이 현실적으로 쉽지 않다고 불평한다. 불평을 잘 경청하면 팀장의 주된 관심이 어디에 있는지 알 수 있다. 조직의 기능 관점에서 보면, 기획이 관리보다 더 중요하기 때문에 팀장은 노사업무가 포함된 관리업무를 소홀히 하게 된다. 노사업무에 대한 경험이나 전문성도 부족하다.

팀의 기능이 원활하게 이루어지도록 업무환경을 조성하는 것은 조직장의 책임이다. 임원은 팀장에 대한 불평과 질책은 곧 자신의 역할에 대한 자기 피드백이라는 점을 깨달았다. 그는 이 문제를 해결하기 위해 기획관리팀을 기획팀과 관리팀으로 분리했다. 그 결과, 기획팀장은 자신의 업무에 더 몰입할 수 있었다.

(3) 공정성 관리하기

성과중심의 조직관리에서 어려움은 성과평가제도의 객관성과 공정성을 확보하고, 제도에 대한 구성원들의 수용을 끌어내는 데 있다. 리더는 세 가지 종류의 공정성을 관리해야 한다(Deutsch, 2011).

첫째, 분배적 공정성으로 인사평가에 따른 보상과 인사처우가 공정해야 한다. 그러나 인사평가에 따른 보상과 인사적 처우만으로는 공정성을 확보하기 어렵고, 구성원의 몰입을 끌어내기에 충분하지 않다. 둘째, 절차적 공정성이 있어야 한다. 각종 의사결정, 상사의 지시, 고객과의 거래 등에서 공정성을 관찰하고 평가한다. 셋째, 상호관계적 공정성이 있어야 한다. 조직 내에서 일어나는 여러 소통과 정보 공유들이 공정해야 한다.

이러한 공정성은 구성원이 조직에 대한 신뢰, 긍정적 이미지를 갖도록 하는 데 핵심적인 요소이다. 구성원들이 공정성에 대해 제기하는 청원을 존중하고 신중하게 처리할 필요가 있다.

2) 코칭 리더십의 핵심 과제, 코칭 리더 되기

조직에서 코칭 리더십은 구성원들이 갖고 있는 독특성과 다양성을 인정하고 일터에서 그들의 잠재성이 발휘되도록 해 개인 차원이나 조직 차원에서 원하는 결과를 얻도록 돕는 것이다.

코칭 리더십의 핵심은 구성원의 잠재성을 끌어내어 원하는 결과를 만드는 것이다. 이를 위해서는 존재를 통해 실행을 촉진하려는 리더의 마음 자세, 스스로 먼저 변화하려는 의식과 도움을 필요로 하는 사람을 적극적으로 도우려는 긍휼감이 필요하다.

(1) 균형 리더십 개발과 발휘

리더는 자신이 원하는 결과를 얻기 위해 필요한 리더십을 발휘하고 있는지를 확인해야 한다. 나는 조직효과성 진단(OEA)을 사용해 리더와 구성원이 지각하는 조직의 역동성을 파악한다(이석재, 2014; 2023). 이 진단은 조직이 원하는 결과를 얻는 데 어느 정도 생산적인가(생산성)와 원하는 결과를 만들어 내는 데 어느 정도 적합한 환경인가(긍정성)를 측정한다. 리더는 조직의 생산성과 긍정성을 관리해 구성원의 몰입을 끌어내야 한다. 리더의 주된 역할은 직원몰입을 통해 경영전략을 성공적으로 실행시키는 것이다.

따라서 직원몰입은 전략실행의 결정적 행동이다. 리더는 경영목표와 전략 → 리더십 발휘 → 직원몰입 → 원하는 결과 간의 연계 수준을 분석하고, 직원몰입을 끌어내는 리더십을 발휘할 필요가 있다. 나는 효과적 리더십 진단(ELA)을 통해 리더의 리더십 수준을 객관적으로 진단하고, 다면 인터뷰 등을 통해 정성적인 측면에서도 리더십을 파악한다(이석재, 2006).

다음과 같은 리더십 개발 원칙을 따라 보자. 리더십의 개발 방향은 강점을 더 발휘하면서 원하는 결과를 얻는 데 방해되지 않도록 부족한 점을 보완한다. 리더의 성공을 이끈 강점이 미래의 성장에 방해요인이 되기도 한다. 리더는 자신의 성공 논리의 함정에 빠지지 않도록 경계해야 한다. 따라서 현재의 역할을 성공적으로 수행하는 데 필요한 리더십 개발과제를 찾기 위해 다면진단하고 강점과 개발 필요점을 주기적으로 파악한다.

(2) 변화 선도, 성찰하는 리더가 보이는 모습

리더는 조직효과성 향상을 위해 자기 자신의 변화를 먼저 보인다. 성찰을 일상화하고, 원하는 결과를 얻지 못한 원인을 외부가 아니라 자신의 내부에서 찾는다. 그래야 리더로서 진정성이 확보되고 영향력도 커진다. 러시아의 대문호 톨스토이(Tolstoy)는 "사람들이 세계를 변화시키겠다고 하지만, 정작 자기 자신을 변화시키려고 생각하는 사람은 없다."라고 말했다. 조직을 변화시키려면 리더가 먼저 성찰하고 변화된 모습을 보여야 한다.

조직이 급변하는 환경에 효과적으로 대응하기 위해서는 리더가 카멜레온처럼 환경이 요구하는 리더 모습을 보여야 한다. 리더 역할을 성공적으로 수행하려면 리더의 역할과 개인의 성향을 명확하게 구분해야 한다. 성격이 차분하고 분석력과 논리성이 뛰어난 리더는 조직 책임자가 되었을 때 의사결정을 주저할 수 있다. 성과에 대한 책임감이 커지면서 분석력과 논리성은 위험요인을 찾는 데 활용되고, 차분함은 안정추구로 나타날 수 있기 때문이다.

이전의 강점은 변화된 상황에서 새로운 역할을 수행하는 데 방해요인이 될 수 있다. 따라서 현재 역할이 요구하는 핵심 리더십 역량을 발휘할 수 있으려면 급변하는 상황에 성공적으로 대응하는 데 필요한 자기인식과 행동변화가 신속하고 급진적으로 이루어져야 한다.

이와 같이 리더는 자신의 리더십 변화 과제, 조직 리더와 팀 리더 간의 역할 조정, 생산성과 긍정성을 촉진하는 데 필요한 리더십, 성과리더십 이슈 등을 명확히 인식하고 성찰을 통해 변화를 주도적으로 선도한다.

(3) 긍휼감, 진정한 공감의 근원적 심리

리더에게 필요한 대표적인 감정은 긍휼감(compassion)이다. 이 감정은 사람들이 다른 사람의 고통을 보고 그 고통으로 벗어나게 돕고 싶다는 마음을 가질 때 일어난다. 긍휼에는 타인의 감정을 읽고 헤아리는 능력으로서 공감(empathy)의 속성도 있고, 자기중심적인 사고에서 이타적인 사고를 하는 사고의 확장도 포함된다.

그러나 단순히 상대방의 감정을 읽고 나누는 것이 아니라, 능동적인 실행을 통해 공감을 도움 행동으로 드러내야 한다. 적극적인 도움 행동은 이타적이지만, 이타적이라고 해서 모두 긍휼감에 따른 것은 아니다. 또 긍휼감이 리더의 영향력에 긍정적으로만 작용하는 것은 아니다. 리더가 긍휼감을 리더십 행동으로 보였다고 해도 주위 사람들은 그의 행동을 다르게 지각할 수 있기 때문이다. 임원코칭에서 만난 두 사례가 대표적이다.

한 임원은 자수성가한 리더이다. 치열한 경쟁사회에서 직무전문성을 쌓고 자타가 인정하는 전문가로 성장한 후에 자신의 생각을 후배 직원에게 상세하게 알려 주며 지도했던 임원은 오히려 독선적이며 통제 경향이 강한 리더라는 직원의 피드백을 받고 상처를 입었다.

자신이 성장할 때, 누군가 문제점을 알려 주고 올바른 길을 안내해 주었다면, 자신은 상처받지 않으면서 성장했을 것이라고 자신의 성장과정을 회상했다. 그는 후배 직원들의 어려움을 헤아리며 아낌없이 주는 나무가 되고 싶었지만, 그들의 지지를 받지 못했다. 직원들은 임원을 독선적이며 통제 경향이 강한 리더라고 피드백했다.

또 다른 임원은 원하는 결과를 얻는 과정에서 경험한 좌절의 늪에서 빠져나오면서 인간의 잠재성과 가능성에 눈을 떴다. 그는 구성원을 질책하거나 강압하기보다 결과를 요구하는 주위 이해관계자들로부터 그들을 지켜주는 보호막 역할을 했다. 누군가 자신에게 심리적 안전감을 갖고 일에 몰두할 수 있는 환경을 마련해 주었다면, 지금보다 더 건강한 심리상태에서 이해관계자와 소통하며 일에 몰입했을 것이라고 자신의 성장과정을 회상했다.

그는 빠른 성과를 요구하는 상사로부터 카리스마가 부족하다는 피드백을 받고 심한 언어폭력을 당하지만, 후배 직원들에게는 자신의 감정을 드러내지 않았다. 그는 후배 직원들이 스스로 자각하고 잠재성을 발휘할 때를 기다리며, 그들의 작은 실패도 용인하고 지지해 주는 포용력과 감성 리더십을 발휘했다. 그러나 그의 상사는 카리스마가 부족하다고 보았다.

두 사례에서 보듯이 임원이 긍휼감을 드러냈지만 상사와 직원은 임원의 리더십 행동을 부정적으로 지각했다. 이러한 지각 차이는 흔히 일어나는 현상으로 사회심리학자들은 '사회지각의 정확성(accuracy in social perception)'이란 주제로 관련 심리기제를 연구했으며 다양한 해석이 있다(Jassim, 2005; Nater & Zell, 2015). 따라서 긍휼감과 리더십을 연결하는 방법은 리더십 개발과 영향력을 발휘하는 과정에서 풀어야 할 중요한 과제이다. 그러나 분명한 것은 긍휼감이 리더가 가져야 할 기본 감정이라는 사실이다.

3) 존재영역의 핵심과제, 작은 영웅 인정하기

조직 리더는 거시적인 시각에서 조직을 들여다보면서 조직 차원에서 직원몰입을 끌어낼 수 있는 조직환경을 조성한다. 직원몰입은 개인이 담당할 부분도 있지만, 조직 리더가 꼭 챙겨야 할 부분도 있다.

리더는 성과를 내기 위해 실행(doing)을 챙기듯이 그 실행을 하는 존재(being)를 챙겨야 한다. 실행에서는 고성과자를 높게 평가하지만, 존재에서는 단조로운 업무라도 안정적으로 수행하는 인재를 인정한다. 그들은 작은 영웅이며 약방의 감초와 같은 존재이다. 코칭 리더십을 발휘하는 리더가 균형을 유지할 때 이들을 고려해야 하는데, 그 방법은 다음과 같다.

(1) 구성원의 존재감 키우기

조직 구성원이 각자의 위치에서 일하면서 존중을 받는다는 의식과 느낌을 갖게 하는 것이 중요하다. 긴급하게 보고자료를 만든 직원에게 보고 결과에 대해 곧바로 피드백하거나 업무 지시를 할 때, 그 일이 추진되는 배경을 설명해 주는 것은 담당 직원으로 하여금 존재감을 느끼게 한다. 업무 지시의 배경 설명과 팔로업은 직원에게 자존감과 주인의식을 갖게 하고, 조직의 가치를 수용하는 마음을 갖도록 하는 데 일조한다.

구성원들이 자신과 조직을 동일시할 때 구성원의 존재감도 커진다. 예를 들면, 사람들은 자신이 속한 조직의 평판과 명성을 자신의 또 다른 사회적 얼굴로 중시한다. 평판과 명성이 긍정적일 때, 구성원은 주도적으로 조직과 자신을 동일시하려고 노력한다. 반대로 평판과 명성이 부정적일 때는 자신의 모습에서 조직의 이미지를 지운다. 자기방어기제가 작동한 결과이다. 사회적 책임을 중시하는 조직 활동은 동일시에 긍정적인 영향을 미친다.

(2) 직원몰입을 끌어내기

자기 존재에 대해 긍정적인 인식이 커질수록 자존감이 확고하게 형성되며, 주도적으로 삶을 구성하려는 동기와 의지가 커진다. 이러한 심리가 자발적인 직원몰입을 끌어낸다. 또한, 조직이 구성원의 삶을 염려하고 관심 갖고 있다는 인식은 조직과 자신을 동일시하게 한다. 개인의 불행을 극복하도록 도움을 주거나 경력개발을 도와주는 것 등이 대표적이다. 조직의 지지와 지원으로 생긴 동일시는 구성원으로 하여금 일에 몰입하게 만든다.

직원몰입을 향상하는 효과적인 방법은 다음과 같다(이석재, 2014).

- 리더가 더 세심하게 직원을 대한다.
- 구성원들이 자신의 일에 영향을 미치는 문제에 대해 의견을 말하게 한다.
- 통제하기보다 일의 과정에 관심을 갖고, 필요한 점을 개선한다.
- 구성원들이 주도적으로 일을 수행하도록 안전감과 자유를 느끼게 한다.
- 구성원들이 조직의 일원으로서 존중을 받는다고 느끼게 한다.
- 역량이 향상될 때마다 피드백하고 계속해서 도전할 수 있는 기회를 준다.
- 조직의 비전과 목표에 부합하는 문화를 만든다.

(3) 다양성 존중

상호협력이나 협업을 통해 더 나은 성과를 만들려면 다양성에 내재된 잠재성을 끌어내 기회와 가능성을 포착할 수 있는 사회적 자본이 되도록 해야 한다. 이러한 환경이 조성될 때 창의성과 혁신성이 발휘될 수 있다. 코칭은 개인의 다양성을 혼란과 예측 불가능으로 보지 않고, 새로운 기회와 성장의 가능성으로 본다. 코칭은 평가적 관점이 아니라 성장의 관점을 취하기 때문이다.

다양한 관점에서 자기 정체성을 키우는 것은 다양성 존중의 기본이다. "나는 누구인가?" 조직 리더는 이 질문에 대한 답을 찾는 것을 개인 과제로 치부하기보다, 조직 정체성과 연계해 반복적으로 훈련이 필요한 활동으로 인식하고 적극 지원해야 한다. 구성원들에게 질문기법을 학습시키고, 명상, 감수성 훈련, 성찰 등에 대한 훈련 기회를 제공하도록 한다.

현장 연구의 결과를 토대로 조직 내 다양성으로부터 조직이 얻는 이점은 다음과 같다(Martic, 2018).

- 개인의 성품, 배경, 경험, 기술로부터 다양한 관점을 갖게 되고, 이로 인해 문제해결, 아이디어 등에서 높은 창의성을 발휘한다. 그 결과, 시장에서 1.7배 높은 혁신적 리더가 된다.
- 인지적으로 유사한 능력을 가진 개인보다 문제해결을 빠르게 하고, 개인이 한 의사결정보다 87% 향상된 의사결정을 한다. 따라서 보다 나은 비즈니스 결과와 수익을 얻는다.
- 높은 수준의 직원몰입을 보이고, 조직으로부터 존중을 받고 가치 있는 존재로 여겨진다는 느낌을 갖게 되어 직원의 이직률이 낮다.

- 개인을 존중하고 사회적 책임을 다하는 회사라는 평판이 높고, 취업준비자들이 67% 더 선호하는 회사로 평가한다.

2. 존재보다 실행을 먼저 다룬다

개인 차원에서 변화를 만드는 성공 전략은 실행을 통해 존재 변화를 끌어내는 것이다. 개인 코칭이나 조직 코칭에서 흔히 범하기 쉬운 실수는 코칭 초반에 고객에게 "당신은 진정 어떤 사람이 되고 싶습니까?"라고 질문하는 것이다. 치열한 경쟁의 삶을 사는 사람은 자신이 처한 상황을 고려할 때 현실성이 없다고 판단하고, 코칭에 거부감을 갖게 된다.

코칭에 대한 또 다른 거부감은 코칭에 대한 고객의 고정관념에서 나온다. 사람은 절대 변화하지 않는다고 생각하는 고객은 먼저 코치가 자기를 변화시킬 것으로 가정하고 자기방어적인 태도를 취한다.

이러한 고객의 거부감이 시사하는 점은, 변화를 의도하는 경우 고객이 처한 환경과 그 자신의 사고방식을 고려해야 한다는 사실이다. 고객이 생각하는 자기인식과 환경인식이 중요하다.

개인이 주도적으로 자기 자신의 변화를 계획하는 경우도 마찬가지이다. "나는 진정 어떤 사람이 되고 싶은가?" 이 질문은 자기 존재(being)에 대한 것으로 본질적이다. 그러나 실행(doing) 중심의 삶을 살면서 밖에 두던 시선을 갑자기 자기 자신으로 향하는 것으로 이는 자연스럽지 않다. 시선을 바꾸는 것만으로 자기 내면에 들어갈 수는 없다. 자기방어기제가 작동하기 때문이다. 따라서 방어기제가 저절로 해체되는 접근을 시도해야 한다.

커트 레빈(Kurt Lewin)은 장 이론(field theory)에서 인간 행동의 역동을 B = f(P × E)로 설명했다. 인간의 행동(behavior)은 생활공간의 주체로서 사람(person)과 환경(environment)의 상호작용에 의해 영향을 받는다고 보았다. 이 공식에서 보듯이 성격, 지능, 경험 등을 지닌 사람과 그가 처한 사회적 관계, 소음과 대기오염 등의 환경이 행동변화에 영향을 미친다는 점을 확인할 수 있다.

직업능력개발원이 2018년에 1천 500명을 대상으로 한 '한국의 직업, 한국인의 직업의식' 설문조사와 인터뷰(FGI방법) 분석결과에 따르면, 응답자의 88.1%는 자신을 갑이 아닌 을로 인식했다. 이 인식은 학력에 따른 차이나 정규직-비정규직에 따른 차이도 없었다(한상근, 2018). 직장인들은 변화무쌍한 상황에 의해 휘둘리고 있다. 자신이 원하는 방향으로 삶을 주관하고 자신이 원하는 방향으로 이끌어 가기보다, 오히려 휘둘리고 있다.

나는 코칭을 통해 사람들이 자신의 삶에 주인이 되도록 도울 수 있다고 믿는다. 쉬운 일은 아니지만, 가능하다고 생각한다. 어디에서부터 시작할 것인가? 성공 전략은 바로 존재보다 실행을 먼저 다루는 것이다. 본인의 현재 상태로부터 시작하는 것이다.

코칭 효과는 코치가 고객의 내면과 만날수록 커진다. 그러나 코치는 성급하게 고객의 내면에 들어가려는 시도를 자제해야 한다. 개인 변화의 가장 큰 장애요인은 앞서 밝힌 것처럼 그 대상자의 내면에 작동하는 자기방어기제이다. 코치는 사람의 심리를 이해해야 한다. 자기방어기제를 작동시키는 코칭 대화를 하는지 주의를 기울이고 경계할 필요가 있다.

고객 스스로 자신의 방어기제를 해제하도록 이끄는 것이 바람직하다. 당면한 문제에 대한 답은 고객에게 있다. 따라서 고객이 그 답을 찾도록 돕기 위해서는 먼저 자기방어기제를 스스로 해제하도록 하는 코칭 전략이 필요하다.

나는 다년간 행동변화를 끌어내는 방법을 개발하는 과정에서 시행착오를 겪었으며, 마침내 역할 중심의 효과성 코칭 전략을 개발했다. 독자는 이 방법을 통해 스스로 변화를 끌어내는 효과성 코칭의 기본 원리를 알게 될 것이다.

효과성 코칭에서는 코칭이 일어나는 맥락을 실행영역과 존재영역으로 구분하고, 실행영역에서 역할 중심의 코칭 전략을 전개한다.

- 실행영역: 우리가 시선을 자기 밖으로 향할 때 만나는 세계이다. 문제해결을 통해 결과를 만들고 그 결과를 평가하는 데 중점을 둔 영역이다.
- 존재영역: 우리가 시선을 자기 안으로 향할 때 만나는 세계이다. 개인이 추구하는 삶의 목적, 존재의 의미와 가치 등에 관심을 기울이며 탐구하는 데 중점을 둔 영역이다.

고객은 1단계부터 3단계까지 실행영역에서 자신이 가지고 있는 코칭 이슈를 순차적으로 다룬다. 이어서 자연스럽게 4단계인 존재영역으로 옮겨간다. 실행영역에서 고객의 시선은 밖을 향하지만, 존

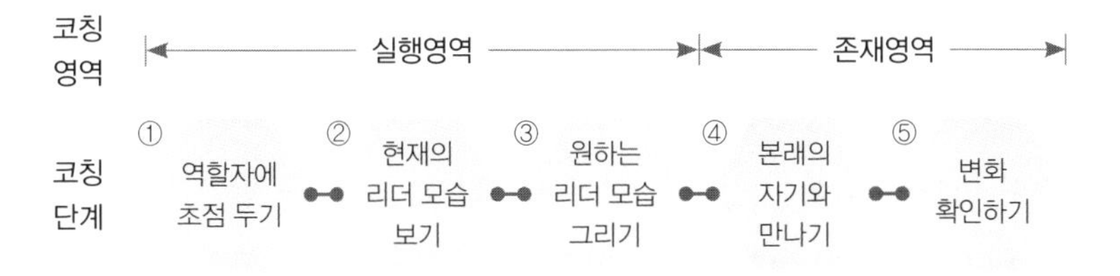

[그림 4-2] 역할 중심의 효과성 코칭 전략(이석재, 2019)

재영역에서는 자기 자신의 내면을 향한다. 나는 밖을 향하던 고객의 시선이 안을 향하는 전환이 일어나도록 단계별로 고객의 심리 변화를 자극하는 코칭 질문을 한다.

단계 1 역할자에 초점 두기

코칭은 개인의 생각과 행동변화를 다룬다. 코칭에 참여하는 고객들에게 소감을 물으면, 한 목소리로 이렇게 말한다. “지금 이 나이에 변화한다는 것이 가능하겠습니까? 코치님, 정말 달라지는 것이 가능하다고 생각하세요? 저는 그렇게 생각하지 않습니다.” 그들의 말이 옳을 수 있다. 불혹의 나이인 40세 전후라면, 세상의 온갖 풍파를 헤쳐 나아가면서 삶의 지혜를 터득했을 가능성이 높다.

그들은 코칭에 참여하면 본래의 자기가 변화되어야 하는 것으로 생각한다. 코치가 코칭 기법을 통해 자기를 변화시킬 것으로 가정한다. 이러한 가정을 한 대부분의 고객은 자기방어적인 입장을 취한다. 코치에 대해 적대감을 갖거나 코칭에 무관심한 태도를 보인다.

나도 처음에는 상대방을 근본적으로 변화시켜야 한다고 생각했다. 그러나 코칭에 실패하면서 한 가지 사실을 알았다. 적극적으로 자기의 삶을 구상하고 만들어 가려는 의지를 가진 사람을 코칭하기는 쉽지만, 방어적인 입장에서 자신을 지키고 보호하려는 사고를 가진 사람을 코칭하기는 쉽지 않다.

그렇다면, 고객에게 어떻게 접근할 것인가?

코칭을 통해 상대방에게 어떤 도움을 줄 것인가는 코치가 정하는 것이 아니라 고객이 정하는 것이다. 코치는 그 도움 행위를 어떻게 제공할 것인가에 대한 전문가이다. 이는 전술적이며 전략적인 요소이다. 나는 단계적으로 도움을 주어야 한다고 결론 내렸다. 그 시작은 바로 삶에서 고객이 책임을 맡고 있는 역할이다.

고객이 리더라면, 나는 미팅 초반에 "당신의 역할은 무엇입니까?"라고 묻는다. 팀장인 경우, "팀장의 역할은 무엇입니까?" 임원의 경우, "임원의 역할은 무엇입니까?"라고 질문한다. 내가 맡은 역할은 고객이 자신의 역할을 성공적으로 수행하도록 돕는 것이라는 점을 명확히 말한다. 그가 맡은 역할을 성공적으로 수행할 때의 모습과 현재의 모습을 비교하고, 두 모습 간의 차이를 인식하도록 돕는다. 이를 위해 다음과 같이 질문한다.

- 두 모습 간의 차이를 통해 알게 된 것은 무엇입니까?
- 역할 수행에 어떤 변화가 필요합니까?
- 어떻게 하면 맡은 역할을 성공적으로 수행하는 리더가 될 수 있습니까?
- 그 리더가 되기 위해 지금 할 것은 무엇입니까?

앞의 질문을 통해 변화 내용이 고객(being)이 아니라, 그가 맡고 있는 역할(doing)에 있다는 것을 분명히 자각하도록 한다. 현재 역할자의 모습을 조직이 원하는 역할자의 모습에 맞게 변화시키는 것이라는 점을 분명히 알게 한다. 이러한 접근을 통해 고객과 나를 심리적으로 연결한다. 또 고객과 협력해 이 연결을 코칭 기간에 지속적으로 유지하는 코칭 상황을 조성한다.

단계 2 현재의 리더 모습 보기

고객은 본래의 자기가 변화되어야 하는 것이 아니라, 자신이 맡은 역할을 성공적으로 수행하는 데 필요한 생각과 행동을 보여야 한다는 점에 안도한다. 그래서 자기를 방어하는 보호막을 일부 거둔다. 이때 코치는 고객과 신뢰관계를 맺어야 한다. 고객이 역할을 수행하는 데 필요한 역량이나 기술을 진단하고, 그의 역할이 팀이나 조직에 어떤 영향을 미쳤는지를 파악한다.

나는 고객의 리더십이 팀과 조직에 미치는 영향을 알아보기 위해 효과적 리더십 진단(ELA), 팀효과성 진단(TEA), 조직효과성 진단(OEA)을 사용한다. 온라인으로 실시한 진단 결과를 '효과성 기상도' 분석을 통해 종합적으로 요약해 보고, 변화의 방향과 내용을 비교해 본다(이석재, 2020a). 그리고 수집된 자료를 구조화해 고객에게 피드백한다. 고객은 자신의 역할 수행에 대한 피드백을 들으면서 자기 지각과 타인 지각을 비교하고, 인식의 차이가 있다면 그 원인을 분석하고 인과관계를 추론한다.

이 단계에서 다음과 같은 질문을 통해 고객이 자신의 현재 모습을 객관적으로 인식하도록 돕는다.

- 진단을 통해 새롭게 알게 된 것은 무엇입니까?
- 진단 결과는 당신에게 어떤 변화를 요청합니까?

진단은 자신을 거울에 비춰보는 것과 같다. 진단 도구를 통해 보이지 않는 역량과 그 영향을 객관적으로 볼 수 있도록 한다. 고객은 진단 결과를 통해 자신의 모습을 종합적으로 보게 된다. 자기 진단을 통해 개인적 자기와 만나고, 타인의 눈에 비친 자신의 또 다른 모습인 사회적 자기를 만난다.

자기 자신의 겉과 속을 한번에 조망하는 기회를 갖는 것이다. 자기 지각과 타인 지각 간의 차이가 있을 때, 사람들은 그 원인에 대해 궁금해한다. 나는 이때 고객이 개인적 자기와 사회적 자기에 대해 궁금해하도록 돕는다.

개인적 자기를 먼저 다루면 방어기제가 작동하기 쉽다. 따라서 마치 건강진단을 통해 자신의 신체적 건강을 확인하는 것처럼, 효과성 진단을 통해 사회적 자기로서 리더의 역할을 어느 정도 효과적으로 수행하는지를 확인한다. 온라인으로 실시한 진단 결과를 '효과성 기상도'라는 분석 도구를 통해 종합적으로 요약해 보고(이석재, 2020a), 변화의 방향과 내용 그리고 코칭의 전과 후의 결과를 비교해 볼 수 있다.

이제 고객은 자기 내면으로 들어가는 비밀의 문 앞에 서 있다. 나는 강력한 질문을 통해 그 비밀의 문을 연다.

단계 3 원하는 리더 모습 그리기

고객은 코칭 초반에 리더 역할을 수행하는 자기 자신의 현재 모습을 살펴보았다. 이제 본인이 원하는 바람직한 리더 모습을 생각한다. 여기서 역할자는 여전히 사회적 자기이다. 코치는 그의 사회적 자기와 대화하고 있다.

- 당신은 어떤 리더이고 싶습니까?
- 그 리더가 되는 것은 당신에게 어떤 의미를 갖습니까?

이 질문을 받게 되면, 고객은 리더 역할을 맡고 있는 사회적 자기와 본래의 자기를 연결시킨다. 특히 우리는 직책과 자기의 존재를 동일시하는 경향이 있다. 조직 내에서 어떤 역할과 직책을 맡고 있느냐가 곧 자기 자신의 정체성을 구성한다. 보직 해임이 되는 경우,

급격하게 심리적으로 위축되고 사회적 체면과 위상이 손상을 당했다고 생각하는 까닭이다.

고객은 다양한 관점에서 본인이 어떤 리더이고 싶은지를 생각할 기회를 갖는다. 그는 리더라는 사회적 얼굴을 통해 자신의 사회적 정체성을 만든다. 이 과정에서 고객은 개인적 자기와 사회적 자기가 자신을 구성하는 중요한 두 요소라는 것을 인식한다. 자신에 대해 부정적인 내용을 담은 피드백을 타인으로부터 받을 때, 이전에는 자기합리화와 같은 자기방어기제로 자신을 지키고자 애썼다. 그러나 개인적 자기와 사회적 자기를 연결하면서 자기방어기제의 보호막을 거둔다.

실행영역의 대화는 여기서 종결된다. 고객이 맡고 있는 역할을 중심으로 개인적 자기와 사회적 자기를 살펴보았다. 마침내 고객은 자발적으로 변화의 필요성을 알아차리고 마음의 문을 열기 시작한 것이다.

단계 4 본래의 자기와 만나기

네 번째 단계에서 고객은 통합된 자기(integrated self)에 관심을 갖는다. 이를 토대로 고객은 '나는 누구인가?'에 대한 전인적인 답을 찾을 수 있다. 코치는 그에게 통합된 자기가 어떤 모습인지 상상하고 그려 보도록 요청한다. 더 나은 자기를 완성하는 과정에서 개인적 자기와 사회적 자기가 어떤 변화를 필요로 하는지 질문한다. 고객은 자발적으로 개인적 자기의 변화 필요성에 대해 스스로 자문하는 단계에 이른다.

- 당신이 지금 힘들어하는 것은 무엇입니까?

- 당신은 어디에 묶여 있습니까?
- 당신은 어디에 집착하고 있습니까?
- 그 집착을 내려놓는다면, 당신은 본래 어떤 사람입니까?

이 단계에서 고객의 자발적인 열정과 성취동기, 변화의 필요성에 대한 자각과 실천의지가 가장 강렬하다. 이 단계에서 그들은 자신의 삶을 주도적으로 구성하려는 의지를 갖는다. 변혁적 변화는 이 단계에서부터 시작한다. 따라서 코치는 탐구 질문을 통해 고객이 더 성장하도록 돕는다.

- 당신은 진정 어떤 사람이 되고 싶습니까?
- 더 나은 내가 되기 위해 무엇을 하겠습니까?

존재에 대한 질문은 고객에게 울림(resonance)을 준다. 자신에게 던져 보았을 듯한 질문이지만, 코칭 대화를 통해 진지하게 생각해 보기는 처음일 가능성이 높다. 특히 많은 직원을 통솔하고 성장시키면서 지속적인 성과를 만들어 내야 하는 상위 직급의 리더일수록 생각과 행동이 현실에 묶여 있다. '나는 누구인가?'라는 질문은 철학적인 질문 그 이상의 것이다.

이 단계에서 고객은 자발적인 열정과 성취동기, 변화의 필요성에 대한 자각과 실천의지가 가장 강렬하다. 그는 자신의 삶을 주도적으로 구성하려는 의지를 갖는다. 변혁적 변화는 이 단계에서부터 시작한다. 코치는 깊은 사유를 할 수 있는 성찰 질문을 통해 고객이 그 답을 찾도록 돕는다.

단계 5 변화 확인하기

고객이 주도적으로 자기변화를 실천한 결과로써 어떤 변화를 실제로 경험했는지를 평가하는 단계이다. 다음과 같은 질문을 통해 고객이 진정되고 싶은 모습에 어느 정도 다가가고 있는지를 확인한다.

- 코칭을 통해 달라진 점은 무엇입니까?
- 코칭을 통해 새롭게 인식한 것은 무엇입니까?
- 행동변화를 통해 이룬 성과는 무엇입니까?
- 원하는 결과가 어느 정도 이루어졌다고 생각합니까?
- 향후 지속적으로 실천하고자 하는 행동은 무엇입니까?

코칭 효과는 고객이 본인의 내면과 만날수록 커진다. 그렇다고 코치가 성급하게 고객의 내면에 들어가려는 시도를 하면 그가 결정적 행동을 실천하도록 돕기 어렵다. 개인 변화의 가장 큰 장애요인은 고객의 내면에 작동하는 자기방어기제이다. 따라서 방어기제를 작동시키는 코칭 대화를 지양한다. 코치는 사람의 심리를 이해해야 한다.

당면한 문제에 대한 답은 고객에게 있다. 그 답을 찾기 위해서는 먼저 고객이 스스로 자기방어기제를 해제하도록 한다. 따라서 변화를 시도하는 경우 자기방어기제를 극복하는 것은 첫 번째 관문일 수 있다. 변화를 만들고 싶은 열망으로 충만한 사람에게도 자기방어기제를 돌파하는 것이 과제이다. 존재보다 실행을 먼저 다루는 것이 성공적인 이유이다.

자기변화를 만들고 싶다면, 먼저 현재 담당하는 역할에서 개선점을 찾아 더 나은 내가 되도록 노력한다. 이 과정에서 당신은 자연스럽게 자기 자신과 만나게 된다. '근본적으로 나부터 달라져야 되겠군'이라고 생각하는 시점에 이른다. 이때 개인적 자기와 사회적 자기가 통합될 필요성을 자각한다. 그 결과로 '나는 누구인가?'에 대한 답을 갖게 된다. 이 과정에서 울림을 경험한다. 이때 경험한 울림을 긍정적 심리자원으로 활용해 현실의 삶에서 원하는 결과를 얻을 가능성을 높이는 결정적 행동을 실행하자.

3. 생산자보다 조력자 역할을 한다

팀장의 역할 수행 방식은 팀이 원하는 결과를 얻을 가능성을 높이는 결정적 행동을 실행하는 데 지대한 영향을 미친다. 팀장이 계획적으로 열심히 일했다고 생각하지만, 정작 성과는 기대보다 낮았고 팀의 분위기도 좋지 않다. 무엇이 문제인가?

팀장이 팀의 생산성을 제고해 성과 향상을 도모하는 것도 중요하지만, 원하는 성과를 내는 긍정적인 환경을 조성하는 리더십을 발휘해야 한다. 성과를 낼 수 있는 업무환경을 조성하는 두 가지 역할을 균형 있게 수행하는 것이다. 이러한 팀장 리더십을 발휘할 때, 팀원은 개인 기여자에서 팀 기여자로 성숙한다.

긍정적인 환경에 있을 때, 팀원이 자신의 잠재성을 끌어내어 개인의 성과를 만들었던 자기중심적 의식이 팀의 생산성을 향상하려는 팀 의식으로 확장이 일어나기 때문이다. 팀의 긍정적 문화는 자기중심성을 이타성과 공동체 의식을 갖도록 영향을 미친다.

박현민 팀장은 사업성과를 평가하면서 내심 불안해하고 있다. 연초만 해도 연말까지 사업기간이 충분하고 추진할 세부 과제와 일정이 명확하게 수립되었기 때문에 목표 달성에 자신이 있었다. 그러나 중간 평가를 하면서 당초 사업계획과는 다르게 일정이 지연되고 팀 분위기가 경직되는 것을 느꼈다.

하반기가 시작되면서 박 팀장은 업무성과가 떨어지는 팀원을 수시로 질책하고 강하게 밀어붙였다. 팀을 장악할 필요가 있다고 느꼈다. 팀원 개개인의 입장을 고려하면서 팀을 이끌어서는 목표 달성이 불가능하다고 판단했다. 일정관리를 위한 주간회의 이외에도 필요하다고 판단되면 수시로 업무미팅을 했다. 일이 마무리되어 가는 것에 안도하면서도, 이직 의사를 보이는 팀원들로 인해 고민이 점점 커졌다.

박 팀장에게 무엇이 문제인가? 박 팀장은 전형적인 성과중심의 리더이다. '리더는 성과로 말한다'는 사고를 가지고 있다. 팀장의 지위에 오르면서 나름대로 성과를 만드는 공식을 학습했고 매년 일을 추진할 때 자신이 일하는 공식을 적용했다. 그러나 박 팀장 자신도 언제부터인가 자신이 일하는 방식이 현장에서 성공적으로 작동하지 않는다는 것을 느끼기 시작했다. 그럼에도 일이 바쁘게 돌아가면서 성과에 영향을 줄 것 같은 요인들을 효과적으로 관리하기 위한 노력을 하지 못했다.

코칭에서 박 팀장과 같은 리더를 자주 만난다. 계획한 목표를 성공적으로 달성하는 리더는 목표를 달성하지 못하는 리더와 비교할 때 차별적인 리더십을 발휘한다. 목표를 달성하는 성과리더십은 경쟁력이 아주 높다. 리더십 내용은 간단한 논리이지만, 효과적으로 작동시키는 데 지속적인 관심과 실행이 필요하다.

팀 리더가 집중적으로 관리하는 것은 바로 원하는 결과, 그 결과를 만드는 결정적인 행동, 결과에 영향을 미치는 영향요인이다. 이들 세 가지 요소를 유기적으로 연계하는 것이 팀장의 리더십 과제이다.

이러한 리더십 과제를 해결하는 팀장의 역할은 무엇인가?

1) 생산자가 아닌 조력자 되기

효과성은 원하는 것을 얻는 정도이다. 따라서 팀효과성이란 팀이 원하는 것을 얻는 정도를 말한다. 여기서 주목할 것은 팀장이나 팀원 개인이 원하는 것이 아니라 팀이 원하는 것이라는 점이다. 팀효과성이란 개인 차원의 개념이 아니라 조직 차원의 개념이다. 그러므로 팀효과성이 높다는 것은 팀의 역동성이 효율적이라는 것을 뜻한다.

팀효과성은 크게 세 가지 구성요소를 갖는다. 직무성과, 팀 내외의 고객이 경험하는 만족도, 일을 수행하는 과정에서 이루어지는 학습과 성장 및 이를 통한 혁신활동이다. 팀의 효과성이 높다는 것은 이러한 요소들이 이전보다 개선되고 향상된 것을 의미한다. 따라서 팀효과성을 향상하고자 한다면, 팀장은 성과 이외의 요소에도 관심을 가져야 한다.

팀을 처음 맡게 된 리더들이 흔히 저지르기 쉬운 실수는 자신이 원하는 목표를 정하고, 그것을 달성하는 데 직접 개입하고 팀원들이 지원하도록 시키는 것이다. 목표지향적인 시각에서 보면 맞는 접근인 것 같다. 그러나 리더십의 관점에서 보면 팀장은 성과를 만드는 환경을 조성해야 한다. 팀의 비전과 목표를 제시하고 팀원들의 잠재성을 끌어내고 직무에 몰입하도록 해야 한다. 팀장은 성과의 생산자가 아니라 성과의 조력자가 되어야 한다.

바로 박현민 팀장이 선택할 역할이다. 팀장이 조력자의 역할을 할 때, 팀원들이 원하는 팀 목표를 달성하는 데 필요한 결정적 행동을 주도적으로 실행할 수 있는 최적의 업무환경을 조성하는 데 관심과 주의를 기울일 수 있다.

2) 성과 향상 프레임워크로서 팀효과성 모델 활용하기

팀장이 조력자의 역할을 성공적으로 수행하려면, 성과 향상을 위한 논리적인 사고의 틀을 가져야 한다. 그 틀을 근간으로 팀원을 코칭하고 팀을 운영한다. 어떤 사고 틀을 가져야 할까? 1990년 이후 『포춘(Fortune)』에서 발표한 '포춘 글로벌 500대 기업'의 조직 구조를 분석한 연구들의 결과를 보면, 대부분이 다양한 형태의 팀제를 도입했으며 인력의 약 80%가 팀에 소속되어 있다.

기능적으로도 팀은 조직의 기본 단위이다. 우리나라의 경우 1997년 IMF 이후 공공부문과 민간부문에 팀제가 적극 도입되었고 직무가 크게 증가했다. 기업환경은 갈수록 극한의 경쟁, 세계화, 국가를 초월한 비즈니스로 변화되고 있다. 이러한 변화는 날로 빠르게 심화되고 있다. 이러한 상황에서 팀의 효과성을 높이는 것은 팀의 지속적인 성장을 확보하는 방법이다.

나는 긍정심리학, 살아 있는 시스템인 조직, 시스템적 사고, 팀 역동성과 그에 따른 팀 성과 등에 관한 연구에서 밝혀진 팀의 긍정성과 생산성을 구성하는 영향요인들이 갖는 역동적인 인과관계를 살폈다. 이 과정을 통해 '영향요인–결정적 행동–원하는 결과' 간의 관계를 구조적으로 보여 주는 팀효과성 모델을 개발했다. 모델에서 보듯이 팀의 긍정성과 생산성을 구성하는 총 열두 가지의 영향요인은 결정적 행동을 통해 원하는 결과를 얻는 데 영향을 미친다. 이들 세 가지 변수에 대한 정의는 다음과 같다.

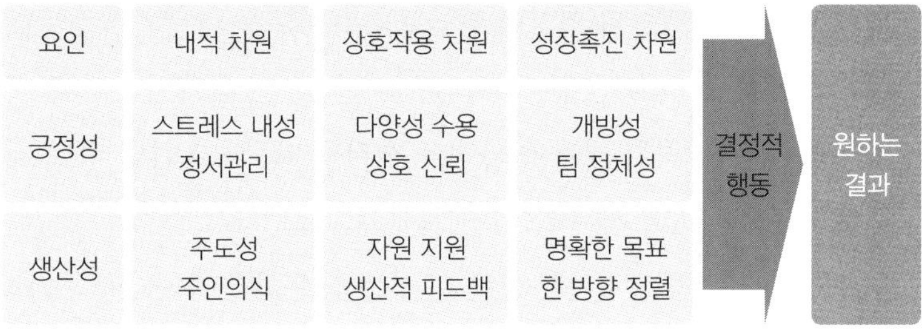

요인	내적 차원	상호작용 차원	성장촉진 차원		
긍정성	스트레스 내성 정서관리	다양성 수용 상호 신뢰	개방성 팀 정체성	결정적 행동	원하는 결과
생산성	주도성 주인의식	자원 지원 생산적 피드백	명확한 목표 한 방향 정렬		

[그림 4-3] 팀효과성 모델(이석재, 2014)

- 영향요인: 팀효과성의 높고 낮음에 영향을 미치는 정도가 큰 열두 가지 요인
- 결정적 행동: 원하는 결과를 얻게 할 가능성을 차별적으로 높이는 행동
- 원하는 결과: 경영 성과에 기여도가 높은 팀 목표

3) 긍정성과 생산성 챙기기

사회심리학자들은 사회적 촉진이라는 흥미로운 현상을 밝혔다. 혼자서 과제를 수행할 때보다 다른 사람들과 같이 할 때 수행 결과가 더 좋게 나타나는 현상이다. 예를 들면, 혼자서 제안하기보다 함께 할 때 제안의 양이 많고 질이 더 우수했다. 수행을 촉진하는 요인은 다른 과제 수행자 이외에도 관찰자, 환경 등이 있다.

TV프로그램에서 방청석의 역할을 생각하면 된다. 개그맨의 언행에 대해 방청객이 크게 웃으며 반응하면, 같은 공간에 있는 방청객뿐만 아니라 시청자들의 반응이 폭발적으로 나타난다. 사회적 촉진의 작동 원리를 보면, 수행의 결과는 일의 내용과 과정뿐만 아니라 수행이 일어나는 맥락의 영향을 받는다.

- 우리 팀은 노력한 결과와 과정을 생각할 때, 과연 어느 정도 효율적인가?
- 우리 팀은 원하는 결과를 만들 수 있는 팀 문화를 가지고 있는가?

이들 두 질문에 대한 답은 팀효과성에 영향을 미치는 요인들을 개념화하는 데 중요한 틀을 제공한다.

첫 번째 질문의 답은 팀이 어느 정도 생산적으로 일하고 있는지를 알려 준다. 두 번째 질문에 대한 답은 생산적으로 일하면서 원하는 결과를 만들 수 있는 긍정적인 환경인지를 말한다.

이와 같이 팀효과성에 영향을 미치는 요인들은 크게 생산성과 긍정성으로 구분된다. 원하는 결과를 만들지 못하면 그 원인은 어디에 있는지를 분석한다. 원하는 결과를 만들고 있다면 그보다 더 큰 결과를 만들 수 있는 가능성과 방법을 찾아본다.

(1) 생산성

생산성은 원하는 결과를 얻기 위한 팀의 능력과 최적의 과정이 예상된 결과를 만들어 내는 정도이다. 팀이 원하는 결과를 만드는 능력과 과정의 관점에서 여섯 가지 영향요인은 생산성을 결정한다. 주도성과 주인의식은 결과지향적인 태도의 기본이다. 일에 대한 주인의식이 높을 때, 대범하고 자신의 활동에 대한 확신이 높다.

팀원들 간에 일이 성공적으로 수행될 수 있도록 필요한 자원을 조달해 지원하고, 서로 더 나은 결과를 만드는 데 필요한 행동을 하도록 피드백을 하는 것은 생산성을 높인다. 또한 팀의 목표와 전략이 명확하고 상위 조직의 것과 한 방향 정렬이 되어 있을 때, 팀은 원하는 결과를 얻을 가능성이 높다.

(2) 긍정성

긍정성은 팀이 노력과 몰입을 넘어 그 이상으로 활동하게 하는 요인들의 공통 특성이다. 긍정성은 당면한 상황에서 가능성을 발견하고 더 나은 상황과 결과를 만들도록 영향을 미친다. 팀효과성의 긍정성 요인은 여섯 가지이다. 팀원의 내적 차원에서 작동하는 기본 요소는 스트레스 내성과 정서관리이다. 팀원의 긍정적 관점과 태도는 높은 수준의 스트레스 내성과 효과적인 정서관리에서 나온다.

팀원 간의 역동적인 관계는 다양성에 대한 수용과 상호 신뢰로 구성된다. 팀이 외부환경에 대응하는 과정에서 개방적이면서 안정적인 팀 정체성을 가지고 있을 때 기회와 가능성을 쉽게 인지한다. 팀 정체성이 명확하고 긍정적이면 팀의 응집력이 커지고 팀 목표를 달성하려는 동기가 높아져 탁월한 성과를 만든다.

4) 원하는 결과를 만드는 결정적 행동에 집중하기

팀이 원하는 결과는 경영 기여도가 높은 목표를 달성하는 것이다. 우리 팀은 목표가 분명한가? 일반적으로 사업부의 목표가 소속 팀별로 세분화되고 구체화되면서 각 팀별로 목표가 설정된다. 따라서 팀의 목표는 사업부의 목표가 어느 정도 명확한가에 의해 영향을 받는다. 그러나 팀 차원에서 목표를 명확하게 정의하고 할당하는 데 어려움이 있다.

구체적으로 보면, 세부 목표들이 가지고 있는 우선순위에 대한 합의, 팀 목표를 팀원별로 세분화할 때의 업무량, 업무와 팀원 간의 정합성, 책임과 역할을 정하는 것이다. 목표를 명확하게 정의하는 데는 팀장과 팀원 간의 공감과 합의가 기본이다. 개인별 성과평가를 위한 핵심성과지표(KPI)의 도출과 이후 평가 활동에 절차적 공정성을 제공하기 때문이다.

팀장은 생산성과 긍정성과 관련된 요인들이 원하는 결과에 미치는 영향을 파악하면서 팀원들이 보여야 할 행동을 찾고, 그 행동을 하도록 이끌어야 한다. 팀장은 결정적 행동에 주목해야 한다. 결정적 행동이란, 그 행동을 보임으로써 팀이 원하는 결과를 얻을 가능성을 높이는 행동이다. 팀장은 평소 팀원들의 행동을 관찰하고 분석하지 않으면 결정적 행동을 찾기 쉽지 않다. 팀 회의를 할 때, 개인별로 업무진척에 대해 확인할 때, 비공식적인 대화를 할 때 모두 필요한 정보를 수집하는 데 유용한 기회이다.

앞에서 소개한 박현민 팀장은 노력한 만큼 팀 성과가 나오지 않는 이유를 팀 환경에서 찾았다. 팀효과성 모델에 기초한 팀효과성 진단(TEA) 도구를 활용해 팀의 현재 모습을 객관적으로 진단하고, 팀 워크숍을 통해 결정적 행동을 도출했다. 팀원들의 속마음을 이끌어 내는 과정에서 '말해 봐야 소용없다. 그게 내게 무슨 소용이 있지?'와 같은 부정적인 사고가 공유되고 팀 활동에 수동적으로 참여하는 것이 관행화되고 있음을 확인했다.

팀장과 팀원들은 워크숍을 통해 긍정 문화를 만들기 위한 두 가지 결정적 행동을 최종 확정했다.

- 팀장과 팀원 간의 상호 신뢰를 형성한다.
- 서로 속마음을 공유한다.

팀장과 팀원들은 두 가지 결정적 행동을 실천하기 위한 개인별 행동변화계획을 작성했다. 팀장은 이번 워크숍을 통해 성과를 높이기 위한 자원지원, 생산적 피드백, 도전적인 성과 향상 전략의 수립과 실행 등의 생산성 관리도 중요하지만, 팀원의 행동을 성과지향적으로 이끄는 팀 환경을 조성하는 긍정성 관리도 성과 향상을 촉진하는 데 중요한 역할을 한다는 것을 학습했다.

4. 긍정성으로 생산성을 촉진한다

"나만의 성과를 만드는 방법은 무엇인가?"

성과를 만드는 자기만의 방법을 성공적으로 실행하는 것은 결정적 행동이다. 사람들은 흔히 '성과가 인격이다'라는 말로 조직에서 성과의 중요성을 강조한다. 리더의 경쟁력은 성과 자체보다 성과를 만드는 방법에 있다. 리더의 역할과 책무는 경영적 필요에 따라 바뀔 수 있지만, 성과를 만드는 방법은 리더의 고유한 리더십이다. 따라서 자기만의 방법을 개발하고 실행하기 위해서는 성과를 만드는 잘 짜인 논리가 필요하다.

나는 효과성 코칭을 통해 리더가 세 가지 정렬(alignment)을 확보하고, 생산성을 촉진하는 긍정성을 관리하도록 돕는다. 이러한 환경은 직원의 직무몰입을 끌어내고 이를 바탕으로 경영전략을 실행하는 데 최적이다. 효과성 코칭에 참가한 리더가 할 일은 어떻게 정렬을 구축하고 긍정성을 관리할 것인가이다. 리더가 이미 성과를 만드는 방법을 가지고 있다면, 효과성 코칭의 논리를 기초로 수정하거나 보완할 수 있다.

성과를 만들기 위해 앞만 보고 달려가면, 정작 조직 내부의 성장을 견고하게 만들지 못할 수 있다. 성장통이 될 수 있는 것을 챙기지 못하는 것이다. 긍정의 시선으로 현재의 모습을 보면서 견고한 조직문화를 만드는 노력을 기울여야 한다. 생산성을 높이고자 달려왔다면, 이제 긍정성을 챙기면서 생산성을 높여야 한다. 리더가 원하는 결과를 얻을 가능성을 높이는 결정적 행동을 실천하는 성공 전략이다.

1) 탁월한 성과창출의 조건, 세 가지 정렬

콜린스와 포라스(Collins & Porras, 1994)는 뛰어난 성과를 만든 '포춘 글로벌 500대 기업'에 포함된 다수의 기업을 조사해서 성공의 공통분모로 비전을 찾아냈다. 그들은 "비전 있는 회사를 구축하려면, 1%의 비전과 99%의 정렬이 필요하다."라고 정렬의 중요성을 강조했다.

구체적으로 어떤 정렬이 필요한가? 효과성 코칭을 실천하는 코치는 조직효과성을 향상하기 위해 조직이 원하는 결과를 만들 가능성을 높이는 세 가지 정렬을 확보하도록 돕는다(이석재, 2014).

첫째, 사업과제 정렬이다. 사업목표는 최상위 조직으로부터 구성원에 이르기까지 순차적으로 세분화된다. 또 구성원의 업무추진 결과는 조직의 사업목표 달성과 연계된다. 사업과제 정렬은 목표관리의 기본이지만 현장에서 간과되기 쉽다. 현장에서 발생하는 문제를 살펴보면, 목표 자체보다는 그 목표를 달성하기 위해 추진하는 사업과제가 정렬되지 않은 경우가 흔하다.

조직 목표를 달성하기 위해 개발된 사업과제들이 단위 조직인 각 팀의 사업과제로 세분화되는 과정에서 과제들의 우선순위, 과제를

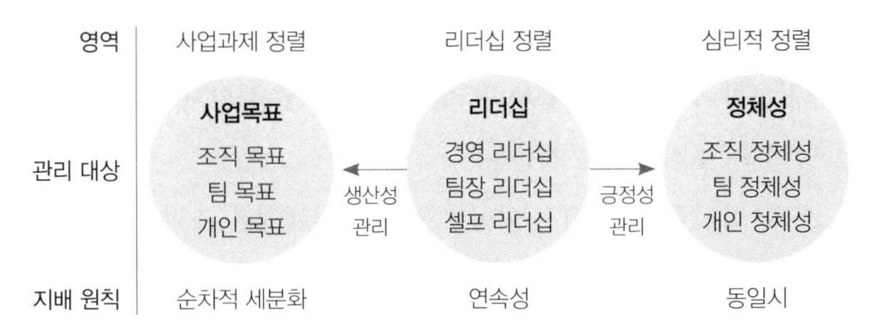

[그림 4-4] 조직효과성 향상을 위한 세 가지 정렬(이석재, 2014)

설명하는 핵심용어들의 명확한 정의가 공유되지 않고 사용된다. 이로 인해 과제를 수행하는 과정에서 자원투입, 시간관리, 의사소통이 효과적이지 못하게 되고, 결국 각 팀과 조직의 목표 달성도가 낮아지게 된다. 조직 리더가 사업과제 정렬의 중요성을 간과하곤 하는데, 효과성 코칭을 통한 사업과제 정렬은 조직의 목표를 달성하기 위한 필요조건이다.

둘째, 리더십 정렬이다. 리더들이 모두 공유한 목표의 배경과 내용을 이해하고, 자신과 팀이 목표를 달성하기 위해 무엇을 어떻게 해야 하는지에 대해 동의한 상태를 말한다. 따라서 리더는 조직의 비전을 중심으로 사업전략과 과제, 이를 실행하는 구체적인 방법에 협력하고 맡은 사업과제를 완수한다.

리더십 정렬의 지배원칙은 연속성이다. 조직 단위 간에도 리더십 정렬이 이어져 있어야 한다. 이러한 정렬이 수직적 관계와 수평적 관계에서 모두 확보될 때 코칭 리더십이 견고하게 구축될 수 있다. 조직은 더 빠르고 효과적인 혁신을 추진할 수 있는 차별적 경쟁력을 갖는다.

리더십 정렬을 확보하는 방법은 조직문화에 따라 다르다. 그러나 탄탄한 리더십 정렬을 갖추고 있는 조직은 효과성이 크다. 더 큰 성장, 성과와 수익성을 창출한다. 또 예상하지 못한 위기상황을 극복할 수 있는 조직 능력도 갖는다.

셋째, 심리적 정렬이다. 최상위 조직의 정체성은 조직 구성원 개개인의 정체성과 연계되어야 한다. 이러한 심리적 정렬은 조직관리에 중요하다. 정체성은 심리적인 요소로서 조직 단위별로 형성될 수 있다. 정체성의 핵심은 동일시이다. 동일시란 조직이 제시하는 가치, 신념, 인재상에 대한 인식을 구성원이 수용하고 자신의 행동 기준으로 사용하는 것을 의미한다. 즉, 조직 정체성과 개인 정체성이 서로 부합하는 것이다.

기업들은 자사의 경영철학과 이념을 구현하기 위한 방법으로 기업 가치와 인재상을 포함한 웨이(way)를 선포하면서 모든 직원이 내재화하기를 바란다. 의식과 행동이 기업 가치에 기초해 일치되기를 바라는 것이다. 특히 다른 기업을 인수합병한 기업의 경우 조직의 정체성과 기업문화의 동질성을 확보하는 것이 중요한 과제이다.

조직 가치와 개인 가치를 동일시할 때 영혼이 있는 조직이 된다. 조직효과성 향상은 성과 추구만 지향하는 개념이 아니다. 그것은 조직의 가치를 내재화하고 조직과의 동일시를 추구한다.

2) 긍정성으로 생산성을 촉진하는 환경 조성

이와 같이 세 가지 정렬이 확보되면 리더는 사업목표를 달성하기 위한 생산성을 관리하고 정체성을 확고히 정립하기 위한 긍정성 관리를 한다. 조직문화와 같은 긍정성은 생산성을 향상하는 중요한 요인이다. 생산성 관리를 통한 성과 변화는 한계에 이르렀다. 긍정성 관리로 생산성을 키워서 원하는 성과 변화를 만든다. 이러한 접근이 원하는 결과를 얻을 가능성을 높인다.

"원하는 성과를 만들기 위한 리더의 전략은 무엇인가?"

리더는 먼저 긍정성과 생산성을 균형적으로 관리하고, 함께 일하는 사람들과 업무의 특성에 맞게 자신의 역할을 조율한다. 이러한 여건이 조성되면 긍정성으로 생산성을 촉진한다. 리더는 이와 같은 방식으로 조직효과성을 향상하는 자신만의 색깔이 있는 리더십을 만들고 발휘한다.

다음과 같이 긍정성 관리를 세부적으로 실행에 옮겨 보자.

첫째, 긍정성과 생산성을 균형 있게 관리한다. 리더는 세 가지 정렬이 전사적으로 확립되도록 노력할 뿐만 아니라 두 가지 요소에 대한 관리능력을 발휘해야 한다. 하나는 사업목표를 달성할 수 있도록 사업과제를 수행하는 생산성 관리이고, 다른 하나는 성과를 만드는 데 적합한 문화를 만드는 긍정성 관리이다. 효과성 코칭에서는 리더로 하여금 긍정성과 생산성을 균형 있게 관리할 수 있도록 돕는다.

균형 관리는 긍정성과 생산성을 구성하는 각각의 요인이 어느 한쪽에 치우침이 없이 업무행동에 나타나도록 이끄는 것이다. 예를 들면, 팀원들이 주도적으로 업무를 수행하도록 하면서도(생산성 관리), 그들의 의사소통 이슈를 개인의 문제로 돌리지 않고 안전감을 갖고 맡은 일을 하도록 환경을 조성하는 것이다(긍정성 관리). 리더는 두 활동을 독립적이기보다 상호 보완적이며 균형을 갖도록 관리한다. 그래야 긍정성으로 생산성을 촉진할 수 있다.

긍정성은 존재의 속성이고 생산성은 실행의 속성이다. 긍정성으로 생산성을 촉진한다는 것은 곧 존재를 통해 실행을 가속화한다는 뜻이다. 존재의 심리적 자원을 끌어내어 실행을 변화시키는 것은 코칭의 본질이다(이석재, 2014; 2023). 이러한 코칭 원리는 일터에서 원하는 결과를 얻기 위한 리더와 구성원의 결정적 행동을 촉진한다. 나는 이러한 논리와 전략을 바탕으로 효과성 코칭을 전개한다.

둘째, 리더는 성과의 생산자가 아닌 조력자의 역할을 수행한다. 리더 역할을 처음 맡은 신임 리더는 먼저 자신의 역할이 무엇인지 깊이 고민해야 한다. 신임 리더가 흔히 범하는 실수는 리더 자신의 꿈과 야망을 우선적으로 실천해 보려는 것이다. 리더십 역할의 중심에 자신을 두고 일하는 것이다. 코치는 리더로 하여금 구성원들이 중심적인 역할을 맡게 하는 대신, 리더 자신은 그 중심에서 빠져나오도록 돕는다. 다시 말해, 리더의 역할에 대한 인식을 성과를 만드는 '성과의 생산자'가 아닌 성과를 내도록 환경을 조성하는 '성과의 조력자'로 전환시킨다.

실패하는 리더들을 분석한 현장연구(Finkelstein, 2003)나 코칭에서 만난 리더들의 코칭 사례를 종합해 보면, 역할 조정을 하지 못해 리더십의 효과성을 떨어트리는 몇 가지 요인이 있다. 따라서 리더는 다음 요인들을 잘 관리해야 한다. 코칭의 관점에서 보면, 리더의 행동변화 주제이다.

- 새로운 직책이나 역할을 맡으면 지나친 야심과 야망을 갖고 역할을 수행한다.
- 역할을 독점하고 구성원에게 권한 위임이나 임파워먼트를 하지 않는다.
- 새로운 직무나 역할에 적합한 리더십을 발휘하지 못한다.
- 근무지가 바뀌면서 새로운 이해관계자들 간의 이해와 협력을 끌어내지 못한다.

- 이전의 상사와 다른 리더십 스타일을 지닌 새로운 상사에게 적응하지 못한다.
- 함께 일하는 구성원의 잠재성을 효과적으로 끌어내지 못한다.

셋째, 긍정적인 업무환경을 조성하는 조직운영을 한다. 리더의 핵심 책무는 매출과 이익을 키우고 지속적으로 성장하도록 조직을 운영하는 것이다. 이를 위해 조직 리더는 담대한 경영목표를 제시하고 그 목표를 달성하는 데 적합한 조직문화를 만든다. 그리고 성과를 만드는 조직운영과 조직문화를 서로 연계한다.

경영목표로만 조직을 운영하고자 하는 경우 사업성과는 나타나지만 영혼이 없는 조직이 되기 쉽다. 건강하고 역동적인 조직문화를 가진 조직의 구성원들은 생산적이며 낙관적인 관점을 갖는다. 또한 그들은 자발적으로 직무에 몰입하며 가치를 추구하는 사고와 행동을 한다. 이러한 직원의 인식과 행동은 자발적인 직원몰입으로 나타나며, 경영전략을 실행하는 힘이 되고 탁월한 성과를 만들어 낸다.

조직 구성원들이 거래적 관계에서 사고하고 행동하면, 장기간 지속되는 열정과 보람을 체험하지 못한다. 거래적 관계에 기반한 조직은 구성원들이 일하도록 하는 유인정책을 끊임없이 개발해야 한다. 구성원들은 일을 통한 진정한 기쁨과 만족을 체험하지 못한다. '왜 이 일을 하는가?'라는 질문에 가치지향적인 답을 하기 어렵기 때문이다.

업무관련성이 높은 부서들 간에 시너지를 창출하는 전략을 기획하고 실행하는 신설 조직을 맡은 임원이 있다. 그는 자기 분야에서 최고라는 자부심을 가진 전문가들을 사내에서 차출해 조직을 구성했다. 임원은 신설 조직을 운영하기 위한 기본 원칙을 발표했지만,

코치가 소속 팀장들을 면담한 결과, 팀장들은 업무협력의 기본원칙이 명확하지 않다는 의견을 냈다.

어떻게 그 임원을 도울 것인가? 일반적으로 코칭 주제는 고객으로부터 나오지만, 코치도 조직운영 방안에 대해 함께 고민하고 도움을 준다. 나는 조직운영의 효과성을 높이기 위해 조직장인 임원과 팀장들이 참여하는 워크숍을 진행했다.

워크숍을 통해 확정된 운영 원칙은 다음 다섯 가지이다.

- 주도적으로 행동한다.
- 보고서 없이 구두로 보고하고 현장 이슈 중심으로 대화한다.
- 역할과 직급에 관계없이 열린 소통을 한다.
- 개인의 잠재성을 존중하고 성장시킨다.
- 문제 제기보다는 경청과 토론을 통해 답을 찾는다.

임원과 팀장이 각자 자신의 전문성에 대해 자부심을 가진 경력자들이어서 개성과 자기주장이 강하고 서로 협력하지 못했다. 해당 임원은 상명하복의 위계적인 조직관리보다 임파워먼트를 통해 그들의 강점인 직무 전문성을 직무성과로 연결하는 방법을 선택했다. 임원은 긍정성을 통해 생산성을 촉진하는 조직운영을 했다.

넷째, 자기 자신을 칭찬한다. 칭찬을 통해 내면에 긍정 에너지를 만들고 이를 활용해 생산성을 촉진할 수 있다. 그런데 사람들은 흔히 칭찬을 타인에게만 하는 것으로 생각한다. 칭찬을 동기부여 요인으로만 생각하는 것이다. 자신에게도 칭찬을 하는 것이 필요하다고 생각하는 사람은 드물다. 그러면 왜 자신에 대한 칭찬이 필요한가?

칭찬이 갖는 심리학적인 비밀을 살펴보자. 대인관계를 분석한 연구결과에 따르면, 타인의 긍정적인 피드백과 칭찬을 받은 사람은 부정적인 내용을 받은 사람보다 높은 자긍심을 경험했다(Kille et al., 2017). 스스로 자신을 칭찬해도 자긍심이 높아지고 자신의 행동에 대해 높은 확신을 갖게 된다.

칭찬은 자신에 대해 긍정적인 이미지를 형성한다. 사람들이 자신의 이미지를 관리하는 심리를 연구하는 사회심리학자들은 사람들이 대인관계에서 타인이 자신에 대해서 어떤 특정 이미지 또는 인상을 갖도록 여러 가지 책략을 사용한다는 사실을 밝혔다(Leary & Kowalski, 1990). 예를 들면, 자신의 실수에 대해서는 변명을 하고, 자신의 잘못에 대해서는 사과를 한다. 이러한 행동은 타인이 자신에 대해 가지고 있는 이미지가 손상되지 않도록 자기방어를 위한 것이다(이석재, 1996).

이와는 달리 타인에게 위협을 하거나, 타인을 칭찬하거나, 자신의 약점을 드러내 보이는 경우가 있다. 타인이 자신에 대해 갖는 이미지가 원래 의도한 이미지이기를 바란다. 이와 같이 자신의 모습을 방어하거나 만드는 노력의 이면에는 자기 자신에 대해 긍정적인 이미지를 형성하려는 동기가 깔려 있다(Lee et al., 1999). 타인으로부터의 칭찬뿐만 아니라 자기 자신에 대한 칭찬은 이러한 긍정적인 이미지를 형성하는 데 기여한다.

자긍심은 자신에 대한 전반적인 평가가 긍정적이라는 자기 지각이다. 자기를 칭찬하는 것은 곧 자기 자신을 긍정적으로 평가하는 것이다. 따라서 칭찬을 할수록 자긍심이 높아지게 된다. 자긍심과 자기 지각의 관계에 대한 연구에 따르면, 높은 자긍심을 가지고 있는 사람들은 자신의 능력을 평가하게 했을 때, "나는 ~을 할 수 있다. 자신에 대해 만족한다."라고 생각했다(Rosenberg, 1979).

반면, 낮은 자긍심을 가진 사람들은 자신의 능력에 대해 부정적으로 생각하고 스스로 실패자라고 생각했다. 높은 자긍심을 가진 사람은 자신의 가치와 능력을 긍정적으로 평가하는 데 반해, 낮은 자긍심을 가진 사람은 자신의 가치와 능력을 낮게 평가했다. 자긍심은 한 개인이 사회에 효과적으로 적응하는 데 중요한 기초가 된다. 이러한 측면에서 보면 자긍심은 기능성을 갖는다. 긍정적인 심리적 자원으로서 자긍심이 생산성을 촉진할 수 있다.

다섯째, 리더십 행동에 대한 확신을 높인다. 리더십 역량이 모두 바람직한 행동으로 나타나지는 않는다. 리더십이 효과적으로 발휘되기 위해서는 자신의 리더십 행동에 대한 확신을 가져야 한다.

제니퍼 캠벨(Jennifer Campbell)은 자긍심이 높은 사람과 낮은 사람 간에 자기확신에 있어서 차이가 있음을 밝혔다(Campbell, 1990). 자긍심이 높은 사람은 낮은 사람보다 자신의 다양한 능력에 대해 더 긍정적으로 평가했으며, 그러한 평가에 대해 확신했다. 자긍심은 자신의 리더십 행동에 대한 확신을 높인다. 확신은 특정 행동이 일어날 수 있는 가능성에 대한 심리적 크기를 나타낸다. 따라서 확신을 가질수록 그 행동을 할 가능성이 높고, 자신의 생각에 대한 확신이 높다. 결과적으로 보면 행동이 의도된 대로 나타나게 된다.

리더는 여러 다른 리더십 행동도 활발히 한다. 리더십 역량이 갖는 주된 특성 가운데 하나는 역량의 일반화 현상이다. 한 예로, 사람들은 창의성이 높은 리더는 문제해결력도 뛰어날 것으로 기대한다. 이와 같은 일반화가 일어나는 원인은 자긍심이 높은 사람일수록 자기 자신의 긍정적인 이미지를 더 높이려 하기 때문이다. 이러한 동기로 인해 한 가지 리더십 역량이 뛰어난 사람은 다른 역량도 효과적으로 발휘하려고 노력하고, 할 수 있다고 확신하고, 실제로 그러한 행동을 더 드러내 보인다.

과연 얼만큼 자신의 리더십 행동을 일반화할 것인가는 자긍심을 높이려는 동기 수준과 자기확신의 크기에 의해서 결정된다. 자신의 리더십 행동을 스스로 칭찬하는 것은 자긍심을 높이고, 리더십의 효과성을 높이는 장점이 있지만 역기능으로도 작용할 수 있다. 자긍심이 높은 사람은 보다 직접적인 방법으로 자신의 능력을 보이려고 하는 데 비해 자긍심이 낮은 사람은 자신이 속한 집단의 이미지를 고양시킴으로써 자신의 자긍심을 높이는 간접적인 방법을 취한다.

그러므로 자긍심이 높은 사람은 타인으로부터 공격적이고 지나치게 주도적이라는 평가를 받을 수 있고, 자긍심이 낮은 사람은 수동적이고 소극적으로 보일 수 있다. 그러나 분명한 것은 자기 자신을 칭찬하고 긍정적인 자기 이미지를 만들고 자기확신을 갖는 것과 같은 긍정성 관리가 리더십을 변화시키는 효과적인 방법이라는 점이다.

조직 구성원의 사고와 행동이 변화하기 위해서는 조직 목표가 명확하고 담대해야 한다. 목표가 담대할수록 결정적 행동을 찾기 위한 구성원들의 노력이 활발하다. 구성원들 간의 대화가 창의적이고 미래지향적인 관점에서 이루어질 때, 그들의 잠재성과 역량이 최대한 발휘될 수 있는 기회가 생긴다. 이 과정에서 그들은 변화되어 가는 자신의 모습을 볼 수 있다.

리더는 구성원들의 내적인 변화와 에너지를 직원몰입으로 이끈다. 조직효과성 코칭의 핵심은 직원몰입을 통해 경영전략을 실행시키는 데 있다. 따라서 직원몰입을 촉진하는 조직문화와 환경을 조성하는 것은 조직효과성 향상을 위한 코칭의 중요한 구성요소이다.

이와 같이 리더가 생산성과 긍정성을 균형 있게 관리하고, 긍정적 자원으로 생산성을 촉진하는 것은 원하는 성과를 만들기 위한 결정적 행동을 성공적으로 실행하는 성공 전략이다.

5. 코칭 사례: 통합적 코칭의 도입과 운영

한 글로벌 대기업의 인재육성담당 실무자가 해결하고 싶은 과제가 있다고 말하면서 업무협의를 요청했다. 나는 담당 임원과 미팅을 통해 풀고 싶은 과제의 내용을 알게 되었다. 회사 내에는 직무 기능이 다르지만, 가치사슬로 연결된 독립된 부서들이 있다.

각 부서는 자체 경영 성과를 내는 데 집중한다. 각 부서의 회의나 경영 회의에서 논의되는 현안과 미래 과제 등에 대한 의견을 전사 차원에서 보면 경영 가치가 있는 아이디어들이 있다. 회의록에는 남아 있지만, 누군가 챙기지 않는다면 사장되기 쉽다.

누군가 제삼자의 시각에서 이런 아이디어를 직접 챙긴다면 더 나은 경영성과를 만들 수 있다. 두세 개의 부서를 연계해 논의된 아이디어를 풀어 본다면, 상상 속에서나 가능했을 일을 실현할 수 있을 것이다. 이 생각을 어떻게 구현해 볼 것인가?

내가 만난 사업부장은 숨은 경영가치를 찾아 실현할 방안에 대한 답을 찾기 위해 신설된 사업부의 책임자이다. 미팅의 목적은 신설 조직의 운영 방안에 대해 협의하는 것이었다. 며칠 후 그는 나의 조직 변화를 위한 코칭 설계를 근간으로 하는 프로젝트 제안을 수용했고, 바로 실행하기로 약속했다.

나는 협의하에 효과성 코칭 방법론에 따른 통합적 코칭의 기본 설계를 다음과 같이 수정한 후 확정했다. 전체 코칭 기간은 약 6개월이

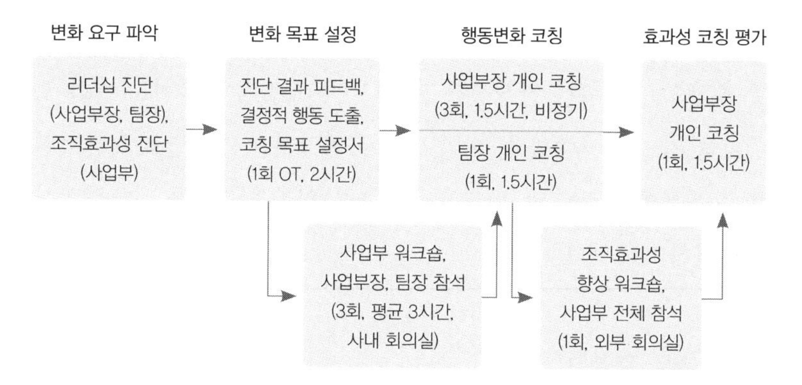

[그림 4-5] 조직 변화를 위한 코칭 설계(이석재, 2015; 2020a)

다. 이 코칭 설계에서 중요하게 고려한 것은 사업부장과 소속 팀장, 팀원 간의 수직적이며 수평적인 소통을 원활하게 하는 세부적인 코칭 프로그램의 배열이다. 사업부장은 팀장을 대상으로 한 개인 코칭을 제외하고 코칭 프로그램의 전 과정에 참여했다.

단계 1 변화 요구 파악

사업부 내의 모든 리더를 대상으로 효과적 리더십 진단(ELA)을 하고, 조직효과성 진단(OEA)을 통해 조직 전체의 운영 현황을 파악했다. 나는 사업부장과의 첫 미팅에서 변화 요구를 파악할 수 있었기 때문에 사업부장에 대한 인터뷰를 별도로 진행하지 않았다.

단계 2 변화 목표 설정

이번 프로젝트의 목적과 목표를 공유하기 위해 사업부장과 소속 팀장들이 참여하는 오리엔테이션 미팅을 2시간 동안 가졌다. 나는 사전에 진행한 두 진단 결과에 대해 피드백을 하면서 두 가지 모습을 작성하도록 요청했다. 먼저, 조직의 변화 요구에 맞게 리더의 역할을 수행할 때의 바람직한 모습을 작성하고, 다음으로, 현재 역할을 수행하는 모습을 작성했다. 이어서 두 모습을 비교하고 변화 포인트를 찾도록 안내했다. 이 미팅에서 참가자는 개인별로 개괄적인 변화 목표를 생각하고, 상세한 목표는 사업부 워크숍을 진행하면서 구체화하기로 했다.

단계 3 행동변화 코칭

(1) 사업부장 개인 코칭

리더십 진단 결과를 활용해 사업부장과 팀장들을 대상으로 개인 코칭을 진행했다. 개인 코칭의 목적은 사업부 워크숍을 진행하기 전에 먼저 리더 자신의 리더십 이슈와 각자 맡은 역할을 수행할 때 예상되는 문제들을 사전에 점검하고, 다른 리더들과 협력하는 방안을 모색하는 것이다. 개인 코칭을 통해 사업부장과 팀장들은 서로에 대한 기대와 건의 사항을 메모했고, 다음 사업부 워크숍에서 그 내용을 공유했다.

개인 코칭은 1.5시간씩 진행되었고, 사업부장의 경우는 총 3회, 코칭 주제를 고려하면서 미팅 일정을 정했다. 팀장의 경우는 1회 진행했으며, 개인별 코칭 목표와 고민을 코칭 주제로 다루었다. 코칭 프로젝트가 진행되는 기간 중에 발생하는 개인적 이슈는 사업부 워크숍이 진행되기 전이나 후에 생기는 빈 시간에 다루었다. 이 활동을 공식적인 코칭 시간으로 관리하지 않았다.

(2) 사업부 워크숍

진단 결과를 활용해 사업부장과 팀장이 모두 참여하는 사업부 워크숍을 총 3회 진행했다. 워크숍이 진행되기 전에 워크숍의 구성과 운영에 대한 틀을 확정했고, 진행 장소는 이동이 편리한 사내 회의실을 사용했다.

① 진단 분석과 핵심 실행 과제 찾기

첫 번째 워크숍에서는 사업부와 팀 차원에서 논의할 주요 진단 결과에 대해 워크숍 참가자들과 토론을 진행했다. 토론의 방향은 직무와 역할 관점에서 진단의 내용을 살펴보고, 강점과 개발 필요점을 찾는 데 있다.

나는 먼저 "우리 조직은 누구인가?"라는 질문을 던졌다. 신설 사업부의 핵심 역할을 정의하기 위한 것이다. 이어서 "각 팀의 핵심 기능은 무엇인가? 숨은 가치를 발견하기 위한 결정적 행동은 무엇인가?"에 대한 토의를 진행했다. 이러한 질문에 대한 답을 찾는 과정에서 사업부장과 각 팀장은 원하는 결과와 그 결과를 얻기 위한 결정적 행동을 찾고 이를 실행하는 계획 수립도 병행했다. 이 과정을 통해 개인별 변화 목표를 확정했다.

② 결정적 행동 리뷰와 확정

두 번째 워크숍을 통해 확정한 사업부의 결정적 행동은 '주도적으로 행동하기'였다. 각 리더는 모두 개인 차원과 팀 차원에서 주도적으로 행동한다는 것은 어떤 의미인지를 정의했다. 이어서 정의에 맞는 구체적인 실천행동을 도출했다. 팀장들은 다음 워크숍에 참여하기 전에 팀원들과 주도적으로 행동하기 위한 구체적인 실천행동들을 도출하고 실행계획을 수립했다. 사업부와 다른 팀의 협조가 필요한 사항에 대해서는 정리해서 세 번째 사업부 워크숍에서 논의했다.

③ 행동변화 코칭

세 번째 워크숍에서 주요 진행 방향은 '신속하고 급진적인 변화'를 만들어 내는 것이다. 먼저 각 팀에서 준비한 결정적 행동과 실행계획을 사업부 차원에서 리뷰했다. 이 과정에서 각 팀의 결정적 행동이 서로 연계되도록 기존의 팀별 결정적 행동을 수정 · 보완했다. 이어서 결정적 행동의 실행을 촉진하거나 억제하는 요인에 대한 규명과 대응 방안을 토의했다.

나는 촉진 요인을 찾기 위해 "결정적 행동에서 도출한 구체적인 실천행동이 중요한 이유가 무엇입니까?"라고 질문했다. 이를 통해 리더가 자신의 실행 동기와 의지를 명확히 인지하도록 했다. 또 결정적 행동을 촉진하도록 긍정적인 영향을 미치는 요인들을 찾고 토론했다. 그리고 리더는 결정적 행동을 억제하는 요인으로 영향을 미칠 수 있는 각자 자신의 자기제한적 신념을 살폈다. 이어서 구체적인 실천행동을 계획대로 진행하는 데 필요한 지식, 기술, 태도에 대해 토의했으나, 이에 대한 특별한 요청 사항은 없었다.

리더들은 구체적인 실행 방안을 찾아가는 과정에서 조직 차원의 주도적 행동이란 협업 없이는 불가능하다는 것을 알게 되었다. 협업은 시너지를 낳는다. 그 시너지를 필요로 하는 조직 차원의 행동을 구체화하지 않으면 협업은 가치를 창출하는 활동이 되지 못한다.

조직 차원에서 필요한 결정적 행동과 팀 차원에서 필요한 결정적 행동, 개인 차원에서 필요한 결정적 행동들이 서로 연계되어야 한다. 협업이 이루어지려면, 결정적 행동들이 수평적 관계와 수직적 관계에서도 연결되어야 한다.

④ 실행계획 수립

리더들은 총 3회의 워크숍이 진행되는 기간 중에 사업부와 팀별 실행계획을 자체적으로 수정 · 보완했다. 이로 인해 3차 워크숍에서 신속하게 실행계획을 최종 확정할 수 있었다.

구체적으로 실행할 방향과 활동 내용이 정해지고 사업부원들이 사업부 내에서 어떤 역동을 보여야 하는지를 명확히 알게 되면서, 리더와 사업부원들은 모두 일사불란하게 움직였다. 조직 내 숨은 가치는 미래 저 먼 곳에 있기도 하지만, 경영활동이 이루어지는 지금 이 순간에 다른 조직에서 생성되고 있을 수 있다.

시선을 밖에 둘 수도 있고 조직 내부에 둘 수도 있다. 협업은 현재의 업무 가치를 높이는 활동일 수도 있고, 숨은 가치를 찾는 활동일 수도 있다.

(3) 조직효과성 향상 워크숍

사업부 워크숍에서 수립한 실행계획을 약 4개월 정도 실시한 후에 사업부장, 팀장, 팀원이 참여하는 조직효과성 향상 워크숍을 개최했다. 효과성 코칭의 후반에 개최되는 조직효과성 향상 워크숍의 목적은 효과성 코칭의 진행 경과를 조직 구성원들과 공유하고, 조직 리더와 구성원 간의 소통을 통해 코칭 목표가 어느 정도 달성되었는지 현황을 점검하고 향후 지속적으로 추진해야 할 효과성 향상 과제를 도출하는 데 있다.

이를 위해 4시간이 소요되는 워크숍을 실시했다. 워크숍의 구성은 총 4개의 모듈로 구성되었다.

① 하나의 조직 만들기

워크숍 참가자들은 소속 팀별로 테이블에 앉았다. 효과성 코칭의 프로그램에 참여하면서 체험하는 관점 차이, 조직 구성원으로서 경험한 관점 전환, 자기 정체성의 변화, 팀 내 및 팀 간의 관계에 대한 인식을 상호 공유했다.

각 조별로 다음과 같은 세 가지 주제에 대해 각각 세 가지 공통 질문에 대한 의견을 토론하고 정리한 내용을 돌아가면서 발표했다.

- 서로 간의 관점 차이 줄이기
- 팀 기여자의 모습 보이기
- 결정적 행동의 실천

앞의 세 가지 주제에 대해 토의할 세 가지 공통 질문은 다음과 같다.

- 어떻게 하면 가능한가?
- 각자 가지고 있는 관점을 바꿔 본다면 무엇인가?
- 관점을 바꾸면, 새로운 기회와 가능성은 무엇인가?

② 팀과 조직의 강점과 효과적 활용

이 모듈에서 참가자들은 자신의 팀을 떠나 사업부 내에서 연관된 업무 기능별로 앉았다. 나는 각 테이블별로 앉을 참가자 명단을 미리 준비해 모든 참가자가 볼 수 있도록 화면에 띄워 두었다. 참가자는 '팀과 조직의 강점'을 효과적으로 활용해 원하는 결과를 얻을 가능성을 높이도록 해당 요인에 대한 생각을 공유했다. 또 강점을 적극적으로 활용하도록 독려하고 지지하는 대화를 했다. 토의를 할 때는 솔직하게 의견을 표현하도록 독려했다. 조별로 현재보다 더 긍정적이며 생산적인 방향으로 가기 위한 실천행동을 도출하고 정리한 내용을 발표했다.

③ 지속적인 개발 과제와 대응 방안

이 모듈에서 참가자들은 각자 자신의 팀으로 돌아가서 팀별로 자리에 앉았다. 모듈 2에서 참가자들은 다른 팀의 업무 관련 담당자를 만나 향후 업무개선 방안에 대해 토의하고 의견을 정리했다. 이제 소속 팀으로 돌아와 팀 차원에서 어떤 노력이 필요한지를 논의할 차례이다.

코치는 "앞으로 어떤 점이 더 보완되고 개선되어야 한다고 생각합니까? 이를 위해 구체적인 실천행동은 무엇입니까?"라고 질문했다. 팀별로 팀과 조직의 부족한 점이 원하는 성과를 얻을 기회를 낮추거나 방해하지 않도록, 해당 요인에 대한 생각들을 공유하고 적극적으로 보완하는 대화를 했다. 이어서 다음과 같은 네 가지 질문에 대한 토의를 하고, 앞으로 실천할 행동을 정리했다.

- 지금 우리에게 절실한 것은 무엇인가?
- 관점의 차이를 해소시키는 구체적인 해결책은 무엇인가?
- 어떻게 행동해야 원하는 결과를 얻을 수 있는가?
- 더 나은 결과를 얻기 위한 행동은 무엇인가?

④ 성찰 공유와 마무리

워크숍의 마지막 단계이다. 참가자들은 조직에 속하는 다른 구성원들과 논의하고 발전 방안을 도출하면서 느낀 점이 무엇인지를 공유했다. 또 개인 차원에서 인식하고 자각하는 것에 머무르지 않고, 조직이 원하는 결과를 얻는 데 실질적으로 기여하도록 했다.

나는 다음과 같은 질문에 대해 참가자들이 서로 의견을 청취하고 요약하도록 요청했다.

- 오늘 워크숍을 통해 학습한 것은 무엇입니까?
- 워크숍에 참여하면서 느낀 점은 무엇입니까?
- 팀별로 조직 차원에서 성공적으로 추진한 것과 달성한 것에 대해 축하해 보십시오.

단계 4 효과성 코칭 평가

워크숍에서 수집한 주요 결과와 건의 사항은 사업부장의 최종 개인 코칭에서 리뷰했다. 사업부장과 소속 팀장들은 조직효과성 향상 워크숍의 진행과 성과를 성공적이라고 평가했다. 효과성 코칭 평가는 정량적이거나 정성적인 자료 수집을 하지 않고, 구두 피드백으로만 이루어졌다.

이번 코칭 프로젝트가 사업부의 업무 실적에 기여할 것으로 판단하고 추진되었기 때문에, 코칭 프로젝트에 대한 별도의 평가 활동은 필요하지 않았다. 코칭 프로젝트를 진행하는 동안에 수시로 이루어졌으며, 바로 수정하고 보완했다. 코칭 프로젝트를 도입한 것에 대한 의사결정 책임은 사업부장에게 있다는 인식과 책임자 중심의 사업관리 운영방식을 공유하고 있었다. 따라서 별도의 평가 보고서를 작성할 필요가 없었다.

생각 파트너의 심리코칭

다음 질문에 대한 생각을 정리해 보십시오.

• **생각(Think)**: 제4장을 통해 새롭게 학습한 내용은 무엇입니까? 그것은 개인 변화와 조직 변화를 관리하는 데 어떤 시사점을 준다고 생각하십니까?

____

____

____

• **선택(Choose)**: 개인생활이나 일터에서 담대한 변화를 만든다면, 그 내용은 무엇입니까?

1. 담대한 변화는 당신에게 무엇을 요청합니까? ______________

____

2. 요청 사항을 고려할 때, 지금 가능한 것은 무엇입니까? ______________

____

3. 가장 가능한 것을 선택한다면, 그것은 무엇입니까? ______________

____

• **실행(Act)**: 가능한 것으로 최종 선택한 것을 성공적으로 만들기 위해 지금 무엇을 하겠습니까?

____

____

____

제2부 생각을 바꾸면 행동과 결과가 바뀐다

제5장 ··· 자기인식을 강화한다

제6장 ··· 관점확대로 효과성을 높인다

제7장 ··· 자기확신을 고양한다

제8장 ··· 내면의 지지자를 만든다

"우리의 생각을 바꾸는 것이 원하는 결과를 얻는 유일한 방법이다."

– 브룩 카스틸로(Brooke Castillo), 라이프 코치

제2부에서는 효과성 프레임워크인 '변화 요구–결정적 행동–원하는 결과'의 연결을 촉진하고 강화하는 네 가지 인지전략을 다룬다. 또 독자의 이해를 돕기 위해 개인과 조직에서 실천한 코칭 사례를 소개한다. 인지전략으로서 자기인식은 사람들이 변화 요구, 기회와 가능성을 알아차리고 자기중심적 사고에서 벗어나도록 돕는다. 이 과정에서 관점확대와 통찰을 경험한다. 이러한 인지 경험을 통해 변화를 주도하는 자기 자신의 사고와 행동을 확신한다. 자기수용과 자기대화, 통찰 심화를 통해 결정적 행동을 실행할 내면의 근력을 키운다. 이러한 심리자원이 바로 내면의 지지자로 쓰인다.

나는 지난 20년 동안 전문코치로 활동하면서 사람들이 처한 삶의 공간에 들어가 그들이 원하는 결과를 얻을 수 있도록 생각을 자극했다. 생각의 변화는 결정적 행동의 실행을 성공적으로 촉진한다. 여러분은 인지전략을 학습하면서 작심삼일을 멈추고 원하는 결과를 얻는 결정적 행동을 촉진하는 현실적인 방안을 구상할 수 있다.

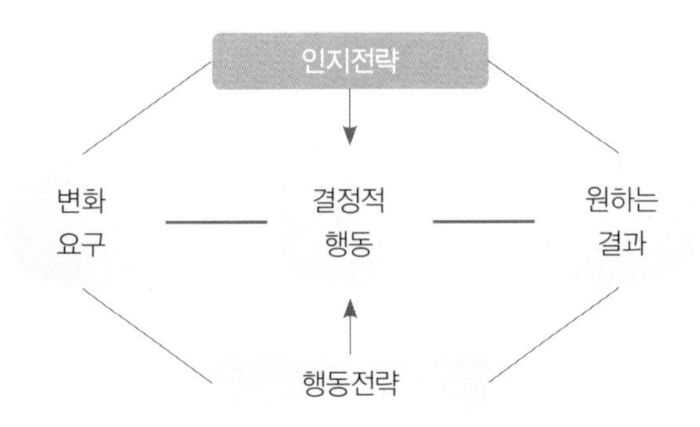

자기인식을 강화한다

"자기인식을 하지 않으면, 당신은 다른 곳으로 자유롭게 떠날 수 없다."

– 어니스트 헤밍웨이(Ernest Hemingway), 소설가

자기인식은 원하는 결과를 만들기 위한 변화의 근간이다. 주도적이며 적극적으로 자신의 삶을 구상하고 만들어 가는 사람도 있지만, 주어진 상황을 잘 읽고 이해관계자와의 갈등을 최소화하면서 자신의 삶을 사는 사람도 있다. 구성하는 삶은 능동적으로, 갈등을 최소화하는 삶은 수동적으로 보일 수 있다. 그러나 어떤 삶이 바람직한지는 맥락에 따라 다르다.

먼저, 변화 요구와 원하는 결과, 그리고 이 둘을 연결하는 결정적 행동에 대한 자기인식을 철저히 했는지를 살펴야 한다. 자기인식이 부족할 때 추구하는 삶의 모습이 극단적인 방향으로 나타날 수 있다. 한 예로, 삶의 목적 없이 일에 묶여서 사는 것이다. 이러한 모습은 그

삶의 주인공이 지속적으로 성장하는 데 방해요인이 된다.

1. 자기인식을 깨워 변화를 촉진한다

변화 요구는 삶을 구상하고 만들려는 심리이며 그 필요성에 대한 인식이다. 이러한 변화 요구는 삶의 목적과 연결되어 있다. 개인이나 조직 모두 원하는 결과와 목표, 근원적인 목적을 이루고자 한다. 도전적인 목표는 그 목표를 달성하는 데 관련된 사람들의 생각이나 행동에 변화를 요구한다. 개인 목표와 조직 목표는 일치하기도 하고 불일치하기도 한다. 두 목표가 연결될 때 조직효과성도 높아진다. 따라서 목표를 성공적으로 달성하려면 목표 달성의 주체인 존재(being) 측면과 목표 달성을 위한 실행(doing) 측면을 종합적으로 고려해야 한다.

조직 목표에 자신이 추구하는 목표가 담겨 있다면, 직장인의 삶을 사는 데 이상적인 상황이라고 볼 수 있다. 그러나 직장생활을 시작하는 초년생이거나, 경력이 많다고 해도 두 목표가 연결되는 경우는 드물다. 개인 목표와 조직 목표가 합치하지 않을 때 어떻게 할 것인가? 이 질문은 현재 자신이 처한 상황과 그 상황을 대하는 자기에 대한 인식을 일깨운다. 자기인식을 토대로 상황에 적응하는 변화 요구와 원하는 결과에 대해 묻는 것이다. 또 변화 요구와 원하는 결과를 연결하는 결정적 행동이 무엇인지를 묻는 것이다.

결정적 행동은 기존 행동에 대한 변화를 내포한다. 현실적으로 가능한 결정적 행동을 찾아보자. 두 목표의 합치도를 높이려면 적극적으로 자신의 목표를 추구할 수 있는 환경을 만들어야 한다. 그러나

이 과정에서 바람직한 선택과 의사결정을 할 수 있는 가능성이 줄어들면서 곤혹스러움과 좌절을 경험할 수도 있다.

조직의 일원인 경우, 원하는 환경을 만드는 가능한 방법은 다음과 같다.

첫째, 자신이 달성하고자 하는 목표가 조직의 목표에 없다는 사실에 대해 상사와 면담을 요청하고 가능한 방안을 찾아본다. 큰 틀에서는 두 목표의 연결성이 없어 보이지만, 세부적인 목표에서 연결성을 찾을 수도 있다. 그러나 연결성이 없다면 적극적으로 자신의 목표를 조직의 목표에 포함시킬 수 있는 과제를 추진할 수 있도록 요청하고, 가능한 과제를 적극적으로 제안해 본다. 이 상황에서 조직 리더는 생산성보다 긍정성 중심으로, 실행보다 존재 중심으로 접근하면서 가능한 방안을 찾도록 도와준다.

둘째, 두 목표의 연결성을 확보할 수 없다면, 이때 가능한 차선책은 조직의 목표를 달성하는 과정에서 자신의 성장 목표에 도움이 될 수 있는 최적의 일에 참여하는 것이다. '일을 통해서 배운다'는 성장 방법을 선택하는 것이다. 상사와의 면담을 통해 자신이 원하는 바를 명확하게 표현하고, 자신의 일이 조직의 목표를 달성하는 데 기여할 수 있다는 자신감을 보이고 상사의 지지를 얻도록 노력한다.

셋째, 자기 자신의 목표 관점에서 접근하기보다 조직의 관점을 더 우선순위에 두고 도전적인 노력을 통해 기여할 수 있는 이슈와 과제를 찾아본다. 개인에 따라서는 조직문화에 담겨 있는 가치를 존중하고, 그 가치가 개인의 가치와 합치한다는 사실이 직장에서 계속 일하는 동기 요인일 수 있다. 또한 조직의 목적과 사명이 주는 메시지를 우선시하고, 개인 목표를 단기적으로 유보하는 의사결정을 할 수 있다.

넷째, 자신이 속한 조직에서 답을 찾을 수 없다면, 자신의 목표를 추구할 수 있는 직무와 연결성을 높이는 방향으로 직무전환을 요청한다. 이러한 노력이 원하는 대로 결실을 맺는 데는 상황과 시간이 변수이다. 자기의 목표를 중시하는 사람들은 이직을 선택하기도 한다. 이 상황에서 조직 리더는 성장 중심의 사고를 갖고, 가능한 해결 방안을 찾도록 도와준다.

이와 같이 자기인식은 변화 요구에 부합하는 원하는 결과를 얻을 가능성을 높이는 결정적 행동을 촉진한다. 사람들은 자기 자신뿐만 아니라 자신이 속한 조직과 처한 맥락에서 다양한 변화 요구를 받는다. 이러한 변화 요구는 대개 통제하거나 거부하기 어렵다. 통제할 수 없는 외부 요구에 휘둘리지 않기 위해서는 자기중심을 잡아야 한다. 자기중심을 잡는다는 것은 외부 요구와의 단절을 뜻하는 것이 아니라, 내부와 외부 요구에 대응하는 생각과 행동의 일관성을 확보하는 방법이다.

나는 '변화 요구–결정적 행동–원하는 결과'를 연결하는 과정에서 '자기인식의 다섯 가지 준거'에 대한 질문을 통해 자기인식을 일깨운다(이석재, 2020a). 자기인식은 다섯 가지 준거별로 요구–행동–결

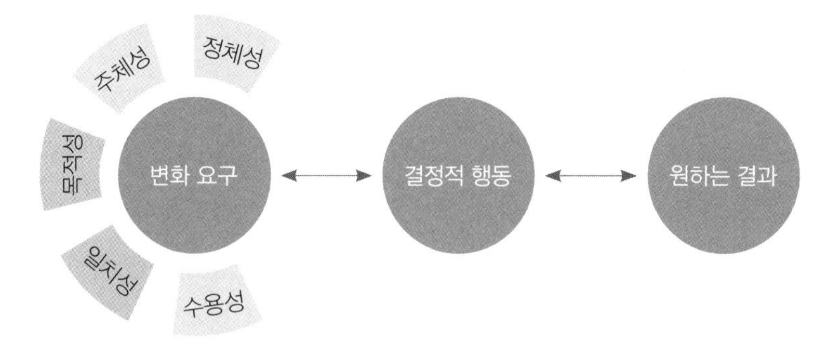

[그림 5–1] 변화 요구를 일깨우는 다섯 가지 자기인식

과의 연결을 강화한다. 그러나 항상 모든 준거에서 자기인식이 일어나야 하는 것은 아니다. 변화가 요구되는 맥락에 따라서 달라질 수 있다.

① 정체성: 나는 누구인지 알아가고 있는가?

코칭에 참여한 리더들은 주위 사람들로부터 다양한 피드백을 받지만, 그 내용은 대부분 역할에 대한 것이다. 존재에 대한 것이라기보다 실행에 대한 것이다. 이러한 상황에서 리더들은 자신의 정체성을 심도 있게 생각할 기회를 갖지 못한다. 개인적 정체성을 알아보기 위해 다음과 같이 질문하고 답을 정리해 본다.

- 나는 어떤 모습을 '나답다'고 생각하는가?
- 이 생각에 대해 어떤 느낌을 갖는가?
- 이러한 생각과 느낌을 일상에서 어느 정도 체험하는가?
- 그 체험은 내게 어떤 울림을 주는가?
- 그 울림은 내게 뭐라고 말하는가?

이러한 질문에 대한 답을 통해 개인적 정체성을 정의할 수 있다. 타인의 피드백은 나의 사회적 정체성에 대한 내용을 담고 있다. 타인의 피드백을 통해 같은 집단 속에서 나의 역할과 지위에 대한 주관적인 인식을 하게 되고, 사회적 정체성을 형성하게 된다(Tajfel, 1982). 사람들은 두 가지 정체성을 통해 '나는 누구인가'에 대한 조화롭게 통합된 자기 정체성을 갖게 된다.

② 주체성: 내가 구상하고 만드는가?

사람들은 삶의 주체로서 자신의 삶을 주도적이며 적극적으로 구성해 자신이 원하는 삶을 만들고자 한다. 삶을 구성한다는 것, 삶을 만들어 간다는 것은 관념이 아니라 행동이다. 다변하고 예측하기 어려운 세상에서 우리의 감정 기복은 심하게 나타나지만, 그것에 대응하는 행동은 일관성을 유지해야 한다.

주체성이 반영된 모습은 '나는 내가 원하는 삶을 구상하고 만든다'는 주관적 인식이며 독립적인 주체로서 하는 행동이다. 주체성을 자각하기 위해 다음 질문을 하고 답을 정리해 본다.

- 나는 어떤 삶을 원하는가?
- 내 삶의 어떤 모습에서 주체성을 느끼는가?
- 나의 주체성이 가장 잘 반영된 선택은 무엇인가?
- 내가 주관하고 있는 것은 무엇인가?
- 최근에 내가 판단한 대로 행동한 것은 무엇인가?

③ 목적성: 내 삶의 목적을 이루고 있는가?

삶의 목적은 달리 말하면 삶의 과제이다. 왜 이 일을 원하고 해야 하는지에 대한 의미를 담은 실천적 표현이다. 따라서 삶의 목적을 정의하려면, 의미를 부여하는 토대인 삶의 가치가 명확해야 한다. 그 가치를 현실에서 추구하고 실행하면서 그 가치에 부합하는 결과를 만들어야 한다. 그 결과물이 의미 있기 위해서는 결과물이 선한 영향력을 가져야 한다. 자기 자신의 가치 추구와 목표 달성에 머무르는 것이 아니라, 타인에게 긍정적 영향을 미쳐야 한다. 그 영향이 더 크다면, 영향력이 사회 그 이상으로 파장을 일으킬 것이다.

주체적으로 자신의 삶을 들여다보고 주도하고 만들어 가기 위해서는 자신이 강건해야 한다. 그 강건함을 얻기 위해서는 삶의 목적을 찾아야 한다. 삶의 목적은 때론 사명서로 표현된다. 삶의 목적에는 다음 세 가지 요소가 담겨 있어야 한다(이석재, 2023).

- 추구하는 가치는 무엇인가?
- 그 가치를 실천한 결과는 무엇인가?
- 그 결과는 선한 영향력을 갖는가?

④ 일치성: 내가 추구하는 삶의 목적과 합치하는가?

심리적으로 불안할 때, 사람들은 방황하고 자신의 삶을 굳건히 잡아줄 것을 찾게 된다. 삶의 목적은 북극성과 같이 나아갈 방향을 알려 준다. 목적을 찾으면 심리적으로 안정될 것 같지만, 새로운 도전이 생겨난다. "오늘 일상에 내 삶의 목적이 담겨 있는가?"라고 자문해 본다. 만일 아니라고 생각한다면, 자신의 일상이 그 목적과 합치되지 않는 것이다. 삶의 목적과 일치되는 생활을 하는 것은 바로 그 목적을 완성하는 것이다.

삶의 목적과 일치하는 생활을 하는 데 도움이 되는 활동을 발굴해 실천한다.

- 일상에서 '나다움'을 보이고, 이에 집중한다.
- 삶의 목적과 일치하는 일상의 의식을 정해 매일 실천한다.
- 자신의 내면에 집중하고 성찰하는 시간을 갖는다.
- 삶의 목적에 합치되지 않는 활동을 찾아 생활에서 배제한다.
- 삶의 목적을 실천해 좋은 결과를 만들고, 주위 사람과 나눈다.

나는 가장 즐겁고 나다움을 느끼는 때를 관찰했다. 그 결과는 다른 사람들과 생각을 나눌 수 있는 대화공간을 만들고 생각을 나누면서 교학상장하는 때였다. 이러한 나의 모습을 '생각 파트너'로 표현했고 2019년 특허청에 상표등록을 했다. 내 삶의 목적은 생각 나눔을 통해 나와 다른 사람의 성장을 돕는 것이다. 나는 일상의 의식(ritual)으로 거의 매일 아침에 눈을 떴을 때 떠오르는 의미 있는 생각을 정리해 페이스북 개인 계정에 적는다.

⑤ 수용성: 나는 결과를 있는 그대로 받아들이는가?

자기수용은 건강한 삶을 사는 인지전략이며 행동이다. 건강한 삶을 살기 위해서는 숙련된 자기관리가 필요하다. 숙련된 자기관리는 자신이 생각하는 삶의 목적에 맞게 자기인식, 자존감, 자기수용의 역동적인 관계를 합리적으로 만들어 가는 것이다. 자기인식은 자신이 처해 있는 삶의 맥락과 사회적 관계에서 일어나는 변화를 잘 읽고, 자기 존재와 연계해 해석할 수 있는 인지 활동이다. 숙련된 자기관리를 위해서는 자기인식이 늘 깨어 있어야 한다.

다음 질문을 통해 자기수용성을 확인해 본다.

- 일상에서 불안을 느낀다면 무엇 때문인가?
- 지금의 삶이 원하는 모습이 아니라고 생각하는가?
- 지금의 삶에서 가장 불만족스러운 점은 무엇인가?
- 지난 삶에 대한 후회가 지금의 생활을 불편하게 하는가?
- 부정적인 감정은 일상에 어떤 영향을 미치는가?

자기수용은 조건 없이 있는 그대로의 나를 받아들이는 것이다

(Ellis, 1994). 자신의 긍정적인 것과 부정적인 것, 강점과 약점, 가지고 있는 것과 가지고 있지 않은 것 등에 따라 흔들리지 않고 현재의 자기 자신을 온전한 존재로 받아들이는 것이다. 자기수용을 통해 인간은 지속적으로 성장하고 진화하면서 변화를 만들어 낼 수 있다.

2. 가정적 사고에서 벗어난다

사람들은 흔히 다른 사람과 대화를 할 때, 상대방은 어떤 생각과 느낌을 갖고 있을 것으로 가정한다. 심지어 혼자 있을 때에도 같은 방식으로 사고한다. 이러한 사고방식이 가정적 사고이다. 가정적 사고는 객관적인 증거 없이 자신의 경험과 상황 판단에 영향을 미치는 요인들의 연계성을 종합해서 자신의 생각을 임시로 인정한 것이다.

강경도 본부장은 회사 내에서 탁월한 직무전문성과 성과리더십, 조직관리 능력을 인정받고 있다. 남부러울 것이 없어 보이는 그도 고민이 있다. 그는 경상도 출신으로 사투리와 높은 톤의 목소리를 가지고 있고 대화를 짧게 끊어서 한다. 이러한 대화 스타일로 인해 본부장과 처음 대화하는 사람은 혹시 그가 화를 내는 것은 아닌지, 뭔가 불만족스러운 점이 있는지 등을 고민한다. 특히 그는 자신의 음색과 말하는 방식이 본부장으로서 소통 리더십의 한계라고 스스로 단정짓고 있다.

나는 그에게 소통 리더십의 한계가 어떤 의미인지를 물어봤다. 그는 본부장의 역할을 성공적으로 수행하는 데 있어 중요한 것은 자신의 리더십 영향력이 발휘되는 정도라고 보았다. 그런데 목소리가 회사 인력뿐만 아니라 고객과 원만한 관계를 맺고 유지하는 데 방해요인으로 작용한다고 판단했다. 그는 언어교정과 스피치 교육을 받기도 했으나 만족할 만한 변화를 경험하지 못했다. 이제는 자포자기한 상태였다.

그에게 "자신의 영향력 자원이라고 생각하는 것은 무엇입니까? 떠오르는 대로 빈 용지에 적어 보시길 바랍니다."라고 요청했다. 그는 회사의 발전 방향과 관련된 구체적인 정보기술 지식, 관련 프로젝트 수행경험, 성공적인 조직관리, 긍정적인 사내 평판과 고객평가 등 10개를 적었다. 이어서 나는 그에게 작성한 내용을 읽은 후 영향력이 가장 큰 것부터 낮은 수준으로 재배열하도록 요청했다. 그리고 제대로 순위가 정해졌는지를 확인하도록 했다. 그가 모든 작업을 마쳤을 때, 나는 다음과 같이 탐구질문을 했다.

"본부장님, 작성한 내용이 시사하는 것은 무엇입니까?"

그는 자신이 작성한 목록을 읽으면서 흠칫 놀라는 표정을 지었다. 그동안 교정할 수 없는 약점이라고 생각했던 '경상도 스타일의 목소리'는 목록의 마지막에 있기 때문이다. 그는 "바로 이것이 코칭의 힘이군요."라고 소리쳤다. 그동안 나눈 대화가 자신의 리더십에 대한 것으로 생각했다. 그런데 자기 자신의 생각에 묶여 있는 모습을 자각할 수 있는 기회를 가졌기 때문이다.

그동안 마음속으로만 생각했던 자신의 영향력 자원을 객관적으로 끄집어내어 살펴봤다. 그리고 경상도 스타일의 목소리는 본부장의 역할 수행에 중요한 요인이 아니라는 것을 확인했다. 그는 마음의 짐을 덜었다. 오랜 고민에서 벗어났다고 말했다. 또 놀란 것은 당면한 문제에 대한 답을 자기 내면에서 찾았다는 것이다.

우리는 주변에서 경상도 본부장과 같이 가정적 사고에 묶여 있는 사람들을 쉽게 만날 수 있다. 잘 소통하고 싶다면 가정을 멈추어야 한다. 내가 경험한 바로는 전문분야에는 고유한 업무 프로세스가 있고, 일하는 대화법이 있다. 출판사, 인쇄소, 프로그램 개발업체, 대여업체, 보수업체 등에 일을 의뢰하거나 담당자와 소통하면서 알게 되었다.

내가 말한 것을 상대방도 이해했을 것이라고 가정하면 큰 오산이다. 그때부터 일이 틀어질 가능성이 있다. 나는 작업을 의뢰하며 상세하게 알려 주었다고 생각했는데 상대방은 오히려 "복잡해요. 쉽게 말해 주세요."라고 말한다. 그래서 가끔 먼저 묻는다. "이 경우 어떻게 작업을 요청하면 좋을까요?"

1) 리더가 흔히 범하기 쉬운 가정적 사고

리더가 함께 일하는 구성원과 대화할 때 흔히 범하는 실수가 있다.

첫째, 상대방의 말을 듣고 일반화해서 생각한다. 홍길동 직원이 영업을 하면서 경험한 어려움을 호소했다. 그런데 홍길동의 생각과 감정을 다른 직원들도 가지고 있다고 가정한다. 특정 개인과 대화를 하면서도, 이것은 구성원들이 공통적으로 가지고 있는 것으로 일반화한다.

둘째, 리더가 문제상황에 직면했을 때, 문제를 일으킨 당사자는 무엇이 문제라고 보는지에 대해 대화하지 않는다. 오히려 리더 본인이 그 문제를 어떻게 보고 해석하는지에 대한 생각을 말하는 데 몰두한다. 한 예로, 홍길동 직원이 고객과의 갈등 상황을 말한다. 이때 리더는 홍길동 직원이 너무 공격적으로 상황 대응을 하고 있다고 지적한다. 홍길동 직원의 생각을 파악하기도 전에 자신의 생각을 판단 기준으로 사용해 예단하는 것이다.

셋째, 리더가 스스로 업무 지시를 명확하게 했다고 생각한다. 리더가 구성원에게 업무 지시를 하면서 참고하면 좋겠다고 생각하는 것을 상세하게 알려 준다. 또는 잠재된 위험 요인을 미리 파악하고 해소하는 것이 중요하다고 생각한다면서 위험 요인에 대해 상세히 알려 준다. 구성원의 능력이 아직 미흡하다고 가정하는 것이다. 그러나 구성원의 입장에서 간단한 지시에 이은 장황한 부연 설명으로 지시 내용의 핵심을 놓칠 가능성이 높다는 점을 알아차리지 못한다.

넷째, 리더가 자신은 옳고 상대방은 그렇지 않다고 판단한다. 자신의 지위와 역할에 대해 자기방어적인 입장을 취하는 것이다. 이러한 심리의 내면에는 리더는 구성원보다 직무 경험과 정보가 많다고 생각한다. 따라서 합리적인 판단을 할 역량과 준비도가 높다고 가정한다. 인간의 본능적인 심리이지만, 이는 리더가 극복해야 할 과제이다.

가정적 사고를 할 때 가장 큰 오류는 객관적인 검증 없이 지금 하고 있는 생각을 사실이라고 자기 자신에게 말하는 데 있다. 자신이 알고 있는 것에 대해 어떠한 의문도 던지지 않는다. 혹여 의문을 가진다고 해도 검증하지 않는다. 이러한 심리에 길들여지면서 자연스럽게 자신의 가정적 사고에 묶인다.

최근 사회적 관심을 받는 다양성 이슈(DE&I)가 대표적이다. 다양성 존중은 성별과 인종 등 개인의 독특성으로 인해 사회적 약자인 사람들이 차별을 받지 않고 균등한 성장 기회를 갖도록 하는 가치이다. 성별이나 인종 차별에는 가정적 사고가 깔려 있다. 다양성을 높인다고 해서 조직효과성이 높아지는 것은 아니다. 중요한 것은 조직 내에서 다양성의 정의와 다양성을 일과 연결하는 방법이다. 최근 기업들은 다양성이 갖는 사업적 가치를 보고 자사에 그 개념을 경영에 도입할지 여부를 판단한다.

나는 조직 리더를 코칭하면서 그들이 다양성 관리를 효과적으로 하지 못하는 근본적인 원인과 대응 방식을 분석했다. 그 결과, 파악된 주된 내용은 다음과 같다.

- 이해 부족
  - 다양성을 높이 평가하지만, 어떻게 대응해야 할지 모른다.
  - 다양성은 이중적인 기준을 포함하고 있다. 실제로 차별적 대우를 하면서도 다양성의 실천과 그에 따른 책임과 결과를 평가한다.
  - 내가 속한 부류의 사람이 더 우수하고 최고라고 생각한다.
  - 다양성의 사업적 가치를 볼 줄 모른다.

- 기술 부족
  - 다른 부류의 사람들과 있으면 불편하다.
  - 그들 앞에서 행동할 때, 흔히 부자연스러움을 느낀다.
  - 나와 다른 사람들에게 영향력을 발휘하는 것이 불편하다.
  - 다양성에 속한 인물에 대한 언행이 편협하고 완고하다.

- 방어 행동
  - 내 영역에 다른 사람이 들어오지 못하게 막는다.
  - 견해 차이로 생기는 갈등과 충돌, 잡음을 회피한다.
  - 자신의 부족한 면을 알면서도 개선하지 않는다.

다양성 가치를 조직 내에 정착시키기 위해서는 먼저 조직 내부에서 공유되고 있는 다양성에 대한 인식을 파악할 필요가 있다. 현황 파악을 마치면, 그다음 다양성을 도입하는 요구와 다양성을 통해 얻고자 하는 결과를 정의한다. 이어서 원하는 결과를 얻을 가능성이 높은 결정적 행동을 도출한다. 그리고 결정적 행동을 촉진하거나 억제하는 요인을 규명한다. 주제별로 다음과 같은 질문을 통해 효과적인 도입 방법을 찾아본다.

- 다양성 이해
  - 우리 회사에 어떤 다양성이 있는가?
  - 어떤 다양성을 선택할 것인가?
  - 그 다양성은 사업에 도움이 되는가?

- 관점확대
  - 우리가 가지고 있는 가정은 무엇인가?
  - 새로운 관점은 무엇인가?
  - 그 관점을 어떻게 행동으로 실천할 것인가?

- 안전한 대화공간
  - 대화 상대에 대해 가정하는 것은 무엇인가?
  - 그 가정을 통해 놓치는 것은 무엇인가?
  - 그것은 심리적 안전감과 어떤 관계인가?

- 포용적 사고와 대화
  - 상대방의 독특성을 존중하는가?
  - 상대방의 존재적 가치를 인정하는가?

– 상대방이 맡은 일의 가치를 긍정적으로 인식하도록 돕는가?

가정으로 인해 잘못된 의사결정과 실행을 한다면, 개인생활이나 일터에서 심각한 손실을 경험하게 된다. '가정하는 사고방식'이 어느 한순간에만 작동하지 않는다. 개인 삶의 전 과정을 통해 학습된 것이며 삶을 영위하는 데 기본적인 것이다. 사람들이 처한 상황에서 의미 있는 것으로 여겨지는 많은 정보를 가정을 토대로 순식간에 종합 분석하여 신속히 대응한다는 점에서 유용하다.

2) 가정적 사고를 극복하는 방법

우리가 흔히 '촉'이라고 말하는 감각의 심리에는 특정 판단에 이르게 하는 가정이 함께 작동한다. 촉에는 다음과 같은 심리기제가 있다.

- 촉을 위기대응을 위한 자원으로 사용하는 경우 촉을 바탕으로 한 가정적 사고가 원하는 결과를 낳았던 성공 경험을 갖고 있다.
- 반복적으로 관련 경험을 함으로써 촉에 대한 학습과 의존성이 높아진다.
- 촉을 지지하는 정보를 선택해 사용하는 자기확증전략이 작용한다(Snyder & Swann, 1978).

가정적 사고에 따른 성공 경험은 긍정적인 면도 있지만 자기 자신의 지식과 전문성을 활용해 다양한 대안을 개발하는 기회를 놓치는 부정적인 면도 있다. 이러한 관점에서 보면, 가정적 사고를 하지 않는 태도는 현실의 삶을 성공적으로 사는 데 도움을 준다고 볼 수 있다.

특히 다변하고 모호하며 불확실성이 높은 글로벌 환경에서 가정적 사고는 위험한 방식일 수 있다. 따라서 글로벌 마인드를 가진 리더로 활동한다면, 가정적 사고를 효과적으로 사용하는 방법을 알고 활용하는 것은 결정적 행동이다.

중소기업에서 마케팅을 총괄 임원으로 활동한 이기왕은 16년의 경험을 토대로 사장의 촉을 소개했다. 그는 사장이 아무리 동물적 감각과 강한 멘털을 갖고 있어도 '경영, 사람, 돈, 미래, 위기를 읽는 사장의 촉'이 없다면 어느 순간 한계에 도달한다고 경고한다. 여기서 '촉'이란 성공하는 사장들이 공통적으로 가진 기본적 자질을 뜻한다. 촉은 축적된 데이터베이스에 기초한 것이다. 촉은 경험 과학으로부터 나온다(이기왕, 2022).

지난 2002년 한일 월드컵 4강 이후 스포츠계에서 우리의 스포츠 역량에 대해 보수적인 멘털 모델을 깨는 사건들이 벌어지고 있다. 이제 세계 신기록, 세계 제패, 아시아인으로는 처음 등과 같은 기사를 흔히 본다. 예를 들면, 다음과 같다.

- 2002년 박세리 선수 LPGA 우승, 명예의 전당 등재
- 2009년 김연아 선수 4대 국제대회 그랜드 슬램 최초 달성
- 2010년 월드컵 축구 해외원정 16강 진출
- 2010년 박찬호 선수 메이저리그(MLB) 최다 124승
- 2023년 유럽 프리미어리그 손흥민 선수 최다 골
- 2023년 아시안게임 안세영 선수 배드민턴 금메달

스포츠의 경우, 관련 전문가나 학자들은 우수한 업적의 원인을 우리의 멘털 모델 속에 오랫동안 가지고 있었던 가정을 깨는 성공 경

험을 했기 때문이라고 분석한다. 흔히 '우리의 신체적 조건으로는 절대 세계 제패를 할 수 없다'는 가정이 잘못된 것이라는 사실을 선수들이 세계 무대에서 직접 확인했다. 대표적인 예로, 서양의 귀족 스포츠로만 생각했던 골프에서 박세리 선수가 맨발투혼으로 우승하는 모습을 본 당시 어린 소녀들은 지금도 각종 세계 대회에서 우승컵을 들어올리고 있다.

성악, 발레, 피아노, 그림, 문학 등 다른 문화예술분야에서도 세계 최고의 지위에 오른 한국인이 많다. 정보기술 측면에서도 세계를 리드하고 있다. "산업화에서는 늦었지만, 정보화에서는 앞서가자!"라는 슬로건이 우리의 도전 정신과 현실의 위상을 대변해 준다.

기업에서 리더를 대상으로 코칭을 하다 보면, 기업은 세계 1위가 되겠다고 하지만 그 조직의 리더들은 주저하거나 회의적인 시각을 가지고 있는 경우가 있다. 그들의 멘털 모델을 파악하고 이해하는 것은 그들을 상자 밖으로 나오도록 도와주는 방법을 찾는 데 매우 중요하다. 그들이 가지고 있는 자기제한적 신념은 무엇인지를 찾고 이를 극복하도록 도와주는 노력이 필요하다. 이러한 활동은 리더의 행동변화를 성공적으로 만드는 데 도움을 준다.

이와 같이 가정적 사고의 부정적 측면을 극복하는 결정적 행동은 가정적 사고를 객관적으로 검증하는 것이다. 대표적인 검증 방법은 작은 성공이라도 성공을 체험하는 것이다.

3. 개인의 자기중심성을 극복한다

"엄마, 달이 자꾸 우리를 따라와."라고 아이가 소리친다.

저녁 산책을 하던 중에 어린아이가 밤하늘에 떠 있는 달을 유심히 본 것이다. 이러한 관점은 자기중심성에 따른 것이며 본래적이다. 어린아이의 인지 발달은 자기와 자기 이외의 것을 변별하고, 자기가 보는 것과는 다른 인과관계가 바깥 세계에 존재한다는 것을 깨닫는 내용이다.

성인이 되면 자기중심성은 달라질까? 다른 사람들은 그렇게 생각하지 않는데, 모두 나에게 관심을 갖고 시선을 주고 있다고 생각한다. 내가 생각하는 것처럼 다른 사람들도 같은 생각을 갖는다고 믿는다. 이는 특히 청소년기에 두드러진 현상이다. 그러나 성인이 되고 어느 날 사람들은 각자 자신의 관심 사항에 주의를 기울인다는 사실을 깨닫는다. 이러한 사실을 확인했음에도 불구하고 여전히 타인의 관심과 시선에 주의를 기울인다.

현재 상태에 대한 객관적인 인식은 원하는 결과를 만들기 위한 행동변화의 근간이다. 원하는 결과를 얻는 데 필요한 변화를 구상하기 전에 먼저 현재 상태에 대한 인식을 철저히 했는지를 살펴야 한다. 자기인식이 부족할 때 잘못된 선택을 할 수 있다. 특히 자기중심성에 묶였을 때이다. 자기중심성은 결정적 행동을 찾고 실행하는 의도를 방해한다.

1) 자기중심성에 묶인 임원 이야기

사람들은 자기 자신을 잘 알기 때문에 다른 사람들이 자신을 어떻게 지각하고 이해하는지를 잘 안다고 말한다. 이러한 경우 그와 밀접한 사회적 관계를 맺고 있는 주위 사람을 대상으로 인터뷰한 자료와 과학적인 진단 자료를 통해 분석해 보면, 자기인식과 타인이 보는 그에 대한 인식 간에 큰 차이가 있는 경우가 많다.

이러한 결과로 보면, 자신을 잘 안다고는 하지만 실제 자신을 모르고 있다. 자신이 잘 알고 있는 것은 자기인식의 사고 틀 내에서 자신이 어떤 사람인지를 잘 안다는 것이다. 자신의 사고 틀 내에서 일관성을 보이지 않는 모습이 있을 때, 그 원인을 예외적인 상황의 탓으로 돌린다. 이러한 자기중심성을 조직 리더에게서 흔히 관찰할 수 있다.

임원 코칭에서 그의 첫 반응은 '내가 왜 이 자리에 있어야 하지?'였다. 특히 외부인과의 만남이 불편해 보였다. 그는 나에게 자신의 업무와 부원의 구성, 주요 업무를 간단히 소개해 주었다. 이어서 이번 코칭 프로그램의 목적과 진행 과정에 대해 상세하게 질문했다. 나는 객관적인 입장에서 그의 질문에 대답했다.

이번 프로그램은 임원 자신의 리더십을 성찰하는 시간을 갖는 데 있다고 소개했다. 그는 나의 소개가 끝나자마자, 리더십 교육을 수강한 경험과 국내외에 널리 알려진 주요 리더십 교육을 이수했다는 사실을 강조했다. 나는 코칭을 위해 효과적 리더십 진단(ELA)을 실시했고 그 결과보고서를 충분히 숙지한 상태였다. 일부 그의 말에 수긍하는 점도 있었다.

리더십 진단 결과를 볼 때, 그는 일 중심의 리더로 나타났다. 내부의 평판에서도 그렇듯이 추진력이 뛰어났고 일과 관련된 다른 리더십 역량들이 긍정적으로 발휘되었다. 반면, 대인관계 측면에서 여러 문제점이 나타났다. 그중에서도 정서관리와 대인감수성이 가장 낮았다. 이들 두 역량은 대인관계에서 자기관리의 핵심이다. 정서관리가 부족하고 대인감수성이 낮으면, 본인의 감정이 타인에 어떤 영향을 미치는지를 알지 못한다.

업무 상황이 좋지 않을 때 감정을 즉흥적으로 드러내어 상대방에게 깊은 상처를 주기도 한다. 또한 상대방의 기분이나 감정을 배려하지 않고 자신의 감정에 따른 언행을 한다. 감정과 행동이 일치하기 때문에 자기인식은 자신의 리더십 표현을 정당화한다. 타인이 자신을 어려워하는 모습을 잘 이해하지 못하고 친밀감을 갖도록 다른 사람을 대하지도 못한다.

그는 지속적으로 성과를 내는 조직을 만들고 싶어 했다. 부원의 이직이 자주 발생하지만, 이직하는 사람들이 도전적이지 못하고 인내심이 부족한 그들의 특성 때문인 것으로 보았다. 치열한 경쟁사회에서 생존하려면, 업무강도가 높고 업무상황에서 스트레스가 극심하더라도 견디고 극복하려는 자기 노력이 있어야 한다고 생각했다.

경쟁력이 없는 사람은 도태되기 마련이고 자기합리화를 무기로 불평불만을 주위에 퍼트리는 모습을 경계해야 한다고 생각했다. 성과주의가 지배적인 조직에서는 이러한 의식을 지닌 리더가 탁월한 리더로 평가를 받을 수도 있다. 그러나 임원으로서 자신의 역할을 수행하면서 중요한 것을 놓치고 있다는 것을 인지하지 못한다. 따라서 일터에서 자신의 리더십은 전혀 문제가 없다고 생각한다. 심지어 절대적으로 확신하기도 한다.

나는 이와 같은 상황에서 리더의 시선을 일터에서 가정으로 돌린다.

"지금까지 직장에서 임원의 모습에 대한 피드백을 살펴보았습니다. 가정에서는 어떤 피드백을 받고 있습니까? 가족 구성원은 임원에 대해 어떤 생각을 하고 있는지 말씀해 주실 수 있겠습니까?"

그는 곰곰이 생각하다가 직장에서 약점으로 피드백을 받고 있는 내용이 가정에서도 같게 나타난다고 말했다. 그의 목소리는 이전보다 나지막했다. 가정에서 가족 구성원과의 관계 개선이 절박해 보였다. 그는 가정에서 바람직한 역할자의 모습에 대해 이야기를 나눌 때, 자신이 감정을 조절하고 상대방을 배려해야 한다는 점에 동의했다.

"그럼 부원과의 관계에서 이전과 다른 모습을 보인다면, 정말 달라져야 하는 것은 구체적으로 무엇입니까?"

그는 자신의 생각을 리더십 행동변화 계획서에 자세히 적었다. 그는 자신의 생각을 부서회의에서 부원들에게 공개하고, 자신의 변화 노력에 대해 피드백해 줄 것을 요청했다. 이후 코칭 미팅에서 약속을 실행에 옮겼다는 내용과 부원들의 반응을 공유했다. 그러나 그는 변화 노력을 여전히 자기중심적인 해석의 범위 내에서만 진행했고, 기존 업무에 추가된 일로 보았다.

그에게 필요한 점은 리더십 행동변화에 대한 절박함을 인식하고 자기중심적 사고에서 벗어나는 것이다. 그렇게 되면 리더십 변화를 일이 아니라 사람에 관한 주제로 보게 되고, 대인감수성과 감정관리에서 변화를 주도할 수 있다. 리더십 변화는 어느 한 순간 급진적으로 이루어지기도 하지만, 변화를 절박하게 인식하고 변화 필요성을 스스로 인식하고 동의하지 않으면 일회적일 가능성이 높다.

개인 차원에서 변화는 자기 자신을 아는 것에서 시작된다. 사람들은 흔히 자기 자신을 가장 잘 안다고 생각하지만, 실상 자신에 대해 잘 모르고 있는 경우가 많다. 다른 사람이 강점으로 보지만, 정작 본인은 이를 인지하지 못한다. 또 약점으로 분명하게 드러나 보여도 그것을 약점으로 인지하지 못하는 경우가 있다.

왜 그럴까? 주된 이유는 다음과 같다.

첫째, 인지적인 측면에서 자기방어를 하기 때문이다. 사람들은 타인으로부터 인정을 받고 있는 자신의 모습을 유지하기 위해 타인으로부터 오는 정보를 선택적으로 받아들임으로써 자신의 긍정적인 이미지를 방어한다. 이러한 심리를 인상관리라고 한다(이석재, 1996; Baumeister, 2005).

이러한 방어 전략으로 긍정적인 자기 이미지를 손상시키거나 위협하는 정보를 무시하거나 자기 자신과는 무관한 것으로 분류하거나 자기 자신에게 유익한 것으로 왜곡하여 해석한다. 이러한 인지적 활동을 심리학에서는 자기위주편향이라고 한다(Sedikides et al., 1998).

이러한 왜곡의 대표적인 예가 '성공은 내 탓, 실패는 조상 탓'으로 돌리는 것이다. 일의 결과가 긍정적이고 바람직하게 나타난 원인을 자신의 능력이나 노력에 의해서 이루어진 것으로 돌림으로써 자긍심을 보호한다. 반면, 결과가 부정적이고 바람직하지 않게 나온 것에 대해서는 그 원인을 우연이나 남의 탓, 또는 환경 때문인 것으로 돌림으로써 자긍심이 손상을 당하는 것을 막는다.

둘째, 다른 사람의 의견에 주의를 기울이는 능력이 부족하기 때문이다. 타인의 의견을 경청하지 않고 자신의 입장에서 대화를 하는 경우, 타인이 자신을 어떻게 지각하고 있는지를 파악할 수 있는 많은 정보를 자신도 모르게 놓친다.

사회생활을 하면서 다른 사람으로부터 칭찬, 조언, 비평, 충고를 들었지만 타인의 피드백에 귀를 기울이지 않았기 때문에 타인의 눈에 비친 자신의 모습을 보지 못한다. 타인으로부터 오는 피드백에 주의를 기울이면서 듣는 경청 기술이나 이러한 정보를 효과적으로 활용하는 기술은 곧 사회인으로서 자기 자신의 모습을 형성하는 데 중요하다.

코칭에서 배우자 간의 경청 기술 부족을 배우자 경청(spouse

listening)이라고 표현한다. 배우자에게 반복해서 열심히 말했을 때, 그가 '알았어' '그랬구나' '그래'라고 응답해 듣고 있으리라 생각하지만 사실은 듣지 않다는 것이다. 많은 경우, 배우자 중에 남성의 경청 기술이 부족하다고 하지만, 꼭 그런 것만은 아니다. 상대방이 대화에 주의를 충분히 기울이지 않는다면 경청은 일어나기 쉽지 않다.

코치: 남편과의 관계에서 당신이 바꾸어 보고 싶은 것은 무엇입니까?

고객: 내 말에 집중하고 응대를 잘 해 주었으면 좋겠어요. 제가 말하면 건성으로 듣거든요.

코치: 당신에게 관심을 보이지 않으니 속이 타시겠군요. 한 가지 생각해 볼까요? 가장 원하는 대화는 어떤 모습입니까?

고객: 연애시절에 저를 대해 주었던 것 같은 모습이지요. 완전히 제 말에 집중하는 것입니다. 그때는 그랬거든요.

코치: 연애시절 무엇이 배우자로 하여금 당신의 말에 집중하도록 했을까요?

고객: 글쎄요. 저에 대한 관심이겠죠.

코치: 요즘 남편에게 말을 걸면서 그의 관심을 어떻게 끌어내십니까?

고객: (잠시 생각하더니) 그러고 보니 남편이 관심을 보여야 한다고 생각했지, 제가 관심을 끌어내야 한다고 생각하지 않았는데요. 어떻게 하면 좋을까요?

코치: 좋은 질문입니다. 어떻게 하면 좋겠다고 생각하십니까?

변화를 위해서는 관점 전환이 이루어져야 한다. 자신의 관점에 묶이지 않고 상대방의 관점을 취할 때, 스스로 바뀌어야 할 부분이 무엇인지를 알게 된다. 경청은 상대방의 관점을 이해하는 데 효과적이다.

셋째, 타인의 평가에 지나치게 민감하기 때문이다. 타인의 평가에 맞추다 보면, 진정한 자기변화보다는 사회적 얼굴을 변화시키는 데 민감해지고, 내면적인 본래의 모습을 관리하는 데는 실패할 수 있다. 아직은 자기 자신의 긍정적인 모습을 지나치게 드러내지 않거나 자기 자신을 낮추는 것이 사회적으로 인정받는 행위이다. 따라서 원하는 사회적 모습을 적극적으로 만들고 드러내기보다 타인의 시선에 맞추려고 한다. 이러한 문화적 사고와 행동 양식에 길들여질 수 있다. 우리의 체면지향행동이 대표적이다(이석재, 최상진, 2001).

리더를 대상으로 성격을 진단해 보면, 공통적으로 '겸손'이 두드러진 특성으로 나타난다. 특히, 이러한 경향은 리더의 지위가 높아질수록 더 강하게 나타난다. 겸손은 타인에게 자신을 드러내는 행동 양식에 영향을 미치고, 갈등 상황에서 양보와 이해, 수용으로 나타난다.

그러나 사회적 얼굴만 강조하다 보면, 본래의 자기 모습을 잃어버릴 수 있다. 즉, 사회성은 뛰어나지만 정체성은 없는 리더가 된다. 사회가 바람직한 모습으로 요구하는 모습에 맞추어진 사회적 자기와 자신의 내면적인 모습인 개인적 자기 간의 균형을 잘 유지하고 관리하는 것이 중요하다.

2) 자기중심성에서 벗어나는 방법

자기 자신을 객관적으로 보지 못하게 하는 자기중심성을 벗어나는 결정적 행동으로부터 자기변화를 시작해 보자. 다음과 같이 노력한다.

첫째, 당면한 문제에 '정답'을 찾으려 한다면, 먼저 자기 자신에게 정직하자. 자기합리화와 같은 자기방어기제의 틀에 갇혀서는 결코 정답에 이를 수 없다. 자기의 벽을 넘을 수 없다면 '답'을 찾는 것이 맞다. 내 생각도 답이고 상대방의 생각도 답일 수 있다. 답을 찾으려고 하면 마음이 열리고 유연하게 된다.

자신의 잘못을 남의 탓으로 돌리는 것은 인간의 기본 심리이다. 그러나 자기 탓과 남의 탓의 경계에서 방황하는 안타까운 모습을 쉽게 관찰할 수 있다. 자기의 벽을 넘으려면 부끄러움을 알아야 한다. 부끄러움은 자기 잘못을 정직하게 볼 때 느끼는 정서이다. 이게 어디 말처럼 쉬운 일인가? 막상 불행과 갈등, 다툼의 당사자요 주인공이 되다 보면 자기방어의 틀에 갇힌다. 그게 사람이다. 그래서 자신의 벽을 넘는 사람을 존경한다.

둘째, 내면에서 대립하는 두 마음을 통합적인 관점에서 본다. 예를 들면, 애착은 '애(愛)하는 마음'과 '착(着)하는 마음'을 담고 있다. 잠시 눈을 감고 오른손에는 '애하는 마음'을, 왼손에는 '착하는 마음'을 올려놓는다. 그리고 내가 아끼고 사랑하는 사람을 떠올린다. 그에 대해 내가 가지고 있는 두 마음의 무게를 저울질해 본다. 두 마음의 무게를 느껴본다. 사랑하는 마음에 상대방이 기뻐하고 행복해하지만, 집착하는 마음은 불편을 주고 상처를 주고받는다. 두 손은 내 몸을 통해 서로 연결되어 있다. 애착도 같다. 두 마음은 모두 내 것이다. 내가 어떻게 하기에 달렸다. 내가 본래 사랑하고 있음을 상대방에게 어떻게 전달할 것인가?

두 마음은 서로 연결되어 있지만, 서로 다른 마음이다. 두 마음을 연결하는 것은 결국 나 자신임을 깨닫는다. 자기중심성이 두 마음을 강하게 연결하고 있다. 왼손이 하는 일을 오른손이 모르게 하듯 두 마음을 관리하는 것이 중요하다. 자기중심성을 내려놓는 것이 자기 변화의 시작이다.

조건적인 사랑에는 집착하는 마음이 작동하지만, 무조건적인 사랑에는 작동하지 않는다. 사랑은 자기중심성이 담기지 않은 이타적인 것이어야 한다. 내가 진실로 사랑하고 있음을 전달하려면 그 사랑은 무조건적이어야 한다. 눈을 뜨고 새롭게 맞이하는 오늘, 당신이 자기중심성을 더 내려놓는 하루이길 소망한다.

셋째, 다른 사람의 시선을 탐구한다. 이를 위해 미술관을 찾아가 작가의 시선을 읽어 보자. 예술은 삶의 체험과 의미, 해석을 담고 있다. 치열하게 사는 일상에서도 예술가의 시선에 주목할 필요가 있다. 그들은 자신만의 눈으로 본 세상을 예술 작품으로 표현했다. 그들의 시선을 통해 놓쳤던 것을 찾고 자신을 돌아보면서 더 행복한 삶을 만들어 가면 좋겠다.

삶이란 자신의 독창적인 시선으로 자기중심성을 벗어난 스토리를 만드는 것이다. 잊지 말자. 자기중심성은 원하는 결과를 얻을 가능성을 높이는 결정적 행동을 방해하고 억제하는 요인이다.

4. 부정적 감정에 쉽게 휘둘리지 않는다

전략기획을 담당하고 있던 김명호 팀장은 국내영업팀장으로 발령받았다. 부서 내에서 팀장 자질과 역량을 인정받고 있던 상황이라 신규 발령에 무척이나 위축되었다. 그러나 그의 상사는 김 팀장의 리더십을 더 키우고자 과감한 결정을 했다. 김 팀장은 전사 전략 기획을 담당하면서 국내 영업 관련 경영 정보를 파악하고 있다. 따라서 업무가 전혀 생소하지는 않았다. 영업부 임원은 그에게 부산에서 3일 동안 열리는 영업전략 콘퍼런스에 참가하도록 했다. 김 팀장이 많은 기존 고객과 잠재 고객을 만나는 기회가 될 것으로 보았다.

김 팀장은 영업 현장을 직접 경험해 볼 기회가 거의 없었다. 주로 내부 연락망을 통해 정기적으로 수집되는 영업 정보에 의존했다. 필요한 경우 직접 전화를 하면 쉽게 원하는 자료를 얻을 수 있었다. 그러나 이제 상황이 달라졌다. 필요한 정보를 얻기 위해 김 팀장이 직접 발로 뛰어야 했다. 김 팀장은 콘퍼런스 첫날 회의장에 들어서면서 생소한 분위기를 느꼈다. 많은 참석자가 삼삼오오 모여서 대화를 나누는데 자신은 이방인과 같았다. 그는 첫날 콘퍼런스 분위기만 파악하기로 마음먹었다. 그리고 남은 일정을 통해 다수의 사람과 인사를 나누며 명함을 주고받았다.

왜 상사는 팀장을 콘퍼런스에 참석하도록 했을까?

상사는 내근 중심으로 일을 하던 팀장으로 하여금 현장 중심으로 일하면서 역할 변화를 인식할 기회를 주었다. 팀장이 원하는 정보를 간접적인 방법으로 수집할 때와 직접 수집할 때의 차이점을 명확하게 식별하도록 한 것이다. 이를 통해 기존 팀에서 성과를 만드는 방식과 영업팀에서 성과를 내는 방식을 차이를 알아차릴 수 있다.

김 팀장은 새로운 업무환경에서 일하고 새로운 사람들을 만나면서 자신의 심리를 간파했다. 그는 새로움을 불편으로 느낄 때, 적극적이기보다 소극적인 마음을 갖는 것을 알았다. 더불어 자기방어 심리도 작동했다. 전략기획팀에서 일할 때 그가 원하는 자료가 수집되지 않으면, 현장 담당자를 찾아가기보다 이메일을 보내거나 전화를 했다. 자신의 일에는 적극적이었지만 불편함을 느끼면 소극적인 자세를 취했다.

전략기획팀이 전사의 두뇌 역할을 한다면, 영업팀은 팔다리와 같은 역할을 하는 곳이다. 김 팀장이 원하는 성과를 만들려면, 새로움이 주는 불편함을 극복해야 한다. 영업팀을 새로 맡은 그에게 필요한 결정적 행동은 불편함을 느낄 때, 방어적이며 소극적인 자세를 알아차리고 적극적이며 도전적인 행동을 보이는 것이다.

김 팀장이 느끼는 새로움과 불편함은 심리적 안전지대가 위협받을 때 체험하는 감정이다. 그는 익숙함과 새로움, 소극적 행동과 적극적 행동의 경계에서 긍정적 변화를 선택했다. 그는 자신의 선택에 대한 주체의식과 책임감을 바탕으로 영업팀장의 역할을 수행하겠다고 다짐했다.

우리는 모두 경계인이다. 우리는 개인생활과 일터에서 김 팀장이 경험한 경계를 체험한다. 중요한 것은 그 경계선에 있을 때 어떤 선택을 할 것인가이다. 기존의 감정 체험에 따른 대응을 선택한다면 어떤 변화도 만들 수 없다. 습관화된 감정과 대응의 학습고리를 끊을 때 변화를 만들 수 있다. 새로운 변화를 선택한 행동이 바로 결정적 행동이다. 경계선에서 결정적 행동을 찾아보자.

타인과 대화를 하면서 '내가 원하는 것은 이것이 아닌데'라고 마음속으로 생각하며 후회하는 경우가 있다. 그러나 그런 생각을 가지고 있다고 해서 달리지는 것은 없다. 서로 갈등이 생기면 다투고 상처를 주고받고 대화하기를 피한다. 이래서는 안 되는데 하면서도 이전의 행동을 반복한다. 상대방과 다투고 있는 자신의 모습을 보면 한심하다고 생각하기도 한다.

이와 같이 뭔가 내 생각과 차이가 있다고 생각하면 감정이 격앙되고 흥분하게 된다. 화가 나고 상대방이 나를 무시하는 것은 아닌가 하고 추측하고 확대해서 해석한다. 이러한 생각들이 고착화되면 습관처럼 자동적으로 떠오른다. 무엇이 문제인가? 어디서부터 해결해야 할 것인가?

상대방이 자신의 생각을 제대로 이해하지 못하고 있다는 생각이 들면, 감정이 쉽게 격앙되어 고민하는 리더를 흔히 만난다. 강철규 상무도 같은 문제로 인해 직원들과 대화가 소원해지고 있다고 호소했다.

상무: 좀 전에 김 팀장이 준비한 보고서를 보았는데, 내가 이야기한 핵심 부분이 빠져 있던데 어떻게 된 겁니까? 우리 제품과 경쟁사 제품에 대한 최근 고객 반응의 추이가 포함되어야 한다고 하지 않았습니까? 내가 이메일을 통해 중요한 부분이라고 여러 번 강조했을 텐데, 어찌 된 영문인지 이야기를 좀 들어봅시다.

팀장: 상무님, 저도 지시하신 메일을 봤습니다. 상무님께서 몇 차례 이메일을 보내시면서 강조하신 부분들이 고객반응 분석 이외에도 사실 여럿 있었습니다. 저는 메일 내용을 보면서 오히려 원가분석을 더 중시하는 것으로 판단했습니다. 최근 경영진 회의에서도 원가분석을 철저히 하라는 지시가 있었다고 저에게 강조하며 말씀하셨습니다.

상무: 아니, 김 팀장 지금 무슨 얘기를 하는 겁니까? 내가 중요한 사안이라고 말하지 않았습니까? (순간 김 팀장의 평소 업무태도를 떠올렸다. 상사가 지시한 내용을 자기 멋대로 해석해 추진하는 것이 문제였다. 지금도 똑같은 문제 아

닌가? 문제가 무엇인지를 지적해도 바뀌지 않는 것을 생각하니 팀장으로서 능력이 있는지 의심이 생겼다. 내 말에 주의를 기울이지 않는 것 같다고도 생각하니 기분이 더 나빠졌다.) 김 팀장, 내가 도대체 어느 정도 상세하게 이야기를 해야 됩니까? 구두로 지시하면 깜박 잊기도 해서 이메일로 상세하게 알려 주었는데 말이죠.

팀장: 제가 미처 확인을 못했습니다. 죄송합니다.

상무: 확인을 못했다고 죄송하다고만 말하지 말고, 좀 적극적으로 챙겨 보세요. 이젠 팀장도 되었으니 이전과는 달라야 하지 않겠습니까? 김 팀장은 일을 찾아서 하는 노력을 더 해야 할 것 같은데. 우리 사업부의 일이 갈수록 확대되고 있고, 내가 지시한 일만 해서는 곤란하지 않겠습니까? 그것도 완벽하지도 않고. 내가 믿고 맡길 수 있도록 노력하세요.

팀장: 네, 잘 알겠습니다.

상무: 김 팀장님, 그냥 죄송하다, 알겠다 그런 식으로 말하지 말고, 좀 도전적이고 적극적으로 자신의 생각을 말해 보세요. 나에게 하고 싶은 말이 있으면 지금 말을 하라니까.

팀장: ('또 시작이다'라고 생각하니 가슴이 답답해진다. 훈시가 시작된 것이다. 지금까지의 경험을 놓고 보면, 조용히 있는 것이 상책이라고 생각했다.) ……

강철규 상무가 처음에 원한 것은 무엇인가?

김 팀장이 업무지시를 어떻게 이해하고 있는지를 파악하고, 잘못 이해한 부분을 바로잡고 보고서의 완성도를 높이는 대화를 하려고

했다. 그러나 팀장에 대해 부정적인 감정이 생겨나면서 대화의 동기가 바뀌었다. 이와 같이 부정적 감정에 휘둘리면 원하는 결과를 얻는 결정적 행동을 놓치게 된다.

팀장의 역할과 의사표현 능력에 대한 문제점을 감정적으로 지적하는 대화를 하고 있다. 이로 인해 두 사람의 대화는 생산적인 방향으로 전개되기보다는 김 팀장의 침묵과 대화 회피를 초래했다. 이와 같이 대화에 감정이 개입되면 대화의 동기가 쉽게 바뀐다(Grenny et al., 2022).

이성적인 대화를 하다가 감정이 개입되면, 처음에 예상했던 행동과는 다른 행동을 보이기 쉽다. 소리를 지르거나 거친 언사를 사용하거나 침묵하고 대화를 회피하기 쉽다. 따라서 대화를 할 때 감정을 잘 관리하지 않으면 대화는 예측할 수 없는 방향으로 전개되기 쉽다. 이는 처음에 원하던 결과가 아니라 대화의 단절이나 신뢰의 상실 등을 초래한다.

처음에는 다양한 경우의 수를 생각하면서 상무로서 지위와 품격에 맞는 대화를 한다. 그러나 감정이 개입되는 순간 지킬 박사의 모습이 순식간에 하이드로 바뀐다. 언제 지킬 박사가 하이드로 바뀌는지는 자기 자신이 가장 잘 안다.

모습이 바뀔 수 있는 그 순간을 효과적으로 관리하는 것이 결정적 행동이다. 욱하는 감정처리로 생산적인 의사소통을 하지 못하는 조직 리더의 대화 방식을 분석해 보면 같은 심리가 작용한다. 감정이 일어날 때 처음 생각한 대화의 목적에 집중하려면 가능한 결정적 행동은 다음 세 가지이다.

첫째, 자기 자신의 책임을 인정한다. 나는 문제가 없는데 상대방이 문제라는 생각에서 벗어나야 한다. 대화에서 자신의 문제는 자기 자신이 가장 잘 안다. 그렇기 때문에 자기 자신을 변화시킬 수 있다. 자신의 대화에 대해 스스로 책임을 질 때 자신의 삶도 주도할 수 있다.

강철규 상무는 이메일을 통해 업무를 지시할 때 과연 자신이 의도한 것을 팀장이 제대로 받아들이고 있는지를 확인할 필요가 있다. 업무 지시의 명확성은 지시 내용과 팀장이 지시를 이해하는 정도에도 존재해야 한다. 지시의 명확성은 지시 내용과 지시 이해가 일치할 때 성립한다. 강철규 상무가 자신의 책임인 사항도 찾아보려고 할 때 대화를 통해 진정 얻고자 하는 것에 집중할 수 있다.

둘째, 감정을 누르고 이성을 작동시킨다. 대화에 감정이 개입되면 이성이 작동하기 어렵다. 이성이 작동하도록 하려면 "내가 정말로 원하는 것이 무엇인가?"라는 탐구질문을 자신에게 반복해서 한다. 팀장과의 대화에서 얻고자 하는 것에 집중한다. 상사로서 체면을 지키고, 자신이 옳다는 것을 드러내 보이고, 영향력을 확보하려는 마음은 팀장과의 대화에서 건강하지 못한 목표이다.

대화에서 건강한 목표는 대화의 과정에서 학습하고, 처음에 원하던 결과를 얻고, 신뢰에 기반한 관계를 강화하는 것이다. 감정이 개입되고 대화의 동기가 변화하게 되면 건강한 목표를 추구하기 어렵다. 강철규 상무의 결정적 행동은 지킬 박사에서 하이드의 모습으로 변하기 전에 자신에게 질문하는 것이다. "내가 원하는 것이 무엇인가?" 이 질문을 통해 원하는 결과에 부합하는 대화를 지속할 수 있다.

셋째, 양분법적인 대화를 하지 않는다. 감정이 개입된 상황에서 상사는 직원에게 "그래서 할 거야, 말 거야?"라고 말하기 쉽다. 이러한 대화법에서 놓치는 것은 바로 대안이다. 주어진 상황에서 보다 나은 대안이 있을 수 있는데, 이것을 찾아보지 않는 것이다. 강철규 상무는 팀장의 업무태도와 팀장의 역할 수행에 문제가 있어 지적을 하겠다고 생각했다. 이 점을 짚고 넘어가야 할 점으로 보고 다른 대안을 생각하지 못했다. 당시엔 합리적인 생각으로 보인다.

그러나 이는 상무의 자기합리화일 가능성이 높다. 대화에서 원하는 결과를 얻기 위해서는 양분법적인 사고가 아니라, 대안적 사고를 할 수 있어야 한다. 대안적 사고는 '어떻게 하면 (얻고 싶은 것)을 달성하고 (원하지 않는 것)을 피할 수 있을까?'라고 생각하는 것이다 (Grenny et al., 2022). 상무의 입장에서 보면, '어떻게 하면 지시 사항을 이메일로 정확하게 전달하고 팀장이 나의 지시 사항을 놓치는 것을 피할 수 있을까?'라고 생각하는 것이다. 다음 업무지시를 할 때 질문에 대한 답을 실천하도록 한다.

개인생활과 일터에서 감정이 개입된 대화를 하는 자신의 모습을 떠올려 보자. 어떤 모습인가? 감정을 효과적으로 관리하지 못함으로써 놓치는 것은 무엇인가? 김명호 팀장처럼 안전지대에 머무르려고 할 수 있다. 이러한 방어적인 심리로 인해 새로운 역할을 성공적으로 수행할 수 있는 태도와 행동을 놓칠 수 있다.

지킬 박사에서 하이드의 모습으로 변화할 수 있는 그 순간, 대화의 목적이 무엇이었는지를 생각해 보자. 감정을 효과적으로 관리하는 것은 바로 자기 자신의 선택과 책임에 달려 있다. 대화에 대한 책임감을 갖고 이성적인 사고를 하는 것이다. 우리가 쉽게 놓칠 수 있는 결정적 행동이다.

5. 코칭 사례: 이혼 위기에 직면한 부부

부부는 일심동체라고 하지만, 부부는 서로 다른 인격체이다. 부부 사이는 칼로 물 베기라고 하지만, 사실은 각자 자신의 꿈과 소망, 가치와 신념, 습관과 버릇 등을 가지고 있다. 이러한 사고체계와 생활 방식은 삶에서 직면하는 어려움이 있을 때 의사결정의 준거가 된다. 이들은 칼과 같이 단호한 결정을 내리게 하는 힘을 갖고 있다. 서로 일치하는 부분이 많다고 해도 완벽히 일치하지 않고 일치할 수도 없다. 그러나 부부의 연을 맺고 나면, 어느새 서로 다른 인격체라는 점을 망각한다.

서로 다른 사고방식과 성장 배경을 가진 인격체가 함께 원만한 부부관계를 갖는 과정은 험난하다. 서로 화목한 부부관계를 유지하고 있는 경우를 보면, 부부 중에 어느 한쪽 또는 모두 자기인식과 성찰을 진지하게 경험한 적이 있다. 현재의 자기를 올바로 이해할 때 상대방을 수용할 수 있는 마음의 문이 열린다.

사람들은 타인과 사회적 관계를 맺을 때 기본적으로 자기방어기제가 작동한다. 이 기제는 상대방으로부터 다름을 인식하고 관계를 형성할 때 자기를 지키는 심리이다. 자기 자신은 변화하지 않으면서 원하는 관계를 맺으려는 자기중심적인 심리가 작동할 때 함께 나타난다.

상대방의 다름을 받아들인다면, 당사자는 그 상황에서 실제적이며 구체적으로 상대방을 어떻게 대할 것인지를 생각해야 한다. 그 생각과 뒤따르는 행동이 일치해야 한다. 그러나 처음부터 일치하기는 어렵다. 다름을 받아들이는 과정에 대한 이해와 적응이 필요하다. 또 자기변화가 필요한 점은 무엇인지를 생각하고 준비해야 한다. 이러한 준비 없이 마음의 문을 열었다고 선언하면, 서로의 갈등은 더 첨예하게 전개될 수 있다.

따라서 갈등 상황에서 기본적인 결정적 행동은 현재 상태에 대한 자기인식을 명확하게 하는 것이다. 자기인식을 하면 갈등이 일어나는 데 원인 제공을 한 자기 자신의 문제가 무엇인지를 알 수 있다.

우연한 기회에 갈등이 심한 부부를 코칭했다. 나는 그들이 부부의 연을 맺게 된 사연과 코칭을 통해 어떤 도움을 받고 싶은지를 들었다. 이어서 나는 부부에게 '갈등'을 생각할 때, 어떤 경험이 가장 먼저 떠오르는지를 이야기해 달라고 요청했다. 부부가 서로 나눈 대화의 일부이다.

아내: 당신은 도대체 나에게 관심이 있기는 한 거야?

남편: 자기는 왜 완벽한 인생을 머릿속에 그려 놓고 그 틀에 나를 끼워 맞추려고 하지?

아내: 왜 그러느냐고? 나는 그런 인생을 꿈꿔 왔기 때문이야. 그럼, 당신은 왜 하루 종일 회사 일에 빠져 살지? 왜 그렇게 해야 한다고 생각하는데?

남편: 여보, 나도 정시에 출퇴근을 하며 평범하게 살고 싶어. 그러나 그렇게 해서는 내가 꿈꿔 온 단란한 가정을 유지할 수 없다고. 무슨 말인지 알아?

아내: 그런 말 이제 그만해. 늘 생활 탓이야.

아내는 신경질적인 어투에 언성을 높이면서 남편의 말을 막았다. 다행히 아내는 문을 박차고 나가지 않았다. 뭔가 대화할 수 있는 여지를 남기는 것 같았다. 남편은 이 순간을 놓치면 안 되겠다는 위기감을 느꼈다.

남편: 우리는 대개 이런 식으로 대화를 끝냈지. 그러다 보니, 늘 다투기만 하고 답을 찾아본 적이 없어. 당신이 정말 원하는 것을 들어봅시다.

아내: 내가 원하는 것은 남편으로서 가정에 더 관심을 갖고 내가 원할 때, 곁에 있어 주는 거야.

남편: 여보, 당신이 그리는 인생의 틀에 우리의 생활을 맞추려 하지 마. 사랑으로 모든 것을 얻을 수는 없어. 당신도 알잖아요.

아내: 제발 그렇게 말하지 말아요. 이제 숨 막혀, 그렇게 말하면 답이 없어. 결국 나는 또 상처받고 당신에게 상처 주는 말을 하게 될 거야. 나는 더 이상 그렇게 하고 싶지 않아.

남편: 여보. 그럼 이혼이라도 하겠다는 거야?

아내: 아니, 당신은 아직 문제의 원인이 무엇인지 몰라.

남편: 그럼 문제의 원인이 뭐지?

아내는 고개를 돌렸다. 그리고 아무 말도 하지 않았다. 잠시 정적이 흘렀다. 남편은 정말 문제의 원인을 모를 수 있다. 이대로 가면 결국 갈등만 남기고 냉전은 계속될 것이다. 남편은 지금 이 순간 자신이 놓치고 있는 것은 무엇인지를 생각해 봤다. 문제의 원인을 따져서는 해결책을 찾을 수 없겠다고 생각했다. 그는 아내의 존재를 인정하는 대화를 하기로 했다.

남편: 여보, 우리가 지금 이렇게 사는 것도 내 빈자리를 당신이 채워 주었기 때문이야. 그동안 당신의 희생이 컸네. 나는 그동안 당신의 희생을 당연하게만 생각했어. 내가 치르는 희생에 대해 당신으로부터 위로와 인정을 받고 싶었고. 당신이 내 입장을 이해하지 못한다고 생각하며 화를 내기만 했네. 여보, 미안해.

남편은 갈등의 순간에 늘 문제를 해결하려고 했다. 시선을 자기 안에 두고 현재 상태를 올바로 직시하려는 노력을 하지 않았다. 그는 이제 갈등을 대하는 자신의 모습을 직시했다. 그리고 자기의 입장에서만 갈등을 보고 아내 탓을 하고 자신의 입장을 정당화하려는 모습을 보았다. 그 알아차림을 아내에게 설명했다. 남편이 말하는 동안 아내는 창밖을 보며 뭔가를 생각하는 듯했다. 잠시 후 아내는 이전보다 좀 편안한 표정을 지으며 남편을 쳐다봤다. 그리고 차분한 목소리로 자신의 생각을 말했다.

아내: 여보 당신만의 잘못은 아니겠지. 나도 집에 있으면서 당신이 퇴근하기를 기다리고 당신으로부터 보상받고 싶은 마음이 컸네요. 내 허전한 마음을 뭔가 채우고 싶은데, 당신이 채워 주길 기대한 거야. 나도 당신 탓만 했네. 당신이 밖에서 하루 종일 일하는 것은 우리 가정을 지켜주는 거지. 고마움을 느끼면서도 말로 표현하는 데 인색했어. 여보, 고맙고 미안해.

부부는 갈등하는 순간에 서로 한 발 뒤로 물러서서 쉼을 가졌다.

시선을 밖에 두지 않고 각자 자신의 내면에 두었다. 그리고 갈등을 바라보는 자신의 모습을 알아차렸다. 자기인식을 깨우면 기존과는 다른 관점을 가질 수 있다.

다른 관점은 새로운 발견과 통찰을 경험하게 한다. 새로운 가능성을 발견하고 변화를 만들어 가는 기회로 활용할 수 있다(이석재, 2014; 2023). 부부는 이러한 자기인식을 통해 갈등을 해결했다. 부부는 서로를 온전한 인격체로 인정하고 받아들이는 학습 파트너이다.

생각 파트너의 심리코칭

다음 질문에 대한 생각을 정리해 보십시오.

- **생각(Think)**: 현재 '변화 요구–결정적 행동–원하는 결과'의 틀에서 구상하거나 실행하는 내용은 무엇입니까? 그것이 다음 자기인식의 준거와 연결되어 있는 모습을 적어 보십시오.

  1. 정체성: ______________________________
  ____
  2. 주체성: ______________________________
  ____
  3. 목적성: ______________________________
  ____
  4. 일치성: ______________________________
  ____
  5. 수용성: ______________________________
  ____

- **선택(Choose)**: 앞에서 작성한 자기인식의 준거들 중에서 현실적으로 가장 진전시킬 필요가 있는 것은 무엇입니까? 한 가지를 선택해 보십시오. 그것을 선택한 이유는 무엇입니까?

____

____

____

- **실행(Act)**: 당신의 '변화 요구–결정적 행동–원하는 결과'의 연결을 더 강화하도록 무엇을 하겠습니까?

____

____

____

관점확대로 효과성을 높인다

"우리 중에 어느 누구도 우리 모두보다 지혜롭지는 않다."

– 켄 블랜차드(Ken Blachard), 경영컨설턴트

사람들은 세상을 보는 자신만의 관점을 가지고 있다. 관점은 세상을 파악하고 변화하는 환경에 대처하는 인식 틀이다. 이러한 관점은 환경을 지각하고 대처하는 데 효율성이 높지만, 경험이 축적되면서 고착화될 가능성이 높다. 다른 관점을 가져 보거나 상대방의 관점을 이해하면, 사회적 관계 관리나 환경적 대처를 효과적으로 할 수 있다. 관점은 자기와 밀착된 인지적 개념이라 자기중심성이 작동한다.

효과성을 추구하는 코치는 사람들로 하여금 자신의 관점에 묶이지 않도록 돕는다. 관점을 유연하게 하면, 사람들은 주어진 맥락을 다르게 보고 다양한 가능성과 기회를 발견하게 한다. 나아가 변화 요구와 결정적 행동, 원하는 결과의 연결이 갖는 효과성을 높인다.

1. 관점확대로 사고의 유연성을 키운다

사람들은 세상을 보는 자신만의 관점을 가지고 있다. 관점은 세상을 파악하고 환경 변화에 대처하는 인식 틀이다. 이러한 관점은 환경을 지각하고 대처하는 데 효율성이 높지만, 경험이 축적되면서 고착화될 가능성도 높다. 관점에 묶이면 그 관점을 지지하는 정보를 찾는 자기확증전략을 사용하게 되고, 결국 자기 관점이 편향된다 (Snyder & Swann, 1978). 따라서 원하는 결과를 얻을 가능성을 높이는 결정적 행동을 찾고 실행하는 데 실패할 수 있다.

최친절 부서장은 업무지시를 할 때, 그 업무를 성공적으로 수행해야 하는 이유를 부서원에게 상세하게 설명했다. 이러한 대화가 부서원의 자발적인 참여를 끌어내는 데 효과적이라는 경험을 했다. 자신의 소통 노력에 나름 자부심도 느꼈다. 상사 중심의 일방향적인 대화와 지시 전달이 일반적인 조직문화에서 부서원을 존중하는 인간중심 리더십을 실천하기 때문이다.

나는 그에게 부서 내에 리더십 정렬이 이루어졌는지를 물었다. 그는 자신감이 넘치는 목소리로 잘 이루어졌다고 대답했다. 나는 그가 현재 상태를 스스로 확인해 보도록 리더십 정렬의 개념을 소개했다.

"리더십 정렬은 조직 목표에 대한 공유와 이해를 부서원과 나누고 맡은 일의 목표를 책임지고 달성하겠다는 합의를 하는 활동입니다."

최 부서장은 진지하게 경청하면서 자신의 생각을 정리했다. 이후 그는 지금까지 실행 합의에 대해 확인하지 않았다고 말했다. 목표 달성을 위한 비즈니스 전략과 전략을 실행하는 방법, 업무수행 과정에서 예상되는 문제를 해결하기 위한 계획 등에 대한 충분한 대화를 하지 않았다. 이와 관련된 내용은 부서원이 알고 있다고 가정하거나 관심을 두지 못했다.

그는 업무지시 측면에서 부서원을 이해시키려 노력했지만 일을 완결하도록 부서원의 참여와 책임, 동의를 끌어내지 못했다는 점을 새롭게 알았다. 그동안 부서원을 이해시켰지만 그들의 마음을 사지는 못했을 것으로 생각했다. 그는 모든 부서원이 하나의 팀이라는 단합 정신을 갖고 탁월한 성과를 만드는 부서로 만들고 싶었다.

이제 부서 목표를 달성하기 위한 결정적 행동은 분명했다. 앞으로 부서원들과 실행 합의를 추가로 하여 리더십 정렬을 확립하는 것이다. 그는 실행 합의를 통해 부서 목표를 달성하고 긍정 문화를 만들 수 있다고 확신했다.

부서장은 지금까지 결과를 만드는 실행 리더십(doing leadership)에 집중했다면, 이제는 부서원들이 각자의 잠재성을 발휘하도록 돕는 존재 리더십(being leadership)도 챙기며 균형 리더십에 집중하겠다고 다짐했다. 관점을 확대하면서 그의 리더십은 이제 더 유연해졌다.

자신의 허물이 크면서도 작은 허물을 가지고 있는 타인을 질책하기 쉽다. 우리는 자신의 허물을 어떻게 알 수 있을까? 가장 쉽게 알 수 있는 것은 다른 사람과의 관계에서 원만함이 지속되지 못하고 깨졌을 때이다. 상대방에게 격한 감정이 섞인 말을 하거나 화를 내는 것과 같이 균형이 깨진 모습을 보일 때 자신의 모습을 보면 알 수 있다. 또 다른 사람으로부터의 피드백을 통해 알 수도 있다.

사람들은 자신이 필요로 하는 사람, 자신의 모습과 다른 모습을 보이는 사람, 자신이 평소 싫어한다고 생각하는 품성이나 성격, 태도, 행동을 보이는 사람에게 주의를 기울인다. 예를 들어, 소리를 크게 지르는 사람을 싫어하는 경우를 생각해 보자. 나는 왜 그러한 사람을 싫어하는가? 그 주된 이유는 내가 공공장소에서 타인과 대화를 하면서 큰 소리를 내는 것을 싫어하기 때문이다. 이러한 생각에 가정생활이나 직장에서 다른 사람과 대화를 할 때 큰 소리를 내지 않으려고 한다.

잠시 생각해 보자. 나는 큰 소리를 내지 않는 성품을 가지고 있지 않은 사람인가? 나도 필요한 때는 큰 소리를 내지 않는가? 상대방으로 하여금 내가 하는 말을 잘 듣도록 하기 위해서는 목소리를 크게 내야 한다. 다만, 그러한 상황을 의도적으로 피하고 있을 뿐이다. 그러나 사람들은 흔히 "나는 그런 부류의 사람이 아니다."라고 생각한다. 정말 그럴까? 그런 부류의 사람이 아니라고 절대적으로 확신할 수 있는가?

타인은 나의 거울이다. 이 점을 깨달을 필요가 있다. 자신이 가지고 있지 않은 특성이라면, 다른 사람이 그러한 특성을 가지고 있다는 것을 쉽게 인지하지 못한다. 자기가 가지고 있는 특성이 반영된 그 눈으로 다른 사람을 본다. 그러므로 다른 사람을 탓하는 것은 알고 보면 곧 자기 자신이 가지고 있는 모습이다. 남을 탓하기 전에 자기 자신을 먼저 살펴봐야 하는 이유가 여기에 있다.

심리학적으로 보자. 우리는 타인의 행동을 보고 그가 어떤 특성을 가진 사람이라고 판단한다. 자기표현을 많이 하고, 사교적이고 말수가 많다면 그는 외향적인 사람이라고 생각한다. 사회심리학자들의 연구에 다르면, 타인의 행동은 그 사람 내면의 특성에서 비롯된다는 추론을 한다. 행동이 비롯된 원인을 찾는 과정을 귀인(attribution)이라고 한다.

흔히 사람들은 타인의 행동을 해석할 때, 행동의 원인을 그 행위자의 내적인 속성에서 찾는다. 이러한 귀인 경향을 근본적 오류라고 한다. 사람들이 보편적으로 갖고 있는 심리라는 뜻이다. 특히 부정적인 사건을 해석할 때, 행동이나 그 결과의 원인을 행위자의 내면에서 찾으려는 경향이 강하다. 잘되면 우연이고(외적 귀인), 잘못되면 그 사람을 탓한다(내적 귀인). 능력이 부족해서라고 본다.

자신에 대해서는 어떻게 생각할까? 잘되면 자신의 노력에 의한 것이고, 잘못되면 환경 탓으로 돌린다. 이와 같이 부정적인 사건이나 행동이 일어난 것을 외부요인 때문이라고 보는 경향은 자신의 자존감을 지키고 방어하기 위한 인지전략이다. 이를 자기본위적 편향(self-serving bias)이라고 한다. 자신의 허물을 보지 못하는 주된 원인은 자신의 허물이 자기 자신으로부터 비롯된 것이라고 보기보다는 외부환경요인에 의한 것으로 그 원인을 돌리기 때문이다.

자기 허물을 벗어버리는 결정적 행동은 관점을 확대하는 것이다. 사람들이 보편적으로 가지고 있는 인지전략의 한계를 뛰어넘으면서 자신에 대한 인식을 확대하는 방법은 무엇일까? '타인은 나의 거울이다'라는 의미를 깨닫는 것이다. 타인이 나를 대하는 것을 통해 내가 어떤 사람인가를 알 수 있다. 사람들의 관계는 독립적이기보다 상호관계지향적이다. 사회학자인 찰스 쿨리(Charles Cooley, 1964)가 주창한 거울자아(looking-glass self) 이론은 이러한 해석을 뒷받침한다.

1) 관점을 바꾸는 방법

관점에는 자기중심성이 깊게 자리 잡고 있다. 나는 코칭을 하면서 어떻게 하면 고객의 관점을 바꿔 볼 수 있을지에 대해 고민했다. 반복된 시행착오를 겪으면서 결국 단계적으로 접근해야 한다고 결론을 내렸다. 그동안 성공적으로 진행한 관점 변화는 다음과 같은 4단계를 거친다. 각 단계에서 사용하는 질문에 주목한다면, 자기 자신이나 다른 사람의 관점을 바꿔 볼 수 있는 방법을 알게 된다.

단계 1 달리 보도록 한다

각고의 노력으로 쌓은 자신의 직무전문성을 아낌없이 부서원과 공유하고 일의 방향을 제시하거나 조언하는 임원이 있다. 최근 그는 자신의 리더십을 독단적이며 통제 경향이 강하다고 보는 중간 리더와 갈등을 겪고 있다. 나는 임원에게 "그럼 앞으로 무엇을 달리하면 서로의 인식 차이를 좁힐 수 있겠습니까?"라고 질문했다. 이때 주목할 것은 임원의 관점을 변화시키려는 어떠한 시도도 질문에 포함되어 있지 않다는 것이다. 임원의 관점을 바로 바꾸려 시도한다면 그의 방어기제가 작동할 것이다. 방어기제는 당면한 문제에 대한 해결이나 개선 등에는 관심이 없다. 오로지 변화 시도에 자동적으로 작동하는 심리기제이다.

달리 보도록 하는 것은 열린 질문이다. 무엇을 어떻게 달리 볼 것인가는 오로지 임원이 선택하는 것이다. 그 선택에는 여전히 자기중심성이 작동할 수 있다. 그러나 자기중심성이 살아 있을 때, 자신이 달리해 볼 수 있을 것으로 생각하고 변화를 선택하면 실행할 가능성이 높다. 열린 질문은 관점 변화를 끌어낼 수 있는 유연한 마음의 상태를 만든다. 다음과 같은 열린 질문은 유연한 마음을 갖게 하는 데 도움이 된다. 지금 가능한 것은 무엇인지 다음과 같이 질문해 본다.

- 이전에 해 보고 싶었지만 하지 못한 것은 무엇입니까?
- 지금 이 상황에서 당신에게 가장 중요한 것은 무엇입니까?

- 지금 중단해야 할 것과 계속해야 할 것은 무엇입니까?
- 이전에 해 왔던 것보다 한발 앞으로 더 나아가는 것은 무엇입니까?
- 지금 당신이 존경하는 사람은 어떻게 할 것으로 생각합니까?

단계 2 자신의 관점을 내려놓는다

다르게 말하면 자기중심성을 내려놓는 것이다. 함께 일하는 중간 리더의 관점을 파악하기 위해서는 먼저 자신의 관점을 버려야 한다. 자신의 관점을 버린다는 것은 먼저 평가하고 판단하거나 심판하지 않는 것이다. 타인의 관점과 생각을 있는 그대로 받아들이는 것이다. 자신의 관점을 내려놓을 때, 비로소 중간 리더의 관점에서 그가 말하고 느끼고 행동하는 것을 읽을 수 있다.

임원은 그를 자신의 후계자 후보로 생각하고 있다. 직무전문성이 탁월하고 결과지향적이다. 일에 대한 욕심이 많다. 임원의 자리에 오르면 많은 일을 할 것이다. 그러나 임원과 자주 부딪친다. 자기주장이 강하고 자신의 존재감을 드러내고 싶은 욕망이 크다. 임원은 그의 이러한 태도가 문제라고 생각했다.

코치: 그 리더를 어떻게 생각하는지 자세히 말씀해 주셔서 감사합니다. 그에 대한 고민을 이해하는 데 도움이 되었습니다. 이렇게 생각해 보시겠습니까? 머릿속에 큰 상자를 한 개 준비합니다. 지금까지 말씀하신 그에 대한 모든 생각을 그 상자 안에 넣으십시오. 그리고 상자를 닫습니다. 자 이제 그 상자를 내려놓으십시오. 그에 대한 생각을 모두 내려놓았을 때, 지금 당신은 어떤 리더입니까?

임원: 치열한 삶을 살아왔고 여전히 치열하게 맡은 역할과 임무

> 를 수행하고 있습니다. 저도 치열하게 사는 것처럼 그도 치열하게 살고 있다고 생각합니다. 그런데 그의 치열함을 다른 관점에서 해석했다는 생각이 듭니다. 그를 성장하도록 돕고 있는 게 아니군요. 나의 관점에 맞지 않는 부분들을 보고 내가 불편해하고 있습니다. 내가 그와 갈등하는 원인은 내 불편함을 스스로 해결하지 못하는 것이군요. 제가 원래 되고 싶었던 리더는 진심을 다해 후배들을 성장시키는 리더입니다.

고대 그리스의 철학자 에픽테토스(Epictetus)는 "사람을 고통스럽고 힘들게 하는 것은 사건이 아니라, 그 사건에 대한 우리들의 생각이다."라고 말했다. 사건에 대해 생각한다는 것은 곧 의미를 부여하는 과정이다. 그리고 이 과정을 통해 그 사건을 경험하게 된다. 따라서 상대방에 대해 부정적인 사건의 경험을 갖게 한 생각들을 모두 내려놓는 것은 자신의 관점을 버리는 효과적인 방법이다.

자기 관점을 완전히 내려놓은 상태가 되면 거울과 같은 존재가 된다. 이 상태에서 상대방을 보면, 상대방에 대한 기존 관점이 질적으로 달라진다. 상대방의 모습과 자신의 모습을 있는 그대로 보게 되고, 인식 차이를 해소할 수 있는 길을 발전적으로 보게 된다. 다음 질문은 자신의 관점을 파악하고 버리거나 개선하는 데 도움이 된다.

- 그와의 관계에서 내가 가장 힘들어하는 것은 무엇인가?
- 내가 일관되게 피하려는 것이 있다면 무엇인가?
- 내가 주저하는 것은 무엇인가?
- 그의 말을 듣지 못하도록 방해하는 나의 습관은 무엇인가?

- 내가 대화하기 싫어하게 만드는 그의 모습은 무엇인가?
- 그와 이전보다 효과적인 대화를 하려면 나의 어떤 부분을 바꾸어야 할까?

단계 3 상대방의 입장을 취한다

상대방의 입장을 취하는 것은 상대방의 관점을 공감하는 적극적인 방법이다. 상대방과 대화를 하면서 그가 가지고 있는 관점을 전환시키거나, 그와의 시각 차이를 좁힐 필요가 있을 때 '입장 바꿔 보기' 방법을 활용할 수 있다.

입장은 사전적인 의미로 '당면하고 있는 상황'이다. 상황은 객관적인 것이다. 그러나 그 상황을 어떤 시각에서 볼 것이냐는 주관적이다. 입장을 바꾸어 놓고 생각해 보라는 것은 사건을 해석하는 시각을 달리 취하라는 것이다.

입장을 바꾸어 보는 것은 두 가지 측면에서 가치가 있다. 하나는 시각 차이가 생기는 원인을 알게 되어 시각 차이를 좁힐 수 있다는 것이고, 다른 하나는 새로운 정보를 얻기 때문에 기존의 시각을 확대시킬 수 있다는 것이다. 상대방이 가지고 있는 시각을 확대시키거나 당면한 상황에서 다른 사람과의 시각 차이를 좁힐 때 활용할 수 있다. 입장 차이를 알아차리고 관점 변화를 체험하려면, 다음과 같은 4단계를 따르면서 적합한 탐구질문을 한다.

- 단계 1: 상대방의 입장을 취한다

상대방은 이 상황을 어떻게 보고 있다고 생각합니까? 상대방이 원하는 것은 무엇입니까? 상대방이 중요하게 생각하는 것은 무엇입니까? 상대방은 어떤 측면에서 이 상황을 불편하게 생각하고 있을까요?

• 단계 2: 제삼자의 입장을 취한다

두 사람의 대화를 듣고 있던 관찰자가 있다고 생각해 보십시오. 그 사람은 이 상황을 어떻게 보고 있을까요? 그 사람은 두 사람 간의 관계를 어떻게 본다고 생각합니까? 그 사람이 두 사람의 관계가 개선되길 바란다면 어떤 의견을 줄 것으로 생각합니까?

• 단계 3: 변화의 명분을 준다

입장을 바꿔 보면서 당신이 얻는 유익은 무엇입니까? 당신이 고민하던 문제가 해결된다면 그 내용은 무엇입니까? 당신의 역할을 성공적으로 수행하는 데 어떤 도움을 준다고 생각합니까?

• 단계 4: 입장 바꾸기를 통해 학습한 것을 확인한다

입장을 바꿔 보면서 당신이 알게 된 것은 무엇입니까? 새로운 정보는 무엇입니까? 각 입장들이 보이는 주된 차이는 무엇입니까? 그 차이가 갈등과 어떤 관련성이 있다고 생각합니까?

입장을 바꾸어 보는 것은 다른 관점이나 사고의 틀을 경험하는 것이다. 역지사지는 나를 포기하는 것이 아니라 나를 성숙시키는 인지 전략이다.

단계 4 관점 변화 계획을 수립한다

지금까지 관점 변화가 필요한 상황을 인식하고 관점의 차이를 줄이고자 자신의 관점을 내려놓고 상대방의 입장을 취해 보았다. 다음과 같은 질문은 구체적인 관점 변화를 위한 계획을 세우는 데 도움이 된다.

- 현재의 상황을 해결하기 위해 이전과는 다르게 행동해 볼 것은 무엇입니까?
- 그 행동을 하는 데 어떤 어려움이 있습니까?
- 예상되는 장애요인은 무엇입니까?
- 당신이 선택한 것을 실행으로 옮기기 위해 무엇을 하겠습니까?
- 언제까지 해 보겠습니까?
- 당신이 그렇게 했다는 것을 코치가 어떻게 알 수 있겠습니까?

직무 경험과 관련 지식이 쌓이게 되면, 그 분야에 대해 전문성을 갖게 된다. 특정 분야의 전문가라는 것은 그 분야에 관련된 다양한 정보와 지식, 사건과 현상들을 몇 개의 대표적인 개념의 논리적 관계로 설명할 수 있는 관점을 가졌다고 말할 수 있다. 관점을 가지고 있다는 것은 바라보는 대상에 대해 정리된 생각을 가지고 있다는 것이다. '나는 이렇게 생각해' '나는 이런 느낌이 좋아'라는 말은 관점을 뜻한다. 일상에서 다른 사람들과 사회적 관계를 맺는 모든 활동에는 관점이 작동한다.

다른 관점을 가져 보거나 상대방의 관점을 이해하면 사회적 관계 관리나 환경적 대처를 효과적으로 할 수 있다. 관점은 자기 정체성과 밀착된 인지적 개념이라 자기중심성이 작동한다. 따라서 관점을 확대하면 사고가 유연해진다. 주어진 맥락을 다르게 보고 다양한 가능성과 기회를 발견한다. 내가 이성적인 존재인 것처럼 상대방도 그런 존재라고 생각하고, 믿는 것에 의문을 품으며 보이지 않는 것을 탐구한다. 이러한 변화가 원하는 결과를 얻을 가능성을 높이는 결정적 행동을 실행하도록 촉진한다.

2. 입장 바꿔 보기로 관점 차이를 해소한다

한 대기업의 임원을 대상으로 원하는 결과를 얻기 위한 결정적 행동을 도출하고, 결정적 행동이 이루어지도록 행동변화를 코칭한 사례이다. 독자는 행동변화가 전개되는 전 과정을 알 수 있다. 결정적 행동이 성공적으로 촉진되도록 프로세스 접근을 한 것이다.

코치는 먼저 임원이 처한 코칭 환경을 분석한다. 이어서 코칭의 시작과 종료까지를 어떻게 전개할 것인지에 대한 판을 짜는 코칭 설계를 한다. 코칭 설계의 기본 구성은 변화 요구 파악, 변화 목표 설정, 행동변화 코칭, 코칭성과 평가이다.

회사는 매년 임원을 대상으로 코칭 프로그램을 운영하고 있다. 코칭을 도입한 주된 목적은 조직 리더로 하여금 환경 변화에 대응하도록 자기개발과 리더십 개발, 성공적인 조직운영을 돕는 것이다. 치열한 경쟁과 성과주의 문화가 팽배한 일터에서 리더가 탈진하지 않고 자기관리를 안정적으로 하도록 돕는 데 코칭이 효과적인 지원 프로그램이라고 경영진은 인정했다.

고객인 박종길 임원은 특정 기술에서 글로벌 차원의 전문성을 인정받고 있다. 그는 일보다 인재관리에서 소수의 부서원과 심한 갈등을 겪고 있다. 지금의 자리에 있기까지 치열한 경쟁을 이겨 냈으며 불모지였던 전문영역에서 탄탄한 기반을 구축했다. 이러한 환경에서 그는 삶의 가치를 설정하고 리더 역할을 수행하면서 생각과 행동의 준거로 삼고 있다. 이러한 생활 방식이 바람직하며 업무성과와 인재양성에도 도움이 된다고 자부했다.

그러나 최근 함께 일하는 소수의 부서원과 크고 작은 갈등을 겪고 있다. 그는 자기 자신에게 귀책사유가 없다고 판단했지만, 다면 피드백은 일부 부정적이었다. 임원은 지속되는 갈등과 부정 피드백을 전혀 공감하거나 인정할 수 없었다. 그는 코칭을 통해 답을 찾고 싶었다. 그의 상사도 코칭 프로그램에 참여할 것을 추천했다.

리더십 행동변화를 위한 기본적인 설계는 코칭 전에 실시한 사전 진단과 코칭이 종료된 시점, 또는 코칭의 후반에 동일한 진단을 다시 실시해 그 차이를 보는 것이다. 즉 사전–사후 단일집단 설계이다. 코칭은 총 8회를 진행했다. 개인 코칭이었으며, 1회에 1.5시간을 진행했다. 코칭 미팅은 격주로 있었다.

단계 1 변화 요구 파악

임원의 변화 요구를 파악하기 위해 리더십 다면진단인 효과적 리더십 진단(ELA)을 실시했다. 또 임원과 그의 상사를 대상으로 한 면대면 인터뷰를 실시했다. 인터뷰할 내용을 파악하기 위해 코칭업무를 담당하는 인사부서 리더를 인터뷰했다. 이를 통해 코칭에 참여하는 임원에 대한 인사부서의 요구를 파악했다. 다음과 같은 내용을 인터뷰 범위로 한다.

- 진단과 인터뷰를 통해 고객에 대한 변화 요구를 파악
- HR담당 임원/실무자의 의견 수렴
- 진단과 인터뷰를 통해 파악된 변화 요구 종합
- 고객의 변화 요구와 조율하고 변화의 방향과 내용 확정

(1) 다면 인터뷰와 ELA 진단

그의 강점은 기술리더십을 바탕으로 추진력과 결과지향성을 발휘, 급변하는 기술적인 환경 변화에서 직면하는 문제들에 대한 해결 능력과 상황 판단력, 신속한 의사결정력을 보이는 것으로 나타났다.

개발 필요점은 업무수행 관련 의견과 이해관계가 첨예하게 대립할 때 유연성을 발휘하는 데 부족함이 있다. 업무수행이나 토론에서 상대방이 문제를 해결하도록 기다리지 못했다. 즉각적인 의견을 피드백으로 전달하는 경향을 보였다. 이러한 소통으로 부서원의 잠재성과 그들의 요구를 끌어내기보다 답을 제시했다. 이에 대해 부서원들이 자기주장이 강하고, 통제하려고 하고 독단적이라는 피드백을 했다.

(2) 결정적 행동 도출

타인은 임원에 대해 자기확신이 높고 개선점으로 그의 정서와 갈등이 타인에 미치는 영향을 인식하고 효과적으로 대응할 필요가 있다고 보았다. 나는 코칭 세션을 갖기 전에 사전 준비로서, 먼저 진단과 인터뷰 결과를 토대로 결정적 행동(안)을 도출했다. 고객이 스스로 결정적 행동을 도출하는 데 어려움을 호소하기도 하는데, 이때 간접적으로 도움을 주기 위해 준비한 것이다. 첫 코칭 세션에서 임원에게 인터뷰와 진단 결과를 디브리핑했다.

나는 결정적 행동을 도출하는 4단계 표준 과정에 따라서 임원과 코칭 대화를 나눴다. 이 과정에서 '입장 바꿔 보기(타인의 입장을 취하기)'를 결정적 행동으로 도출하고 최종 확정했다. 결정적 행동은 늦어도 두 번째 코칭 세션 이내에 확정한다.

단계 2 변화 목표 설정

결정적 행동을 도출하면 변화 목표 설정서를 작성한다. 일반적으로 변화 목표는 2회차 코칭 전에 초안을 작성하고 2회차에 최종 확정한다. 이 과정에서 코치는 고객이 설정한 변화 목표를 성공적으로 이루도록 돕는 논리를 개발한다. 나는 일반적으로 고객에게 성공 원리와 가설, 코칭모델을 직접 제시하거나 설명하지 않는다. 코칭 대화에 해당 개념을 풀어서 다음과 같이 변화 목표 설정의 중요성을 소개한다.

"먼저, 임원(고객)과 상사를 포함한 이해관계자가 생각하는 변화 요구를 파악합니다. 그리고 이번 임원 코칭에서 원하는 결과(또는 코칭 목표)를 확정합니다. 원하는 결과를 얻기 위해서는 변화 요구와 원하는 결과를 연결하는 결정적 행동을 업무현장에서 성공적으로 실행하는 것이 중요합니다. 코칭의 효과는 '변화 요구–결정적 행동–원하는 결과'를 연결하는 정도에 따릅니다. 따라서 변화 목표 설정서에 이러한 논리가 잘 반영되어야 합니다."

이번 코칭에서 박 임원이 최종 도출한 변화 목표와 결정적 행동을 변화 목표 설정서에 포함시켰다. 2회차까지 도출한 변화 목표와 결정적 행동은 다음과 같다.

- 변화 목표

성과를 만드는 생산자 역할 중심에서 부서원이 성과를 만들도록 돕는 조력자 역할을 수행하는 비중을 높인다.

- 결정적 행동

–관점이 대립할 때 자기확신을 내려놓고 입장을 바꿔 본다.

–까다로운 중간리더의 입장을 파악하고 공감적 소통을 한다.

단계 3 행동변화 코칭

총 8회의 개인 코칭에서 행동변화 코칭을 총 6회에 걸쳐 진행했다. 행동변화를 위한 대표적인 코칭 기술은 입장 바꿔 보기와 빈 의자 기법이다. 각 코칭 세션의 마지막에 임원의 실천행동이 목표 달성과 연계된 정도에 대해 질문했다.

(1) 코치의 셀프 체크

아울러 코치는 스스로 다음과 같은 사항을 자문하고 실행 여부를 점검했다.

- 행동변화 코칭을 통해 행동변화를 만드는 성공 원리를 작동시켰는가?
- 코치는 성공 원리를 작동시켜 임원이 코칭 목표를 달성하도록 도움을 주는 책임을 이행했는가?
- 행동변화에 필요한 코칭 도구를 적절히 사용했는가?
- 인터뷰를 통해 구체적이며 객관적인 코칭성과 자료를 수집했는가?

(2) 입장 바꿔 보기

요지부동의 상대 관점을 바꾸는 방법 중 앞의 '1) 관점을 바꾸는 방법'에서 제시한 것처럼 '상대방 입장 취하기'(이석재, 2020b)를 실시했다.

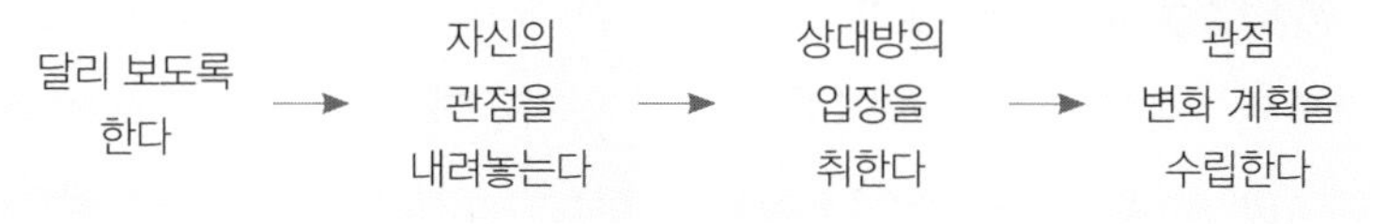

달리 보도록 한다 → 자신의 관점을 내려놓는다 → 상대방의 입장을 취한다 → 관점 변화 계획을 수립한다

1. 상대방의 입장을 취한다.
2. 제삼자의 입장을 취한다.
3. 변화의 명분을 준다.
4. 입장 바꾸기를 통해 학습한 것을 확인한다.

[그림 6-1] 상대방 입장 취하기(이석재, 2015)

(3) 빈 의자기법

게슈탈트 이론가 프리츠 펄스(Fritz Perls)가 발전시킨 역할극 형식의 심리치료 기법이다(Corey, 2005). 박 임원은 빈 의자를 마주 보고 마치 그곳에 갈등관계에 있는 부서원이 앉아 있는 것처럼 가정하고 정서적 대화를 나누는 역할 연기를 한다. 리더십 진단, 인터뷰, 코칭 대화에서 도출한 갈등관계를 상상하고 독백, 대화 또는 역할 바꾸기를 한다.

(4) 실천행동의 진척도 관리

실천행동의 진척도를 체계적으로 관리하는 방법으로 이전 코칭 미팅에서 점검한 내용을 기준으로 새롭게 전개된 것을 확인한다. 임원이 변화 다짐을 실행하는 과정에서 느끼고 생각한 점, 성찰하거나 통찰한 것에 대한 생각을 공유한다. 또 매번 코칭 세션이 종료할 시점에 다음과 같은 질문을 한다.

"오늘 나눈 대화가 코칭 목표를 달성하는 데 도움이 되었습니까? 도움이 되었다면, 어떤 점이라고 생각하십니까?"

단계 4 **코칭성과 평가**

단계 1에서 실시한 리더십 진단을 실시한다(2차). 코칭성과에 대한 고객의 자기 피드백(자기평가), 코치의 의견(코치 피드백)을 수집한다. 최종회는 1.5시간이 표준이며, 상황에 따라서 고객의 동의를 얻은 후 2시간을 진행한다.

다면진단을 통해 코칭의 효과를 알아보는 정량 평가는 코칭 전과 후에 자기 진단과 타인 진단의 차이(gap) 변화를 파악하는 것이다. 고객의 리더십 행동을 관찰했을 때, 본인과 타인의 지각 내용이 서로 일치할수록 코칭 목표에 포함된 리더십 행동에 개선이 일어난 것이다.

코칭의 주요 성과는 다음과 같이 나타났다.

- 관점이 대립할 때, 입장 바꿔 보기를 했다. 이때 자기확신을 내려놓는 실습을 했다. 빈 의자 기법을 활용한 역할 연기에도 참가했다. 이러한 활동이 도움이 되었다면 기존의 자기확신 점수는 코칭 후 낮아졌을 것이다. 또 임원의 자기확신에 대한 자기 지각과 타인 지각의 점수 차이는 감소했을 것이다. 평균 점수로 볼 때, 코칭(전)보다 코칭(후) 결과에서 자기확신 점수는 낮아졌고, 차이 점수가 감소했다. 코칭의 효과가 긍정적으로 나타났다.
- 까다로운 중간리더의 입장을 파악하고 공감적 소통을 하는 실습을 했다. 입장 바꿔 보기와 빈 의자 기법을 활용한 역할 연기에도 참가했다. 평균 점수로 볼 때, 코칭(전)보다 코칭(후)에 정서관리와 갈등관리가 개선된 것으로 나타났다. 또 본인과 타인의 진단 점수의 차이를 보면, 코칭(전)보다 코칭(후)에 더 줄어든 것으로 나타났다. 이로서 코칭이 효과적인 것으로 나타났다.

표 6-1 코칭 전과 후 평균 점수, 본인-타인 점수 차이

자기확신	본인	타인	차이
코칭(전)	4	4.42	0.42
코칭(후)	3.5	3.86	0.36

정서관리	본인	타인	차이
코칭(전)	3.75	2.91	0.84
코칭(후)	4.05	3.87	0.18

갈등관리	본인	타인	차이
코칭(전)	3.75	3.13	0.62
코칭(후)	3.98	4.02	0.04

주: 5점 척도, 전혀 그렇지 않다(1)~아주 그렇다(5)

정성적인 평가로서 이해관계자 피드백과 고객의 자기 피드백을 공유했다. 고객의 자기 피드백은 다음과 같이 긍정적으로 나타났다.

"소수 부서원을 대상으로 한 개인 면담을 통해 효과적으로 소통할 수 있다는 자신감을 키우고, 그동안 적극적인 대응을 미루었던 까다로운 중간리더와 소통을 시도하면서 타인의 관점과 입장을 중요하게 생각하는 계기를 가졌다. 또 100% 확신할 때, 20% 내려놓기의 실천을 통해 결과지향적 사고에 따른 조급함을 완화하고, 평가적인 시각과 소통을 업무수행과정에 관심을 갖고 소통하는 것으로 바뀌어 가고 있다."

3. 삶의 역경을 다른 관점에서 본다

사람들은 각자 세상을 보는 자기만의 눈을 가지고 있다. 그 눈으로 자신의 일도 본다. 관점에 따라서 자기 정체성도 다르게 가질 수 있다. 힘들게 도심을 청소하는 환경 미화원이 아니라, 지구의 한쪽 편을 깨끗하게 청소하는 사람이라고 생각하는 것과 같다. 관점이 명확할수록 자신이 하는 일에 대해 더 만족하고 자부심을 갖게 된다. 또 원하는 결과를 얻을 가능성을 높이는 결정적 행동을 촉진한다.

국내 한 대기업의 해외지사장을 전화를 통해 코칭하면서 세상을 보는 눈이 개인의 행복감뿐만 아니라 일의 성과에도 큰 영향을 미친다는 것을 알았다.

코치: 지금 가장 힘들어하는 것이 있다면 무엇입니까?

리더: 객지 생활이다 보니 모든 게 힘이 듭니다. 특히 현지인들을 관리하는 것이 가장 힘듭니다. 요즘 이 문제로 사실 잠도 제대로 못 잡니다.

코치: 현지인 관리에 대해 좀 더 구체적으로 말씀해 주시길 바랍니다.

리더: (낮은 목소리로) 여기 지사에는 영업매니저가 대부분 현지인입니다. 언어도 다르고 사고방식도 우리와 너무 다릅니다. 이 사람들이 현지 영업망을 가지고 있기 때문에 시장을 개척하려면 이들의 도움을 받아야 합니다. 문제는 이들을 관리하는 일이 매우 어렵다는 것이지요.

코치: 우리와 문화적 배경이 다른 사람들과 함께 일한다는 것이

힘드시군요. 공감이 갑니다. 흔히들 집 떠나면 고생이라는데 어려움이 많으시겠습니다. 그 어려움 속에서도 지사장의 역할과 책임을 다하시려는 열정이 느껴집니다.

리더: (웃으며) 그렇게 말씀하시니 감사합니다.

코치: 신설 지사에 첫 지사장으로 부임하실 때의 꿈은 무엇이었습니까?

리더: 신설법인이지만 성공 사례를 만들어 보고 싶습니다.

코치: 성공 사례를 만드는 것이 지사장님에게 어떤 기회나 가능성을 준다고 생각하십니까? 어떤 생각이 떠오르세요?

리더: 저의 성공을 위한 중요한 발판입니다.

코치: 말씀을 듣고 보니, 지금의 사업을 성공적으로 추진하는 것보다 더 큰 꿈을 갖고 있군요. 앞으로 3년 후 지사장님이 생각하는 자신의 모습은 무엇입니까?

리더: 지역총괄책임자가 되는 것입니다.

코치: 그렇게 되면 지금과 달라지는 것은 무엇입니까?

리더: 저의 큰 사업구상을 펼치는 기회를 갖는 것입니다. 제 지위도 올라가고 저의 능력을 더 펼쳐 볼 수 있겠고, 잘되면 국내 본사에서 중책을 맡을 수 있겠지요. 가정에도 경제적으로 도움이 되고 가족에게 외국에서 생활하면서 색다른 경험을 할 수 있는 기회를 계속 줄 수 있을 것입니다. 회사나 가족 모두에게 더 큰 기여를 할 수 있지요.

코치: 잠시 눈을 감아 보세요. 지사장님, 3년 후 성장한 자신의 모습, 회사와 가족에 기여하는 자신을 상상해 보십시오. (잠시 후) 지금 느낌이 어떠세요?

리더: (웃으며) 아주 좋은데요, 뿌듯하고. 지금 당장 이런 성취

감을 느꼈으면 좋겠습니다.

코치: 그 느낌을 한 마디로 표현해 보시겠습니까?

리더: 먹이를 쫓아 사막을 질주한 사자가 먹이를 낚아 챈 후 허공을 향해 지르는 '사자의 포효'입니다.

코치: 지사장님, 지금 말씀하신 그 포효를 지사장님의 목소리로 한번 해 보시겠습니까?

리더: 지금요? 정말요? (멈칫하다가) 이야아~.

코치: 감사합니다. 저에게 느낌이 전해집니다. 그 포효를 하기 위해 한참을 달려오셨군요. 잠시 자신이 달려온 길을 둘러보십시오. (잠시 후) 신임 지사장의 모습이 보이십니까? 어떤 모습입니까?

리더: 풀이 죽어 있고, 지쳐 있습니다. 많이 힘들어하고 있습니다.

코치: 이제 눈을 뜨셔도 좋습니다. 지사장님, 신설된 지사를 운영하면서 힘들어하고 있는 첫 지사장에게 조언을 해 준다면 뭐라고 말씀하시겠습니까?

리더: (잠시 후) 지금 현지인들 때문에 힘들어하는데 그들의 포로가 되면 안 돼. 이 어려운 상황의 희생자가 되지 말고 주인이 되도록 노력하게. 지금의 어려움은 장애물이 아니라 더 큰 성공으로 들어가는 문턱일 뿐이야. 그러니 넘어야지. 여기서 멈추면 안 되지.

지사장은 현지인과의 의사소통 문제와 갈등, 문화적 차이에서 오는 적응의 어려움, 사업성과에 대한 중압감 등을 장애물이 아니라 성공으로 가는 문턱으로 보았다. 이러한 관점전환을 경험한 후 그는 더욱 적극적으로 현지인에게 다가가 그들의 사고방식과 생활습관을 이해하려고 노력했다. 멀리서 불평하며 속 타는 경영자가 아니라 주도적인 문제해결자로 변신한 것이다.

코칭은 관점확대와 전환이 일어나도록 한다. 지금 직면한 상황을 다른 시각에서 보게 한다. 다른 시각을 선택함으로써 동일한 대상이 가지고 있는 의미와 가치가 달라진다. 이때 체험되는 긍정적 에너지는 원하는 결과를 얻는 결정적 행동을 실행하는 동력이 된다. 피드백을 통해 전하고자 하는 코칭의 핵심은 기존의 관점을 바꾸는 것이다.

사람마다 고유한 불편함을 경험하지만, 그것을 장애물이라고 표현하지 않을 수도 있다. 그 불편함에 묶일 때 정말 장애가 된다. 그러나 그 역경을 극복하면 경력이 된다. 이와 같이 세상을 보는 눈을 바꿀 때, 자신의 잠재성을 발휘할 수 있는 새로운 기회를 발견하게 되고, 불편함을 가진 자신을 온전한 인간으로 완성한다. 관점을 바꾸는 선택을 한 사람들은 그 과정에서 행복감과 충만함을 체험하게 된다.

4. 코칭 사례: 소중한 것의 재발견

나는 사람들의 관점을 전환시키는 데 도움이 되는 네 가지 질문을 개발해 자기 자신을 객관적으로 살피도록 했다. 이 질문을 '소중한 것의 재발견'이라고 이름 붙였다(이석재, 2014). 고객은 네 가지 질문을 통해 기존의 관점에서 자유롭게 벗어나고, 원하는 결과를 얻을 가능성이 높은 행동을 찾아 실행할 수 있다.

① 당신은 어디에 묶여 있습니까? (기존의 생각)
② 그 묶임으로 인해 당신이 잃고 있는 것은 무엇입니까? (새로운 생각)
③ 그것은 당신에게 어떤 의미입니까? (관점의 발견과 전환)
④ 그 의미를 얻기 위해 오늘 할 수 있는 것은 무엇입니까? (행동 변화)

질문 1: 당신은 어디에 묶여 있습니까?

그는 나의 질문을 받고 곰곰이 생각했다. 자신이 지금 경험하고 있는 불안에는 분명히 이유가 있을 것이다. 출산 후 업무에 복귀하면서 생활환경이 바뀐 것도 하나의 이유일 것이다. 그러나 더 깊게 생각해 보면 근본적인 이유가 있을 것이다. 그는 자신의 생각만으로 답을 찾는 것은 한계가 있다고 생각했다. 주관적인 생각으로는 자문자답의 형식이 되고, 자신에게 인식의 전환이 되는 계기를 만들기는 어려울 것이라고 생각했다.

그의 요청에 따라 관점 코칭 대화를 갖기로 하고 진행 방법을 소개했다. 먼저, 대화의 주제를 정한다. 서로의 대화가 일어나는 내용의 범위를 정하고, 대화 내용을 초점화하는 것이다. 그는 나의 질문에 힌트를 얻고, 주제를 '상자 밖으로 나가기'로 정했다. 이어서 그 주제에 대해 어떤 관점을 가지고 있는지 알아보았다.

나는 그에게 주제를 바라보도록 했다. 이어서 "주제를 바라보고 어떤 생각을 하십니까?"라고 질문했다. 그의 답이 나오면 어떤 느낌을 갖는지도 물어본다. 주제에 대한 생각과 느낌을 나누면서 그로 하여금 자신의 관점을 요약해 보도록 대화를 이끈다. 그리고 요약한 것에 이름을 붙이도록 한다. 그는 '상자 밖으로 나가기'에 대해 자신이 지금까지 생각하고 느낀 것을 정리하고 '새로운 도전'이라고 이름을 붙였다.

그는 이어서 자신의 생각을 말했다. 나는 그의 생각이 체계적으로 전개될 수 있도록 여러 개의 관점을 주고 내용을 채워 보도록 했다. 가능하면 스스로 관점을 찾아가도록 하지만 진전이 없을 때에는 상대방의 동의를 받고 관점을 제시하기도 했다.

나는 조직 리더들을 대상으로 코칭을 하면서 행동변화를 원하는 그들의 내면 요구를 분석해 일곱 가지 변화 요구를 찾았다. 일곱 가지 변화는 곧 리더들이 가지고 있는 관심이며 해결하고 싶은 삶의 주제로서 다음과 같다.

- 주도적으로 삶을 구성하기
- 자신만의 시선 키우기
- 늘 깨어 있는 인식 갖기
- 협업을 통해 성장하기
- 삶의 희망 키우기
- 더 나은 나와 일의 성취 추구하기
- 삶의 목적 탐구하기

그는 추가로 일곱 가지의 주제에 대한 자신의 생각을 정리했다. 나는 그에게 다시 처음의 질문을 던졌다.

"당신은 지금 어디에 묶여 있습니까?"

그는 자기가 더 큰 성장을 추구하고 있다는 것을 깨달았다. 자신이 더 성장하고 싶은 것이다. 그는 자신이 더 크게 성장하고 싶다는 생각에 묶여 있었다.

조직 리더들과 관점 코칭 대화를 해 보면, 많은 리더가 존재에 대한 관점보다 실행의 관점을 선택한다. 그도 일을 통해 더 나은 역할과 그것을 통한 사회적 평판, 긍정적 자기평가를 얻고자 했다. 치열한 경쟁 사회에서 실행을 통한 존재로의 발전은 번아웃으로 가는 길이다.

실행은 성과와 목표 달성으로 이어지며 그것을 이루고 나면 더 큰 성과 목표가 있다. 그 마지막에 존재가 있지 않다. 흔히 샐러리맨의 성공 신화라는 것은 일의 성공을 이야기하는 것이다. 결코 존재의 성장을 말하는 것이 아니다.

자신이 어디에 묶여 있는지를 안다면 이제 더 중요한 것을 찾아볼 차례이다. 묶여 있는 상황을 인식하는 것만으로도 좋은 출발을 한 것이다. 그에게 두 번째 질문을 던졌다.

질문 2: 그 묶임으로 인해 당신이 잃고 있는 것은 무엇입니까?

그는 이 질문을 받고 놀라는 표정을 지었다. 실행 중심의 삶을 살면서 이슈가 발생하면 문제를 해결하려는 사고가 먼저 작동하기 때문이다. 자신이 묶인 것을 알았으니 이제 그것을 풀어야 한다. 그런데 그는 묶인 줄은 두고 엉뚱한 질문을 한다고 생각했다. 나는 그에게 두 번째 질문을 낮은 목소리로 다시 들려주었다.

"그 묶임으로 인해 당신이 잃고 있는 것은 무엇입니까?"

그는 잠시 생각에 잠겼다. 그가 나를 바라볼 때, 나는 그의 눈빛이 맑고 밝은 기운으로 차 있다는 것을 느낄 수 있었다. 그는 분명히 자신의 내면 깊숙한 곳에 있는 자신의 소망을 끌어올린 것이 분명했다. 그의 머릿속은 새로운 생각으로 가득 찼을 것이다.

"지금 어떤 생각을 하십니까?"

그는 자신이 잃고 있는 것을 생각하면서 묶여 있는 자신을 다시 들여다보았다. 그는 더 큰 성장을 원하고 있지만, 성장을 원하는 뿌리는 다른 주제와 연결되어 있다는 것을 알아차렸다. 다른 주제는 일이 아니고, 회사 내에서의 성장도 아니고, 다른 사람들이 부러워하는 시선도 아니었다. 바로 좋은 엄마가 되고 싶은 것이다. 둘째가 태어나고 그는 자신이 엄마라는 것을 느꼈다. 둘째가 주는 느낌은 더 넓고 깊었다.

어린 시절이 떠올랐다. 가정 형편이 넉넉하지 않았기 때문에 부모는 매일 생활 전선으로 나갔다. 연로하신 할머니의 손에서 자랐다. 그는 부모의 사랑을 받기도 했지만 할머니의 사랑이 가장 컸다. 자신의 생활 주변에는 늘 할머니의 손길이 있었다. 따듯한 사랑의 공간이었지만 부모의 사랑을 받고 싶은 결핍이 있었다. 그는 성장하면서 자신의 결핍된 사랑을 자식에게 대물림하지 않겠다고 생각했다. 둘째가 태어나면서 '결핍된 사랑'이 현실적으로 느껴졌다. 출산 휴가를 갖는 동안 가장 행복했던 순간은 두 아이와 있는 시간이었다. 그냥 함께 있는 것만으로도 삶의 행복은 늘 충만했다.

그가 일터에서 놓치고 있는 것은 자식에 대한 사랑, 사랑의 끈이다. 그 끈이 끊어져 있는 것이다. 회사에 복직하면서 두 아이의 사진과 가족사진을 책상 위에 올려 두었다. 다시 사진을 보니 두 아이가 있는 사진이 가족사진보다 크기가 더 큰 것을 알았다. 자식에 대한 사랑을 상징적으로 보여 주는 것 같았다. 그는 자신이 잃고 있는 것에 대한 생각을 말하면서 순간 눈시울을 적셨다. 두 아이를 떠올리는 것만으로도 아련함이 밀려왔다.

그는 지금 어디에 묶여 있는지에 대한 생각으로부터 그 묶임으로 잃고 있는 것은 무엇인지에 대한 새로운 생각으로 옮겨 왔다. 나는 그에게 세 번째 질문을 던졌다.

질문 3: 그것은 당신에게 어떤 의미입니까?

이 질문은 그동안 잃고 있었던 것에 가치를 부여하고 삶의 목적과 같은 근원적인 개념과 연계시켜 보도록 안내했다. 하루의 일과는 구조화된 업무의 반복이었다. 문득 '지금 이 바쁜 시간에 자신의 개인적 관심에 집중하는 것이 맞는 것일까?'라는 생각도 들었다. 빠른 상황 판단과 신속한 결정, 성과 있는 마무리를 반복해야 하는 환경에서는 어울리지 않는 것 같다는 생각도 했다.

일터에서는 존재보다 당면한 문제를 해결하는 인지적 사고를 통해 결과를 만드는 실행이 중요하다. 따라서 어떤 사람은 흔히 존재와 연계되는 질문을 하면 현실을 모른 채 관념적인 생각을 한다고 대화를 회피하기도 한다. 대화의 맥락에서 보면 맞는 말이기도 하다. 그러나 일 중심으로 생활하면서 중요한 것을 반복해서 잃는다면 일하는 방식을 바꿔 봐야 할 것이다. 최근 일터에서 마음 챙김 코칭이 존재를 회복하고 실행에 몰입하도록 도와주는 효과적인 방법으로 권장되고 있다(Bronson, 2017; Maslach & Leiter, 2016).

그에게 있어 두 아이가 '결핍된 사랑'을 경험하도록 하는 것은 자신의 역할과 존재 가치를 위협하는 것이다. 나는 그에게 마지막 질문을 던졌다.

질문 4: 그 의미를 얻기 위해 오늘 할 수 있는 것은 무엇입니까?

그는 아주 현실적인 선택을 해야 하는 상황에 직면해 있다는 것을 알았다. 오늘 갑자기 획기적인 의사결정을 할 수 있는 것도 아니고 더 깊이 생각할 주제라고 여겼다. 그러나 그는 자신이 진정으로 원하는 삶을 정의하고 구상할 필요성을 확인했다.

나는 그에게 지금까지의 대화를 통해 새롭게 알고 느낀 것은 무엇인지를 물었다. 그는 네 가지 질문에 대한 답을 하면서 시간 여행을 한 것 같다고 말했다. 질문에 대한 자신의 생각을 정리하면서 자기만의 공간에 있었다고 생각했다. 그 공간은 일터가 아니었다. 자기 존재와 만나고 울림이 있는 그런 신비로운 공간이었다. 그는 배우자와 함께 자신이 진정으로 원하는 삶에 대해 진솔하게 이야기 나눌 것을 약속했다.

인지적 사고가 필요한 일터에서 우리가 경험하는 스트레스, 피로, 낙담, 무력감, 지루함 등은 실행의 부산물이다. 이 부산물을 해소하기 위해 약을 복용하거나, 수면을 채우거나, 멍 때리기를 하거나, 산책을 할 수도 있다. 그러나 더 근본적인 방법이 있다. 자기중심성에서 벗어나 새로운 관점에서 소중한 것을 재발견하는 질문을 자신에게 해 보는 것이다.

생각 파트너의 심리코칭

다음 질문에 대한 생각을 정리해 보십시오.

- **생각(Think)**: 지금 가장 힘들어하는 이슈를 하나 떠올려 보십시오. 그 이슈를 한 문장으로 요약해 작성합니다. "나는 ~로(해서) 힘들다."와 같이 표현합니다.

____

____

____

- **선택(Choose)**: 앞에서 작성한 내용을 다른 관점에서 봅니다. 다음 일곱 가지 관점에서 볼 때, 각각 떠오르는 생각을 작성합니다.

1. 주도적으로 삶을 구성하기: ____

____

2. 자신만의 시선 키우기: ____

____

3. 늘 깨어 있는 인식 갖기: ____

____

4. 협업을 통해 성장하기: ____

____

5. 삶의 희망 키우기: ____

____

6. 더 나은 나와 일의 성취 추구하기: ____

____

7. 삶의 목적 탐구하기: ____

____

- **실행(Act)**: 앞에서 작성한 일곱 가지 관점의 내용 중에서 가장 본인에게 울림을 주는 내용은 무엇입니까? 그 관점을 긍정적으로 체험한다면 무엇을 하겠습니까?

____

____

____

자기확신을 고양한다

"사람들은 변화하기를 포기할 때 자기 자신도 단념한다."

– 제임스 프로채스카(James Prochaska), 행동변화심리학자

한 번 먹은 마음을 지속하는 데 결정적인 영향을 미치는 것은 스스로 생각하고 행동하려는 것에 대해 느끼는 자기확신이다. 자기확신이 커지면 변화의도가 실제 행동으로 옮겨갈 가능성이 크다. 사회심리학자들은 자기확신이 높은 사람일수록 현재와 미래의 일에 대해 긍정적인 시각을 갖고, 가능성에 대한 믿음이 높아진다는 연구결과를 보고했다. 자기확신이 낮으면 업무목표와 꿈의 수준을 스스로 낮추고, 낮아진 그 수준에 자신을 맞춤으로써 잠재능력을 충분히 발휘하지 못하는 결과를 낳는다. 이 장에서는 자기확신을 높이는 심리를 살펴본다.

1. 강점발견으로 자기확신을 높인다

결정적 행동을 실행하는 사람은 삶의 맥락에서 당면한 문제를 해결하고 원하는 결과를 얻기 위해 내면의 잠재성을 끌어내어 발휘한다. 잠재성을 발휘해 얻은 결과가 외부적인 평가 기준을 충족할 때 그 잠재성은 강점이 된다. 강점을 발휘한 성공 경험은 자기평가에도 긍정적인 영향을 미친다(Seligman, 2000). 원하는 결과를 얻을 가능성을 높이는 사람들은 약점(부족한 점, 개발 필요점 포함)에서 강점을 발견하기도 한다. 그리고 그 강점을 활용해 원하는 결과를 성취한다. 이 과정에서 자신의 강점에 대한 자기확신이 높아진다.

강신호 팀장은 한 팀원의 말을 듣고 깜짝 놀랐다.

"팀장님의 섬세하고 민첩한 리더십을 배우고 싶습니다."

강 팀장은 팀원의 말을 들으면서 자신의 예민한 성격을 떠올렸다. 팀장 역할을 수행하면서 부딪히는 다양한 이슈에 대해 다른 사람들이 일반적으로 생각하는 것보다 더 날카롭게 대응하는 자신의 모습을 약점이라고 생각했다. 주변 상황에 예민한 반면, 그 순간을 느끼고 분석해 적절한 판단과 신속한 의사결정을 하는 것은 자신의 강점이라고 생각했다. 이 상반되는 두 모습은 모두 그의 예민함에서 비롯된 것이다. 흥미롭게도, 강 팀장은 자신의 약점을 개선해야 할 주제로 마음에 남고 있었다. 그러나 팀원은 예민함의 두 모습을 모두 보았다. 팀장을 있는 그대로 본 것이다. 강 팀장은 자기 자신의 강점을 재발견했다.

사람은 본래 온전한 존재이지만 자신의 취약한 점에 더 주의를 기울인다. 한때 펜싱은 서양의 귀족 스포츠로 여겨졌다. 다른 스포츠에서 보기 어려운 독특한 복장과 운동 기구, 서양인의 큰 체격이 상대적으로 작은 동양인에게는 위압감을 주었다. 이러한 선입견과 통념은 스포츠 과학이 훈련 방식에 도입되면서 무너졌다.

한국 펜싱이 세계적인 위상을 갖게 된 것은 약점으로 여겼던 짧은 다리의 강점을 간파했기 때문이다. 다리가 짧은 펜싱 선수는 다리와 팔이 긴 선수보다 무게 중심이 아래에 있다. 이 사실을 간파하고 빠른 발놀림으로 약점을 강점으로 바꿨다. 속도로 거리를 제압한 것이다.

유도 중량급 선수로서는 키가 작은 편인 송대남 선수는 특기인 업어치기를 앞세워 약점을 강점으로 바꾸었다. 유도에서도 다리가 긴 외국 선수들보다 상대적으로 무게 중심이 아래에 있다는 이점을 살린 것이다. 그는 올림픽 전에 언론 인터뷰에서 "외국 선수들은 상체보다 하체가 약하다. 다리 사이로 파고들어 업어치기를 하니 통하더라."라고 말했다. 그는 처음 출전한 런던 올림픽 유도 90kg 이하급에서 금메달을 획득했다.

원하는 결과를 얻는 결정적 행동을 실행할 때 강점과 약점에 지나치게 묶이지 말아야 한다. 맥락이 달라지면 강점이 약점으로, 약점이 강점으로 바뀔 수 있다. 삶의 맥락에서 원하는 결과를 이루며 더 나은 나로 성장하고 있는 긍정적인 변화에 대한 자기인식을 일깨워야 한다.

더 나은 나로 만드는 잠재성이 바로 강점이다. 따라서 강점과 약점의 이분법적인 평가 틀에 묶이지 않고 온전히 자신의 잠재성을 발휘하여 당면한 문제를 해결할 가능성을 높이는 것이 바람직하다. 또 가능성을 높이는 결정적 행동을 통해 원하는 결과를 얻을 수 있다고 확신해야 한다.

내면의 강점과 약점에 대한 인식은 각자가 원하는 결과를 얻는 결정적 행동을 실행하는 데 영향을 준다. 따라서 두 개념에 대한 정의를 명확히 할 필요가 있다. 강점은 한 가지를 완벽에 가까울 만큼 일관되게 처리하는 능력이며 약점은 뛰어난 실행을 방해하는 모든 것으로 보기도 한다(Marcus & Donald, 2001). 이 정의는 기능적인 의미를 담고 있다. 이 정의가 맞는 것일까?

우리는 어떤 논리적 관점을 갖고, 내면의 강점과 약점을 인지하고 발견하고 활용할 것인가?

첫째, 동전의 한 면만 보지 말고 다른 면도 볼 수 있어야 한다. 심리학자 알프레드 아들러(Alfred Adler)의 주장처럼 자신을 보다 나은 내가 되도록 하는 에너지는 약점이라고 생각하는 열등감에서 나올 수 있다. 약점도 성장 에너지가 된다. 의미 부여가 중요하다. 삶에서 의미 찾기, 최악의 상황에서도 역경을 이겨 내는 경험이 결국 경력이 된다. '역경을 극복하는 것은 경력을 만드는 한 과정이다'라고 생각한다.

둘째, 전체적이며 시스템적인 관점에서 강점과 약점을 이해한다. 한 개인의 강점과 약점을 이해할 때 사회의 일원이며 사회적 역할을 맡고 있는 인물로 본다. 강신호 팀장은 한 개인이며 그가 속한 조직의 일원이다. 이러한 관점을 취할 때 한 개인의 사회적 역할 수행과 영향력을 높이고, 그가 원하는 결과를 성취하도록 도울 수 있다. 이러한 관점에서 한 개인의 강점과 약점을 정의하는 것이 맞다.

셋째, 현재의 시각에서 자기 자신의 한계를 제한하고 그 안에 머무르지 말고, 더 성장한 미래의 자기로부터 현재를 보도록 한다. 미래는 무한한 기회와 가능성을 포함하고 있다(Senge et al., 2004). "미래로부터 현재를 볼 때 다르게 보이는 것은 무엇인가?" 이러한 관점과 질문은 지금 생각하고 있는 강점과 약점의 의미 부여를 더 광의적으로 할 것이다.

넷째, 협의적인 관점에 따른 인지적 오류에서 벗어나도록 한다. 나는 효과성 코칭을 개발하면서 분명하게 알게 되었다. 강점과 약점은 대상에 있는 것이 아니라 그것을 바라보는 관점에 있다. 달리 표현하면, 강점과 약점은 본래의 속성이 아니라 그 속성을 특정 관점에서 지각한 것에 이름을 붙인 것이다. 즉, 기능적 관점에서 정의한 해석일 뿐이다. 사람들은 강점과 약점을 자기의 속성으로 생각하는 인지적 오류를 범한다. 마치 자신의 성격이나 스타일, 혈액형을 유형화해 이름 붙이고 그 해석의 틀에 갇히는 것과 같다. 유형론의 함정이다.

사람들은 누구나 약점으로 보이는 특성을 가지고 있다. 그 특성은 사실 약점이기보다는 잠재성이다. 주어진 삶의 맥락에서 중성적인 가치를 지닌 잠재성이 외적인 평가기준에 부합하지 못할 때 약점으로 평가받는 것이다. 세계적인 비디오 아티스트 백남준은 색각 이상으로 색약이 있다. 색각 이상은 시세포의 색소 결핍으로 인해 사물의 색을 정상적으로 구분하지 못하는 증상이다. 증상의 정도에 따라 완전한 색맹과 색약이 있다. 예술을 하는 그에게 색약은 분명한 약점이다.

색각 이상자는 색을 구분하기 어렵기 때문에 도형으로 자신이 말하고 싶은 메시지를 전달하기도 한다. 예를 들면, 고속도로에서 사용하는 안전 신호의 경우 특정 도형을 사용해 본래 색을 통해 전달하려는 것과 동일한 교통 정보를 전달하기도 한다. 페이스북 창업자 마크 저커버그(Mark Zuckerberg)도 색약자(red-green blind)이다. 페이스북의 로고가 파란색인 이유는 그가 가장 잘 볼 수 있는 색이기 때문이다(Vargas, 2010).

야구팀 『공포의 외인구단』의 주인공 까치는 패배할 것을 알면서도 달려드는 의지의 주인공이다. 까치를 그린 만화가 이현세는 미대에 입학하려고 했다. 색맹검사에서 색약으로 판정을 받으며 미대를 포기하고, 만화가의 길을 걷는다. 당시 흑백 잉크로 만화를 그렸다. 미대를 가지는 못했지만, 미술에 대한 재능을 살릴 수 있었다(서울신문, 2016. 2. 4.). 색약이라는 약점에 묶이지 않고 흑백 만화를 통해 강점으로 사용한 것이다.

약점이 있다면 보완해서 강점으로 만들자. 2017년 PGA 소니 오픈에서 우승한 저스틴 토머스(Justin Thomas)는 까치발 골퍼로 유명하다. 그는 드라이버 샷의 평균 비거리가 300야드에 미치지 못했다. 그는 평균 비거리를 늘리기 위해 장타가 가능한 요인을 면밀히 분석했다. 마침내 스윙을 하며 공을 치는 순간에 추가적인 힘이 필요함을 알았다. 그는 어느 누구도 시도하지 않는 방법인 까치발 타법으로 우승을 거머쥐었다. 공을 타격하는 순간 오른쪽 발의 뒤꿈치에 반동을 주며 들어올리는 방법을 고안했다. 힘이 실리도록 하기 위해 물구나무서기와 근력 운동 등 체력강화훈련을 병행했다.

약점이 드러났다면 어떻게 하면 좋을까? 다음과 같이 생각하고 노력해 보자.

- 약점이라는 생각에 묶이지 말자. 약점은 자신을 평가적으로 단정하는 것이나. 평가적으로 난정하변 자신의 삼재성을 끄집어내 활용할 수 있는 중요한 기회를 놓친다.
- 약점이라고 평가된다면 그 원인을 분석해 보자. 만일 감정 관리를 못해 욱하는 경향이 있다고 가정해 보자. 감정을 촉발하는 원인을 찾아본다. 기대 수준이 높거나 기대에 미치지 못하는 결

과를 참지 못한다면 자신을 관대하게 대해 본다. "그럴 수도 있지."라고 자신을 품어 주자.

- 약점을 보완해 줄 파트너를 찾아보자. 주위에 도움을 줄 수 있는 사람은 누구인가? 코치와 약점에 대해 대화를 나눠 보자. 약점을 통해 새로운 가능성을 발견할 수도 있다.

자기 자신의 잠재성을 새롭게 인식하고 끌어내어 활용할 수 있다면, 일을 수행할 수 있는 능력과 완결 가능성을 확신하게 된다. 자기확신이 높은 상태는 원하는 결과를 얻을 가능성을 높이는 결정적 행동을 촉진한다. 다음과 같은 방법으로 자기 자신의 잠재성을 끌어내어 자기확신을 높여 보자.

첫째, 열정을 끌어내는 질문과 피드백을 한다. 열정은 역동적이고 격정적인 의미를 함축하고 있다. 사전적인 정의로 보면, 열정은 사용되는 맥락에 따라서 다양한 의미를 가지고 있다. 열정은 사랑, 분노, 증오와 같이 힘이 있고 강력하고 격정적인 정서를 뜻하기도 하고, 어떤 신념이나 행동에 대해 비이성적이면서 저지할 수 없는 강한 동기의 의미도 갖는다. 광의적인 의미로 보면 무한한 열의이다.

사람들이 추구하고자 하는 목표에 대해서 도전하고 진취적으로 행동하려고 할 때, 그들에게 필요한 것은 정해진 목표를 얻고자 하는 마음으로부터의 강한 열정이다. 그러나 일을 추진하는 과정에서 이러한 열정이 지속되지 않으면 높은 성과를 기대하기 어렵다. 열정을 끌어내는 것은 마음을 읽는 질문이다. 다음과 같이 질문하고 피드백을 한다.

- "지금 하고 있는 일이 나에게 어떤 의미를 갖는가?"라는 질문을

통해 추구하는 목표가 갖는 의미를 찾고 확인시킨다.
- "일을 추진하는 데 가장 고민거리는 무엇인가? 고민을 해결하는 데 필요한 것은 무엇인가?"라는 질문을 통해 목표 달성 과정에서 경험되는 장애물을 파악하고 해결한다.
- "장애를 극복하는 과정에서 부족한 능력이나 기술은 무엇인가?"라는 질문을 통해 실패에 좌절하지 않고 대처할 수 있는 방안을 찾는다.
- "이번과 같은 과제를 또 수행한다면 개선할 점은 무엇인가? 어떻게 하면 성공할 수 있는가?" 실패는 성공의 어머니라는 신념을 갖도록 격려한다.
- "이번 단계에서 가장 중요한 목표는 무엇인가? 그 목표를 달성하는 데 미처 수행하지 못한 점은 무엇인가? 이번 일은 다음 단계의 일과 어떤 관련이 있는가?"라고 최종 목표에 이르는 과정에서 단계별 목표를 관리할 수 있도록 질문한다.
- 추구하고자 하는 목표를 달성할 수 있다고 확신하도록, "정말 수고했다. 다음 일도 성공할 거야. 나는 해낼 수 있는 능력이 있다. 나 자신을 믿는다."라고 자기 자신을 인정하고 칭찬한다.

둘째, 일이 재미있도록 여건을 조성한다. 다니엘 골만(Daniel Goleman)은 일하는 과정에서 사람들이 정서적으로 어떻게 느끼고 대응했는지를 중요하게 생각하고 관찰했다. 그는 사람들이 일로부터 긍정적인 감정을 경험하게 되면, 사람들이 더 창의성이 있게 생각하고 유연해지고 복잡한 문제나 상황에 도전적으로 대응하고 잘 적응한다고 주장했다.

그러나 "직원이 체험하는 정서가 성과 수행에 어떠한 영향을 미칠 것으로 생각하느냐?"라는 질문에 대해 리더들은 이율배반적인 생각을 가지고 있다.

일부 리더는 직원들이 일을 하면서 재미를 느끼게 하고 일하는 환경도 재미를 느끼도록 만들어야 한다는 생각에 부정적이다. 일하는 공간은 재미보다 통제를 필요로 하는 곳이라고 생각한다. 재미를 즐기면서 언제 일하고 언제 성과를 낼 수 있느냐는 것이다.

그러나 리더들에게 "일할 때 재미가 없으면 어떤 결과가 나올 것인가?"라고 물으면 성과가 높지 않을 것이라고 생각한다. 일상의 50% 이상을 차지하는 일터가 무미건조하고 삭막할 것이라고 생각한다. 바로 이러한 이율배반적인 인식이 바뀌어야 한다.

셋째, 추진력을 억제하는 심리적 요인을 제거한다. 업무를 효과적으로 추진하기 위해서는 가능한 한 신속히 부정적인 영향을 차단하거나 감소시킬 수 있는 방안을 강구해 적절한 조치를 취하는 노력이 필요하다. 부정적인 요인들 가운데 현재 업무를 추진하면서 직접적으로 관련이 있는지를 생각해 본다.

흔히 추진력을 제한하는 부정적 요인들은 일을 성공적으로 마쳐야 한다는 완벽주의적 사고, 목표 달성에 대한 확신 부족으로 인한 비관적 신념, 반복된 실패 경험에서 비롯된 무력감, 부서나 조직의 미래에 대한 불안감, 성장 비전에 대한 불확실성과 이에 따른 불안 등이다. 당신이 조직을 이끄는 리더라면 이러한 부정적 요인들을 어떻게 해결할 것인가? 현재 상황에서 직접적인 영향요인은 아니라면 앞으로 미칠 영향을 상상하고 대비하는 것이 중요하다.

넷째, 약점에 민감해지는 이유를 찾아 극복한다. 약점에 민감해지는 이유는 성공해야 한다는 마음으로 실패를 보고 있기 때문이다. 이러한 관점을 가지면 결정적 행동을 주저할 수 있다. 따라서 실패

그 자체를 직면하고 이해하는 노력이 필요하다. 삶에서 경계해야 할 것은 실패보다 실패에 민감해지는 심리이다. 원하는 결과가 담대하다면 실패를 무능으로 귀인하는 심리를 극복해야 한다. 이를 위해서는 원하는 결과를 얻지 못했을 때, 그 상황을 인지적으로 처리하고 그 과정에서 생겨나는 정서를 다루는 법을 알아야 한다.

실패를 부정적으로 보면 부정적 감정이 일어나고, 긍정적으로 보면 긍정적 감정이 일어난다. 실패했을 때 다음에는 더 좋은 결과를 만들어 낼 수 있다는 희망을 선택해 보자. 실패할 때 그 원인을 쉽게 내적으로 돌리거나 외부요인으로 돌리며 자신을 방어하면, 자신의 내면을 강하게 할 기회를 놓친다. 실패를 객관적으로 보고 직면하는 용기가 필요하다. 실패를 결과로 보지 않고, 과정의 한 사건으로 본다. 실패로 인해 잃은 것보다 학습한 것을 알아차린다.

다섯째, 자존감을 키운다. 긍정심리학자들의 연구에 따르면, 자신의 강점을 받아들이는 것은 자기확신과 낙관적 시각을 갖는 데 결정적인 역할을 한다(Seligman, 2000). 자신의 강점에 대한 이해도가 높은 사람일수록 자신을 긍정적으로 지각하고, 도전적이고, 행복감을 느낀다. 낙관적인 사고를 가진 사람은 비관적인 사고를 하는 사람보다 운동경기나 세일즈 등과 같은 다양한 목표 행동에서 더 우수한 성적을 보였다. 일이 성공적으로 이루어졌을 때 자신의 능력을 인정하고, 실패하더라도 자신을 무능한 인물로 보지 않는 낙관적인 사고가 목표를 향해 계속 나아가도록 동기를 사극한다. 인간은 온선한 존재이며, 잠재성이 무한하다. 자기 자신을 단정하지 말자.

실행(doing)의 결과를 통해 인정받으려 하면, 성공과 실패의 관점에서 자신을 보고 강점보다 약점에 주의를 기울이게 된다. 존재(being)에 대한 긍정적 인식을 높임으로써 실행력을 높이는 전략이 필요하다. 실행의 결과보다 결과를 만들어 가는 과정에 주목한다. 결과를 만들어 가는 과정에서 필요한 긍정적 인식과 행동은 다음과 같이 요약할 수 있다.

- 실패는 결과가 아니라 더 나은 결과를 만드는 시작이다.
- 나만 실패한 것이 아니라 누구나 실패한다.
- 실패에 묶이기보다 실패로부터 학습하고 극복하려고 노력한다.
- 실패를 두려워하기보다 그 두려움을 극복하고 전진한다.
- 다르게 보려고 한다. 역경을 극복해야 경력이 된다.
- 과정과 결과의 기대 수준에 대한 눈높이를 올린다.
- 원하는 결과를 얻을 수 있는 자원을 확보한다.

원하는 결과를 만드는 잠재성을 가지고 있다는 믿음을 키울 때, 존재감도 커지고 결정적 행동을 성공적으로 실행한다. 그래야 성과도 탁월하다. 자기 자신의 강점과 약점을 본다면, 약점보다 강점을 보자. 그 강점으로 결정적 행동을 실행하고 이를 통해 원하는 결과를 얻을 수 있다고 확신하자.

2. 자기확신에 묶이지 않는다

미래 정보기술개발 프로젝트를 총괄하고 있는 안수영 임원은 회사의 인센티브 정책을 개선해야 한다고 주장했다. 전문성을 지닌 구성원의 기여를 인정하고 더 동기부여하기 위해서는 차별적 인센티브 제도를 도입할 필요성이 있다고 보았다. 그는 유능한 구성원의 잠재성과 역량을 끌어낼 방안이 임원의 권한 범위 내에 없다고 하소연했다. 효과적 리더십 진단(ELA) 결과에서 자기확신 점수가 아주 높았다.

그의 주장은 논리적이며 설득력이 있다. 그러나 본인의 주장에 묶이면서 구성원의 잠재성과 역량을 끌어낼 다른 방안을 생각하지 못했다. 지금까지 구성원을 개인 기여자 관점에서 보았으며, 그들을 팀 기여자로 만드는 방안을 찾거나 실행하지 못했다. 그는 리더십 진단 결과를 리뷰한 후 역할 변화를 약속했다.

"내가 본 나도 중요하지만, 현시점에서 나에 대한 구성원들의 이해가 그들과 신뢰관계를 형성하고 나의 리더십 영향력을 키우는 데 중요함을 알았습니다. 지금보다 거시적인 관점에서 임원 역할을 보고 자기인식을 일깨워 자기확신에 의존하는 경향에서 벗어나도록 노력하겠습니다."

이러한 다짐을 바탕으로 코칭 목표를 거시적인 관점을 갖고 이성과 감성의 균형 리더십을 키우는 것으로 설정했다. 코칭의 주안점은 기존의 사고와 상충하는 상황에서 유연성과 포용력 발휘하는 데 두었다. 이를 위해 세 가지 결정적 행동을 도출했다.

그중 하나는 '구성원 간의 상호이해를 높여 팀워크 강화하기'이다. 이를 통해 개인 기여자를 팀 기여자로 전환시키고자 했다. 그는 중간 리더들과 서로에 대해 장점 세 가지 이상을 피드백하는 집단 활동 프로그램에 참여했다. 여기서 그는 서로에 대한 시각을 바꾸고 관점을 확대시키고 상호 응집력을 강화하는 기회를 가졌다. 이 프로그램에 대한 반응이 좋아서 중간 리더들이 소속 부원들과 같은 프로그램을 자체적으로 진행했다. 이를 통해 상호 친밀감과 연대감을 높였다.

집단 활동 프로그램이 모두 종료된 후 임원과 중간 리더, 부원들이 서로 이해의 폭을 넓혔다. 또 중간 리더와 부원들은 '하나의 팀(one team)' 의식을 공유하고, 개인 기여자에서 팀 기여자로 의식이 확대되는 경험을 했다. 성과 경쟁이 치열한 부서의 각자도생하는 의식에서 팀 의식을 갖게 된 것이다.

안수영 임원은 코칭 초반에 자기주장이 강한 반면, 완곡하게 표현하지 못했다. 코칭이 진행되면서 관점이 확대되고 자신의 생각과 느낌이 주위 사람들에게 어떤 영향을 미치는지를 알아차렸다. 특히 그는 서로 의견이 대립하는 순간에 친밀감과 유연성을 발휘할 필요성을 절감했다. 또 구성원 개인보다 팀의 잠재력과 능력을 발휘하도록 업무환경을 조성하고 인재 육성을 지속하겠다는 의지를 보였다.

1) 자기확신의 양면성

자기확신은 스트레스, 위협적인 도전, 무관심 등이 있는 상황에서도 자신의 능력에 대한 신뢰와 건설적인 사고를 유지하는 능력이다. 자기확신이 강한 사람은 자신의 성공원인을 내면적인 요소, 즉 자신의 능력, 전문성, 경험, 지능 등에 있는 것으로 돌리는 경향이 있다. 이를 심리학적인 용어로 내적 귀인이라고 한다.

자기확신이 높은 사람은 미래의 성공 여부를 통제할 수 있다고 생각하고, 성공을 이루기 위해 부단히 노력한다. 또 긍정적으로 생각하며 성취욕도 강하다. 미래가 불확실해 보여도 확신에 찬 말을 해서 주위 사람들을 자극하고 독려한다. 그러나 자기확신이 지나치면, 타인의 의견을 무시하고 자기 자신의 주장만을 관철시키려고 한다.

CEO는 자기확신이 높은 리더를 도전적이고 직무성과가 우수한 사람으로 평가하지만, 직원들은 그러한 리더를 고집 세고 타인의 입장을 배려하지 않는다고 평가한다. 따라서 직원들은 능동적으로 업무를 추진하기보다는 리더의 지시를 기다리거나 따르는 수동적인 입장을 취할 가능성이 높다.

자기확신에 의존하는 경향이 크면, 객관적으로 자기 자신을 보지 못할 가능성이 크다. 앞서 소개한 안수영 임원과 같이 자기확신이 강한 리더는 직원을 결집시키고 성과지향적으로 이끌어 가는 데 탁월한 리더십을 발휘한다. 그러나 이 과정에서 리더 자신이 생각하고 의도한 행동을 상대방이 다르게 이해하는 경우가 흔히 있다. 리더가 자신의 생각을 타인과 공유하는 소통이 부족하고 타인의 감정과 입장을 헤아리지 못하기 때문이다.

따라서 본인과 타인의 지각 차이를 해소하는 것이 원하는 결과를 얻을 가능성을 높이는 본인의 결정적 행동이라고 해도, 제대로 알아차리지 못한다. 자기확신에 묶여 있기 때문이다.

반대로 자기확신이 너무 낮은 리더는 명확한 비전을 제시하거나 신속하고 단호하게 의사결정을 하는 능력이 부족하다. 이로 인해 CEO나 부원들이 그를 우유부단하고 무능하다고 지각하기 쉽다. 또 겉으로 드러나는 리더십 행동에 대해 본인과 타인 간에 인식 차이가 있다. 그러나 리더 본인이 이러한 차이에 관심을 기울이지 못한다. 자기확신이 너무 높거나 낮은 경우, 타인과의 소통과 사회적 관계관리가 약한 공통점이 있다.

자기확신이 강한 사람의 경우 다음과 같은 특징이 있다. 이들은 경계해야 할 점이다.

첫째, 장애물을 과소평가한다. 주어진 상황을 객관적으로 인지하지 못하고 비현실적으로 해석할 가능성이 높다. 미래에 일어날 사건을 생각할 때, 바람직한 결과를 초래할 영향요인에 주의를 기울이며 지나치게 낙관적이다(Weinstein, 1980). 자기확신이 클수록 일의 성공 요소를 과다하게 긍정적으로 지각하는 반면, 장애 요인들을 간과하거나 더 무시한다.

이 과정에서 타인의 능력을 과소평가하고, 그들의 참여와 협조를 끌어내지 못한다. 그러다가 자신의 능력으로 감내할 수 없는 상황까지 치닫게 된다. 자기확신에 찬 리더는 독단적이고 지배적인 리더십을 발휘하여 인수합병 등과 같은 일을 추진하다 실패로 끝낼 수도 있다(Ferris et al., 2013).

둘째, 의사소통이 일방적이다. '나'를 주어로 사용하는 빈도가 높다. '내가 말하고자 하는 것은~' '내가 생각하는 것이 무엇이냐 하면~' '나는 ~한 상황에서 이런 것을 느꼈다'와 같이 나 또는 내가 주어가 된 말을 반복적으로 사용한다. 이런 어법은 타인과의 대화를 단절시킬 수 있다. 말하는 사람이 자신의 생각이나 신념, 의사결정 내용을 타인에게 강하게 표현하기 때문이다.

듣는 사람으로서는 반대 의견을 내거나 거부하거나 어떤 대안을 제시하기 어렵다. 타인의 다양한 의견을 수렴하고 그들의 참여를 끌어낼 필요가 있을 때, 이런 화법은 부적절하다. 결국 서로의 대화를 단절시키고 상대방의 참여와 지원을 잃는다.

셋째, 대화와 관계가 자기중심적으로 흐를 수 있다. 자기확신이 강한 사람은 자기를 긍정적으로 지각하기 때문에 자기중심성이 강하다. 게다가 직무전문성이 높거나 특정 분야에서 오랜 직무경험을 가지고 있는 사람은 일의 수행 방향에 대한 뚜렷한 입장과 자기확신을 가지고 있기 마련이다.

따라서 타인의 의견을 수용하기보다는 자신의 입장을 관철하는 경향을 보인다. 타인의 의견에 대해 긍정적인 측면보다는 미흡하고 부정적인 측면을 더 보기 쉽고, 오히려 자신의 입장을 더 강화하는 정보로 해석할 수도 있다(Kawamura, 2013). 이로 인해 개인생활이나 일터에서 타인과 갈등하기 쉽다.

자기확신은 행동의 결과가 주는 피드백으로부터 형성된다. 이는 행동의 결과를 스스로 평가한 것이거나 타인의 평가를 반영한 것일 수 있다. 그러나 주목해야 할 점은 피드백을 어떻게 수용하는지에 따라 자기확신이 달라진다는 점이다.

우리는 흔히 어떤 일이 실패로 끝났을 때, 자기 능력이 부족했기 때문이라고 쉽게 결론 내린다. 반복적으로 실패를 경험하면서 '실패는 능력 부족'을 공식화하고 이를 객관적인 사실로 믿어버린다. 다른 상황에서 일어난 작은 실수도 능력 부족이라고 생각한다. 여기까지는 흔히 생각할 수 있다. 실패를 경험하고 자책할 수 있다.

그런데 사람들은 매우 중요한 실수를 한다. 바로 자신의 능력을 키우기 위해 엄청난 노력을 했다는 사실을 쉽게 잊는다. 실패를 경험한 이후에 일어나는 생각의 논리가 맞는지를 객관적으로 따져 보지도 않는다. 이러한 실수를 반복하거나 자기 자신의 능력에 대해 부정적으로 자기 피드백을 하면, 결국 스스로를 무기력하게 만든다. 실패 경험보다 실패 이후 경험하는 심리가 자기확신에 영향을 미친다.

2) 자기확신의 억제 기능

심리학자들은 사고 스타일, 대인관계 스타일, 다양한 정보를 처리하는 기술 등이 자기확신을 형성하는 데 결정적인 영향을 미친다는 점을 연구를 통해 밝혔다(Zhang & Sternberg, 2014). 이러한 요인들이 자기확신이 올바르게 형성되고 발휘하는 것을 방해한다.

첫째, 자기 파괴적인 사고방식이다. 자신의 능력을 긍정적으로 이해할 수 있음에도 불구하고, 자신의 능력을 폄하하거나 부정하는 사고방식이다. 자신의 장점을 보기보다 단점만을 보며, 한 번의 잘못을 일반화해 이후에 일어나는 모든 사건을 부정적으로 본다. 또 큰 의미가 없는 사소한 것을 부정적으로 이름 붙이는 사고와 흑백 논리 형식의 사고 등이 해당된다.

둘째, 완벽주의 사고방식이다. '나는 모든 일을 잘 처리해야 하고, 그 결과를 타인으로부터 인정을 받아야 한다'고 생각하는 사고방식이다. 이런 사고를 자주 하면 오히려 일에 부담을 느끼고 자기 자신의 능력에 대한 신뢰를 형성하지 못한다. 이러한 사고에서 벗어나려면, '모든 일을 완벽하게 할 수 없지. 노력하면 일이 잘될 수 있는 것 아닌가. 나는 잘할 수 있다'고 생각해 보자.

셋째, 타인 평가를 지나치게 의식한다. 다른 사람의 평가에 민감한 사람은 자기 자신의 능력을 낮게 평가하고 신뢰하지 않는다. 또 실패를 두려워하고 능동적으로 어떤 일을 할 수 없다고 생각한다. 이런 사람들은 '능력 발휘 → 자기확신 향상 → 성공 체험'을 제대로 거치지 못한 경험을 했을 가능성이 높다. 다른 사람들의 평가에 더 신경을 쓰기 때문에 의사결정을 신속하게 하지 못한다. 의사결정이 미칠 영향을 다방면으로 따져 본다. 이와 같이 자기 자신의 능력에 의존하기보다는 타인의 평가나 행운, 우연과 같은 비현실적인 기대에 지나치게 의존하며 휘둘린다.

넷째, 객관적인 피드백을 받아 보지 못했다. 자기확신은 물건이나 실체가 아니다. 심리적 과정을 거쳐 형성되는 결과이다. 자기확신에는 행동의 결과에 대한 평가가 개입되어 있다. 만일 타인의 피드백이 정확하게 전달되지 않거나, 상사나 동료, 직원들이 객관적이고 타당한 피드백을 제공하지 않으면 올바른 자기확신을 형성하기 어렵다. 오히려 자기 주관에 얽매이게 될 가능성이 높다. 객관적인 피드백이 부재한 조직은 보수적이거나 폐쇄적인 조직문화와 밀접한 관련이 있다.

자기확신은 자신이 한 일의 결과에 대해 타인으로부터 긍정적인 피드백을 받음으로써 앞으로 어떠한 과제이든지 성공적으로 해낼 수 있다고 확신하고, 자기능력을 신뢰하는 것이다. 이러한 긍정적인 신념은 자기 능력을 지속적으로 고양시키고, 자기 이미지를 긍정적으로 만든다. 또 자신을 보다 주도적으로 표현하고 객관적으로 자신을 인식시킨다.

3) 자기확신을 효과적으로 키우기

자기확신은 다음과 같은 방식으로 강화하면 효과적이다.

첫째, 자존심을 치켜세운다. 사람들은 타인으로부터 인정을 받으려는 동기, 자신의 긍정적인 면을 드러내려는 동기, 자신의 모습을 지키고 보호하려는 동기 등과 같은 다양한 동기를 가지고 있다. 이러한 동기는 모두 자존심을 관리하려는 데에서 출발한다. 대인관계에서 자존심은 사회적 얼굴이다. 자기확신은 무형의 자존심을 신념으로 표현한 것이다. 자기확신은 사회적 얼굴에 대한 긍정적인 평가이며, 적극적이며 도전적으로 행동할 수 있도록 하는 에너지이다.

훌륭한 리더는 직원들의 사회적 얼굴을 긍정적으로 평가해 주고, 인정해 주고, 칭찬해 주고, 치켜세운다. 이러한 긍정적인 피드백이야말로 직원의 자기확신을 높여 주는 중요한 보상 수단이다. 직원의 자기확신을 끌어내고 싶다면, 직원의 자존심을 치켜세우라. 자기 자신에 대해서도 마찬가지이다.

둘째, 자신의 능력을 키운다. 전문적인 직무지식과 기술 등을 학습해 잠재적 역량을 강화한다. 직무 관련성이 높은 지식과 기술을 습득해 자기개발계획을 수립하고 실천한다. 성공하게 된 원인은 운이 아니라 자신의 노력과 능력 때문이라고 생각한다. 또 성공하는 모습을 매일 10분씩 마음속으로 그려 보고, 성공할 수 있다고 생각한다.

셋째, 긍정적 이미지를 높인다. 다른 사람에게 긍정적인 평가를 받으면 어려운 상황도 긍정적으로 자각하게 되며, 새로운 일에 도전할 수 있는 용기를 얻는다. 자신의 강점을 열거해 보고, 타인과 차별화되는 강점을 확인하고, 이를 발휘한다. 어떤 일을 할 때, "반드시 잘 될 것이다."라고 확신에 찬 말을 타인에게 한다. 전문가의 이미지를 주는 의상과 언어, 예절, 몸놀림 등을 배우고 따른다.

넷째, 자신의 의사를 적극적으로 표현한다. 적극적 표현은 타인에게 영향력을 발휘하는 효과가 있다. 이를 위해 '나(저)는~'을 주어로 시작하면서(I-message 사용) 힘 있게 말한다. 또는 마음속으로 '나는 반드시 할 수 있다'고 자기암시를 하고, 부정적인 생각은 버린다. 그리고 대화할 때 상대방과 눈을 마주 보며 이야기하고 자신감 있는 자세와 몸짓을 취한다.

다섯째, 객관적으로 자기를 인식한다. 자기확신이 효과적으로 발휘되려면, 무엇보다 자신의 내면적인 모습과 타인에게 보이는 외적인 모습을 객관적으로 인식하는 것이 중요하다. 이를 위해 다른 사람들의 피드백을 적극적으로 요구하고 수용하는 자세가 필요하다. 또 "실패는 성공의 어머니이다.". 실패를 통해 자신의 약점을 파악하고 이를 육성한다. 특히 자신의 강점과 약점을 열거해 보고, 다양한 계층의 사람들에게 의견을 물어볼 필요가 있다.

3. 역할보다 성향 의존을 경계한다

기업 코칭의 주된 목적은 코칭에 참가하는 리더로 하여금 임명을 받은 역할과 책무를 성공적으로 수행하도록 돕는 데 있다. 따라서 코칭에 참가할 대상자가 속한 직무 기능과 그가 맡고 있는 역할의 교차점은 그에게 어떤 코칭을 할 것인가를 설정하는 출발점이다. 코칭에서 다루었던 주제를 보면, 의사소통, 정서관리, 직원의 육성과 지원, 성과관리, 조직운영 등이 대부분이다.

이러한 주제를 관통하는 공통 관점은 맡은 역할을 성공적으로 수행하기 위한 올바른 행동과 리더의 실제 행동 간의 차이를 찾아 그 간극을 줄이는 것이다. 행동변화의 방향은 현재 행동을 올바른 행동에 맞추는 것이다.

이때 리더가 역할 중심의 리더십이 아니라 자신의 성향(disposition)에 의존한 리더십을 보인다면, 성향 의존성은 원하는 결과를 얻을 가능성을 높이는 결정적 행동을 찾아 변별하고 실행하는 일련의 과정을 억제한다. 또 리더십 발휘를 억제한다. 한 예로, 생산본부의 임원이 맡은 역할을 수행할 때 예민하며 조급한 성향을 우선적으로 드러낸다. 또 리더십 개발을 위한 행동변화 포인트를 찾을 때도 이러한 성향 관점을 취하는 것을 말한다.

1) 갈등과 대립을 회피하는 성향

코칭에서 만난 박규정 상무는 팀장 시절에 맡은 역할을 무난히 수행했다. 업무성과 달성과 팀 운영 모두 성공적이었다. 팀 내의 갈등도 미미했고 팀원들 간의 관계, 팀장과 팀원 간의 관계가 모두 원만했다. 리더십 다면진단 결과와 주관식 피드백을 보면 팀장 그룹에서 상위권에 속했다. 이러한 팀장 리더십은 당시에 긍정적으로 평가되었다. 그가 국내 대리점을 총괄하는 임원으로 승진했다. 초기에는 리더십 측면에서 특이한 이슈가 발생하지 않았다.

그러나 다른 임원과의 협력 관계에서 리더십을 발휘해야 하는 역할을 맡으면서 그의 리더십이 주목받았다. 특히 기획업무를 맡으면서 여기저기서 불만이 터져 나왔다. 다른 임원과의 인간관계는 좋았지만, 업무적인 면에서 새로운 기획이 드물었다. 새로운 기획안이 나왔을 때 임원들 간에 이견이 발생하면, 그 안건에 대한 후속 진행이 더디거나 추진이 중단되는 경우도 발생했다.

그는 기획업무를 수행하는 방식이 자신의 성향과 충돌하는 경험을 했다. 기획안을 추진해야 하지만, 이견이 있는 경우 추진보다 봉합하는 경향을 보였다. 따라서 그는 기획업무 책임자에 맞는 행동변화를 보여야 한다. 그러나 속마음을 드러내지 않고 행동변화도 보이지 않았다.

나는 그에게 다음과 같은 질문을 했다.

- 상무님, 지금 회피하려는 것은 무엇입니까?
- 지금 말하지 않은 것, 드러내지 않은 것은 무엇입니까?
- 마음에 묻어두고 싶은 불편함은 무엇입니까?

코칭을 진행하면서 그의 리더십 신념을 확인했을 때 당면한 리더십 이슈를 이해할 수 있었다. 그는 '갈등보다 조화, 조정할 수 있으면 대립을 피한다'는 개인적인 신념이 확고했다. 그는 갈등과 대립 상황을 적극적으로 접근해 해결하기보다 회피하는 성향을 가지고 있었다. 팀장 리더십을 발휘할 때 그의 성향은 사업 관리와 팀 운영에서 크게 문제가 되지 않았다.

그러나 비즈니스 가치가 있는 숨은 아이디어를 찾아내 사업화하고 도전적으로 일을 만드는 역할을 수행할 때, 그의 성향은 약점으로 작용했다. 문제는 이러한 그의 성향과 신념이 객관적으로 파악되지 못했고, 리더로서 지속적인 성장에 방해요인이 될 수 있다는 피드백을 받지 못했다. 더욱이 리더로서 경력이 쌓일수록 리더십 스타일도 점점 확고해지는 모습을 보였다. 새로운 역할에 맞는 리더십 변화를 회피하고 있다. 그의 갈등회피 성향이 리더십 변화에 필요한 결정적 행동을 억제하고 있다.

나는 코칭 세션에서 그에게 리더십 행동을 스스로 평가할 때, 역할과 성향의 비율을 나눠보고 합이 100%가 되게 요청했다. 그리고 본인 생각과 미리 조사한 상사와 동료들의 의견을 비교해 보도록 타인이 응답한 점수를 알려 주었다. 그는 성향이 차지하는 비율에서 자신의 점수보다 타인의 점수가 훨씬 높게 나타난 것을 보고 당황했다. 자신이 성향을 반영한 리더십을 발휘한다는 생각에 대해서도 놀랐지만, 타인의 피드백을 듣고 더 놀랐다.

그는 직급이 올라가면서 규모가 큰 조직을 잘 운영한다고 생각했는데, 임원의 역할에 맞는 리더십이 아니라 성향에 따른 리더십을 발휘하고 있었다. 회사가 자신에게 기대하는 것은 기획담당 임원의 직무와 역할에 맞는 리더십을 발휘하는 것이다. 그렇다고 이러한 경영진의 기대를 전혀 모르는 것은 아니었다. 그 기대를 역할 관점에서 진지하게 고민하지 않았고, 자신의 성향에 따라 해석하고 대응했다.

그는 임원의 역할을 성공적으로 수행하는 바람직한 모습과 자신의 현재 모습을 비교하고, 차이가 나는 부분을 찾아냈다. 그가 우선 실행할 결정적 행동은 성향보다 역할 중심의 리더십을 발휘하는 것이다. 이를 위해 그는 세부적인 리더십 행동변화 내용과 노력을 역할 수행하는 모습의 차이를 줄이는 것에 집중했다.

2) 대화 상대를 이기려는 성향

대화를 하다 보면, 원래 그 대화를 통해 해결하려는 문제에 대해 이야기를 하다 어느 순간 상대방을 이기려는 대화를 하는 사람이 있다. 이기려는 입장을 취하다 보니 설득력 있게 말하기보다 자신의 생각을 상대방에게 관철시키려고 한다. 심지어 상대방의 마음에 거슬리는 말을 한다. 이러한 대화 스타일을 바꾸지 못하는 이유는 자신의 문제를 객관적으로 보지 못했기 때문이다. 어떻게 하면 대화를 통해 얻고자 하는 것에 집중할 수 있을까? 객관적 피드백은 사고의 전환을 이끄는 중요한 의사소통방법이다.

신소재분야 기술개발을 담당하고 있는 한 임원은 직원들로부터 닮고 싶은 상사로 인정받고 있다. 적어도 그가 가지고 있는 박사학위, 직무전문성, 맡은 일에 대한 자부심, 우수한 연구능력과 활발한 대내외 학술활동, 논리적이며 창의적인 발상, 지속적이며 열성적인 자기개발 노력 등은 선망의 대상이다. 주위 사람들은 이구동성으로 그를 선비이며 학자라고 부른다.

그러나 대화스타일에 대해서는 호불호에 따라 두 집단으로 갈린다. 그와 대화하기를 싫어하는 사람들은 처음엔 그의 기발한 창의적 사고와 논리 정연함에 매료되지만, 의견의 차이를 보이면 점차 그로부터 무시당하는 느낌을 받는다고 말한다.

그는 의견 차이가 발생하는 원인을 상대방의 전문성 부족이나 이해 부족, 대화 주제의 미래 모습을 알지 못하기 때문으로 본다. 따라서 많은 정보를 제공해 자신의 관점에서 부족하다고 판단되는 부분을 채워 주려고 한다. 대화가 수사적이고 장황하다. 급기야 상대를 논리적으로 이기려 한다. 누가 시켜서도 아니고 스스로 선택한 결정이다.

이러한 상황에서 원하는 결과를 얻기 위한 결정적 행동을 찾으려면, 의견 차이로 불편한 대화를 했던 상황에서 자신의 심리를 객관적으로 인지할 필요가 있다. 나는 그에게 스스로 자신의 심리를 체크할 수 있는 다음과 같은 질문을 했다.

- 어떤 감정을 느끼고 있습니까?
- 그 감정에 따라 보이는 생각과 행동은 무엇입니까?
- 지금 본인에게 중요한 것은 무엇입니까?
- 지금 놓치고 있는 것은 무엇입니까?

상대방을 이기려 하는 대화를 하면서 놓치는 것은 무엇인가? 바로 대화의 목적이다. 처음 상대방과 대화를 하고자 미팅을 갖게 된 목적이다. 따라서 대화의 목적을 달성하기 위한 결정적 행동은 의견 차이가 발생했을 때 상대방을 이기려는 경향을 해소하는 것이다.

그는 의견 차이를 처음 인지했을 때 불편한 감정을 느꼈다. 다소 짜증이 나고 대화를 이어가기 어렵다고 생각했다. 이러한 상황 파악은 빨리 대화를 마무리 짓고 싶은 마음을 갖게 하고, 상대방을 논리적으로 이겨야 한다는 결론에 도달한다. 논리적으로 압도해 상황적으로 귀책사유가 상대방에 있다고 봉합한다. 이러한 사고방식이 반복되면서 알게 모르게 학습되고 습관이 되었다.

또 그는 마음 한편에 '상대방보다 내가 더 많이 알고 있다'는 가정을 하고 있다고 고백했다. 이러한 가정은 내 생각을 일방적으로 관철하려는 자세를 갖게 했다. 상대방의 입장을 배려하지 않고 이기려는 대화를 하게 되었다.

지금까지 이기려는 대화를 하는 심리를 종합할 때, 어떤 변화노력이 필요한지를 물었다. 그는 상대방의 말을 경청하는 자세가 필요하다고 결론을 내리고 다음과 같은 행동을 실천하기로 약속했다.

- 의견 차이가 나면 대화의 목적을 상기한다.
- 일보다 사람 중심으로 대화한다.
- 자기 생각을 100% 확신할 때, 그중 20%를 내려놓는다.
- 먼저 상대방의 말을 3분 듣고 질문을 한 후 자신의 생각을 말한다.

3) 불확실성 시대에 주목받는 성향

최근 다변하고 불확실한 글로벌 환경과 코로나19의 위협을 겪으면서 사람들은 기존에 잘 훈련된 능력과 기술을 발휘할 수 있는 일터와 환경으로부터 격리되는 경험을 했다. 사람들은 갑작스러운 환경 변화에 불안을 겪으면서도 늘어난 자유시간을 효과적으로 사용해야 하는 현실에 직면했다.

이러한 환경에서 성장형 마음가짐, 마음 챙김, 회복탄력성과 같은 성향이 환경 변화에 신속하게 적응하는 심리적 자원으로 관심을 받고 있다. 또 사람들이 가지고 있는 일상적 전문성(routine expertise)은 경쟁력을 잃고 높은 수준의 수행능력을 보여 주는 적응적 전문성(adaptive expertise)을 갖출 필요성이 더 커졌다. 기존의 의료 지식과 기술을 사용하는 의사를 적응적 전문가로 양성하는 의료 교육이 대표적인 사례이다(Cutrer et al., 2017).

적응적 전문성은 기존 분야에서 새롭고 독특한 문제나 사례를 해결하는 데 필요한 능력이다. 적응적 전문가는 기존의 숙달한 절차나 문제해결 능력을 사용하지 않고 새롭고 고유한 문제를 해결하기 위해 높은 수준의 새로운 절차를 고안하기 위해 자신의 지식을 활용할 수 있다(Hatano & Inagaki, 1986).

그들은 전통적으로 성과를 내는 방식과 규칙, 원칙을 적용하지 않고 적응적 전문성을 활용해야 하는 상황을 포착할 수 있다. 이러한 인지적 유연성을 통해 더 나은 성과를 낼 수 있다. 또 사회 각 분야에서 적응적 전문가는 관련 경험과 지식을 쌓기 위해 부단히 노력한다.

일반적으로 그들의 성향은 상황 변화에 유연하며 사람들이 가지고 있는 능력과 기술을 현실에 맞게 최대한 활용하는 데 도움을 준다. 국내외 경영환경이 변화하면서 조직의 리더와 구성원은 상황 변화를 제대로 읽고, 담당 업무와 역할을 성공적으로 수행하는 데 필요한 새로운 직무 역량과 리더십을 개발해야 한다. 기존에 학습하고 활용했던 것과는 질적 속성이 다르다. 산업사회 이후 정보통신기술의 발전과 인터넷, AI기술의 발전은 우리 삶의 환경에 근본적인 변화를 만들고 있다. 이러한 변화에 적응하기 위해서는 창의적인 변화와 혁신을 추구할 필요가 있다.

따라서 개인의 능력과 역량이 원하는 결과를 만들어 내는 공식은 바뀌어야 한다. 조직 리더가 맡은 역할을 수행할 때, 자기 자신의 성향은 원하는 결과를 얻기 위한 결정적 행동을 찾고 실행하는 것을 억제했다. 그러나 마음 챙김과 같은 일부 성향은 역할을 수행하는 데 도움을 준다. 따라서 앞으로 어떤 성향이 기존의 능력과 역량을 효과적으로 발휘하는 데 도움이 되거나 위협이 될 수 있는지를 탐구할 필요가 있다. 또 어떻게 관련 성향을 효과적으로 학습하고 개발할 수 있는지에 대한 방법도 마련되어야 한다. 이러한 관점에서 성향이 가질 미래 가치를 아직 단언하기 어렵다.

4. 코칭 사례: 숨은 강점의 발견

국내 대기업의 한 그룹장은 큰 조직에 대한 경험 부족으로 감당할 수 있을지 염려가 크다고 속내를 말했다. 나는 당면한 이슈와 과제들에 집중한 시선을 내려놓고, 먼저 자기 자신에 시선을 두도록 요청했다. 나는 다음 미팅까지 '더 나은 나는 어떤 모습인가?'에 대해 생각해 볼 것을 요청했다. 그도 코칭과제를 흔쾌히 수락했다. 약 2주 후 첫 미팅을 했다.

코치: '더 나은 나 찾기'를 통해 알게 된 것은 무엇입니까?

리더: 더 나은 나의 모습을 찾기 위해, 지금까지 나는 어떤 리더였는지 생각했습니다. 정리를 해 보니, 긍정적인 마인드를 가지고 있고, 목표지향적이고, 책임감과 사회성이 좋다고 생각했습니다. 그런데 혹시 나를 더 아는 방법은 없을까요?

코치: 먼저 요청을 드린 사항에 대한 답을 찾아봐 주셔서 감사합니다. 그동안 나눈 대화에서 말씀하신 특성들을 느꼈습니다. 그럼, 자신의 강점을 찾는 방법이 있는데 이를 같이 해 보겠습니다.

나는 '성공 사례 분석하기' 방법을 통해 그의 강점을 함께 찾아보았다. 이 방법은 다음과 같은 네 가지 요소를 순차적으로 탐구한다.

- 상황(situation)
- 과제(task)
- 행동(act)
- 결과(result)

나는 먼저 자신의 대표적인 성공 사례를 떠올려 보도록 했다. 그리고 그 사례가 당시 어떤 상황이었는지 구체적으로 설명해 줄 것을 요청했다. 이어서 그때 수행한 과제는 무엇이고, 그 과제를 수행하기 위해 실제로 한 행동은 무엇인지, 그 행동의 결과가 무엇인지를 질문했다. 그리고 그가 원하는 결과를 성공적으로 만들게 한 그의 특성이 무엇인지에 대해 대화를 나눴다.

이러한 STAR 방법을 통해 알게 된 것은 그는 집중력이 뛰어났고, 상대방을 배려하면서 열린 소통을 잘하고 효과적으로 질문과 경청을 하는 탁월한 의사소통 능력을 가졌다는 것을 알았다. 그가 사회성이 뛰어난 것과 연관이 높아 보였다.

코치: 강점 찾기를 하면서 느낀 점과 생각한 것은 무엇입니까?

리더: 성공 사례를 통해 강점을 찾는 방법이 흥미롭습니다. 저의 내면을 스캔하는 느낌을 받았습니다. 함께 일하는 구성원들에게 해 보겠습니다. 목표 달성에 대한 책임감을 느낄 때 일에 집중하고, 그러다 보면 챙겨야 할 것을 놓치는 때도 있습니다.

코치: 챙겨야 하는데 놓치는 것이 있다면 어떤 것일까요?

리더: 중간 리더나 구성원에게 피드백하고 소통해야 하는데, 일에 집중하다 보면 제대로 못합니다. 피드백을 미루고 주로 요구사항을 말하게 됩니다.

코치: 그렇군요. 지금까지 나눈 대화를 정리하고 다음 대화를 나눠 볼까요? 강점 찾기를 통해 알게 된 것을 포함해 생각하면 됩니다. 정리하는 형식을 알려 드리겠습니다. 이렇게 해 보십시오. 현재 나는 어떤 리더인데 앞으로 어떤 리더가 되고 싶다.

리더: 결과지향적인 리더십은 두드러지는데, 일이 바쁘고 제대로 풀리지 않을 때 다른 강점을 제대로 살리지 못했습니다. 일에 집중하느라 상대방을 배려하지 못했고 소통을 더 하겠습니다. 일 중심의 리더에서 일도 챙기고 사람도 챙기는 균형 리더십을 갖춘 리더가 되고 싶습니다.

코치: 강점과 부족한 점을 균형 리더십과 연결하셨군요. 잘하셨습니다. 그럼 조직 규모와 업무량은 더 늘었는데 인력 규모는 정체된 현재 상황에서 균형 리더십을 발휘한다고 생각해 보십시오. 기존 리더십에서 꼭 달라져야 하는 것은 무엇입니까?

리더: 우선 달라져야 할 것은 조급함을 줄이고 여유를 가져야

> 하고, 뭔가 지시를 하려고 생각할 때 먼저 경청을 더 하겠습니다. 혼자서 모든 것을 해결하려고 애쓰기보다 구성원들이 자신의 능력을 발휘하도록 임파워링하고, 맞춤형 교육을 할 필요가 있다고 생각했습니다.

이와 같이 기존에 자신의 강점으로 인지하고 있는 것이 있더라도, 새로운 방법으로 자신의 강점을 더 찾는다면 현실을 다르게 볼 수 있는 시선과 기회를 갖게 된다. 이러한 경험을 통해 자기확신을 더 높인다. 자기확신을 높이게 되면, '변화 요구–결정적 행동–원하는 결과'의 연계성을 강화하고 지속하는 자신의 노력에 대한 믿음을 갖는다. 또 자신의 노력을 긍정적으로 평가한다. 이를 통해 자존감이 높아진다. 이러한 긍정적인 심리자원은 원하는 결과를 만드는 효과성 프레임워크의 활용을 촉진한다.

생각 파트너의 심리코칭

다음 질문에 대한 생각을 정리해 보십시오.

- **생각(Think)**: 개인생활과 일터에서 원하는 결과를 얻기 위해 집중할 때, 자기확신은 어떻게 작용하는지 대표적인 사례를 떠올려 보십시오. 해당 사례를 간략히 작성합니다.

___

___

___

- **선택(Choose)**: 작성한 사례를 볼 때, 변화가 필요한 점을 생각합니다.

1. 어떠한 변화가 필요합니까? ___

___

2. 현재 상황에서 가장 변화가 필요한 것 한 가지는 무엇입니까? ___

___

3. 그렇게 선택한 이유는 무엇입니까? ___

___

4. '변화 요구-결정적 행동-원하는 결과'의 연결을 강화하는 것과 어떤 관련이 있습니까? ___

___

- **실행(Act)**: 선택 이유에 맞게 행동변화를 시도한다면, 구체적으로 무엇을 하겠습니까?

___

___

___

내면의 지지자를 만든다

"외부 요구에 의한 삶의 변화는 불가능하다. 변화는 내면으로부터 나와야 한다."
– 릭 워렌(Rick Warren), 『The Purpose Driven Life』 저자

자기수용을 통해 존재감을 키우고 자기대화를 하는 것은 내면의 지지자를 만드는 효과적인 방법이다. 대표적인 자기대화는 신년 다짐이다. 원하는 결과를 얻기 위해 어떻게 느끼고 생각하고 행동할 것인가에 대해 내면의 자기와 갖는 대화이다. 자기인식을 통해 변화의 방향과 실천행동이 마련되면 내면의 자기와 대화한다. 행동변화에 대한 지침과 암시를 주고 때론 명령한다. 변화의지와 실천약속이 지켜지도록 감시한다. 또 '변화 요구–결정적 행동–원하는 결과'를 실행하는 과정에서 경험하는 통찰 심화를 통해 더 나은 해법을 찾아본다.

1. 자기수용을 통해 존재감을 키운다

다변하고 예측 불가능한 환경에서 자기수용은 건강한 삶을 사는 인지전략이며, 원하는 결과를 얻는 결정적 행동을 촉진한다. 건강한 삶을 살기 위해서는 숙련된 자기관리가 필요하다. 숙련된 자기관리는 자신이 생각하는 삶의 목적에 맞게 자기인식, 자존감, 자기수용의 역동적인 관계를 합리적으로 만들어 가는 것이다.

자기인식은 자신이 처해 있는 삶의 맥락과 사회적 관계에서 일어나는 변화를 잘 읽고, 자기 존재와 연계해 해석할 수 있는 인지 활동이다. 숙련된 자기관리를 위해서는 자기인식이 늘 깨어 있어야 한다. 자기인식이 기능을 못하면, 자존감과 자기수용은 긍정적이지 못할 가능성이 높다.

자존감은 특정 삶의 조건 속에서 자기를 긍정적으로 의식하고 평가하는 개념이다. 예를 들어, "나는 성공했다. 그 결과로 나의 자존감이 높아졌다." 등이다. 높은 자존감은 사회적 통념으로 볼 때 바람직한 모습이다. 이러한 시각에서 사람들은 높은 자존감을 갖기 위해 그 체험을 충족시키는 삶의 조건을 만들려고 애쓴다. 삶의 조건은 성공이다. 이 조건을 만들기 위한 우리의 삶은 어떤가? 기쁨과 행복도 경험하지만 고뇌와 스트레스, 갈등, 타인과의 경쟁 속에서 상처를 주고받는다. 이러한 것들이 심리적인 건강을 해친다. 이러한 문제를 어떻게 해결할 수 있을까? 자기수용의 삶을 사는 것이다.

자기수용은 조건 없이 있는 그대로의 나를 받아들이는 것이다 (Ellis, 1994). 주어진 삶의 맥락에서 사회적 관계를 유지하면서 자기인식과 자존감을 포함해 체험하는 모든 것을 있는 그대로 받아들이는 것이다. 자신의 긍정적인 것과 부정적인 것, 강점과 약점, 가지고 있는 것과 가지고 있지 않은 것 등에 따라 흔들리지 않고 현재의 자기 자신을 온전한 존재로 받아들이는 것이다. 자기수용을 통해 인간은 지속적으로 성장하고 진화하면서 변화를 만들어 낼 수 있다.

박수용 상무는 임원 코칭에 참여하면서 부원의 존재감을 더 키우고 그 과정에서 체험되는 긍정성을 더 나은 성과를 만드는 심리적 자원으로 사용하는 것이 가능하다는 체험을 했다. 그는 부원들이 긍정성을 체험하도록 그들의 성장을 돕고, 칭찬과 인정, 생산적인 피드백을 하고 상사의 질책을 방어하는 우산 역할을 하는 데 충실했다.

그러나 코칭에 참여하기 전에는 이러한 과정에서 생성되는 긍정성을 성과와 연계하는 전략적 활동은 부족했다. 부서의 긍정성을 높이는 것과 프로젝트의 생산성을 높이는 활동을 독립적으로 관리했다. 특히 임원과 부서의 중간 리더, 부원 간의 개별적인 소통은 활발히 이루어졌지만 집단 역동을 활용하는 사례는 없었다.

코치: 상무님께서 자기한계를 극복하면서 원하시는 결과를 얻었고 부원들에게 같은 경험을 하도록 도와주고 있습니다. 부원 개인으로 보면, 자기 성장의 기회를 만들어 주고 부원 육성을 지원한다는 측면에서 도움이 될 것입니다. 부원들의 관계에서 그들이 서로를 더 이해하는 경험을 하는 것은 현재 조직관리에서 어떤 도움이 되겠습니까?

상무: 일이 바쁘다 보니 개인도 잘 챙기지 못하고 있습니다. 프로젝트 팀 내와 팀 간에 업무 외에는 별다른 활동을 전혀 못하고 있습니다. 서로를 이해하는 시간을 갖는다면 아마 처음일 것 같은데요. 내용과 방법을 알려 주시면 다음 미

팅 전까지 실행해 보겠습니다.

나는 '상호이해 높이기'라는 소그룹 활동을 팀 활성화를 위한 방법으로 활용했다. 팀이 구성되고 6개월 이상이 경과했으나 팀의 역동성이 부족한 경우, 팀 역동이 활발하지만 새로운 비전이나 도전적인 목표가 제시되면서 하나의 팀으로서 응집력을 키울 필요가 있을 때 주로 활용했다. 다음의 운영 절차를 따르면 된다.

① 진행 준비

- 리더와 구성원이 둥글게 둘러앉는다.
- 참여 인원은 7명 이내가 적절하다.
- 각자 메모지(뒷면에 접착력이 있는 용지 사용)와 필기도구를 준비하고 참여한다.

② 진행 방법

- 리더가 이번 활동의 취지를 설명한다.
- 구성원 1에 대해 리더를 포함해 나머지 참가자들이 각자 함께 일하면서 경험한 그의 긍정적인 모습에 대해 메모한다(예, 그는 ○○○한 사람이다). 긍정적인 측면은 장점, 강점, 인성, 행동 등으로 표현하며, 최소 3개 이상을 적는다. 부정적인 내용은 절대 포함하지 않는다.
- 모두 작성을 마치면, 돌아가면서 구성원 1에게 피드백한다. 한 사람이 피드백하고 작성한 메모를 구성원 1에게 전달한다. 메모지를 그의 몸에 붙여 준다. 피드백을 받는 사람은 피드백의 내용을 부정하지 않고 있는 그대로 나의 모습이라고 받아들인다.

- 첫 번째 사람이 피드백과 메모 전달을 마치면, 다음 참가자가 같은 절차를 반복한다.
- 참가한 모든 사람(리더 포함)이 다른 사람으로부터 피드백을 받는다.
- 종합정리 시간: 리더는 다른 사람으로부터 피드백을 들을 때 경험한 느낌과 생각을 자유롭게 이야기하도록 요청한다. 참가자는 각자 자신의 생각과 느낌을 발표한다. 리더는 주요 시사점을 정리하고 참여자와 공유한다. 이때 리더는 활동을 절대로 평가하지 않는다.

③ 진행 결과

이 활동의 결과는 아주 긍정적으로 나타났다. 처음에는 현업 업무로 바빠서 시간이 부족하다는 이유를 들어 진행에 부정적인 의견도 있었다. 임원은 부정적인 의견을 경청하고 계획대로 진행했다. 소그룹 활동이 진행되면서 처음에는 서로 서먹했지만, 이내 활발한 대화가 오고 갔다. 활동의 후반에 각자 피드백을 들을 때의 느낌과 생각을 자유롭게 이야기하도록 요청했을 때, 기대 이상의 반응에 모두 놀랐다. 주요 내용은 다음과 같다.

- 자기 일에만 관심을 가진 줄 알았는데, 서로 소통을 원했다.
- 이전보다 더 가까워진 느낌이다. 자주 했으면 좋겠다.
- 동료나 선배의 눈에 비친 내 모습을 직접 들어서 좋았다.
- 나에 대한 피드백을 들으면서 나 자신을 더 폭넓게 이해했다.
- 다른 사람의 일부만 알면서도 전부라고 생각했다는 것을 알았다.

자기수용은 현재 있는 그대로의 나를 받아들이는 인식이며 행동이다. 자기에 대한 인식은 존재(being)로서의 자기도 있고, 원하는 결과를 만드는 실행(doing)을 통해 이루는 성취와 그에 따라 지각한 긍정적 자기도 있다. 두 가지의 내용이 상호 연결되고 균형을 이룰 때 자기수용의 가능성은 커진다.

원하는 결과를 만들기 위해 노력하는 과정에서 실패를 거듭하고, 반복된 실패를 통해 무력감이 커진다면 무력감을 해소할 에너지원이 있어야 한다. 존재에 대한 가치와 긍정적 인식만으로 실행에서 결손된 자기를 치료하고 보듬을 수는 없다.

자기수용은 자신의 긍정과 부정, 강점과 약점 등에 대해 조건 없이 자기 자신의 전체 모습을 있는 그대로 받아들이는 것이다. 역설적이지만 긍정적 자기지각이 객관적으로 확실히 존재할 때 사람들은 자기 판단을 멈춘다. 자기 자신에 대해 평가하고 판단하기를 멈출 때 자기수용이 가능하다. 자존감을 높이는 한 방법은 자신을 수용할 수 없는 점을 찾아 개선하는 것이다. 자기수용이 일어나면, 자존감이 향상되는 이면에는 자기수용의 조건이 충족되면서 작동하는 심리가 있다.

일터에서 자신의 가치를 객관적으로 알아보자. 자신의 진정한 가치를 파악하는 것은 삶의 주체인 자기 자신의 책임이다. 다음과 같은 활동을 통해 자신의 가치를 찾고 존재감을 키워 본다.

- 자신이 잘하는 것이 무엇인지에 대한 타인의 피드백을 통해 찾아본다. 성과 피드백 자료, 각종 다면진단 결과 등을 통해 가장 높게 평가된 자기 잠재성을 찾는다. 잠재성의 가치를 알아볼 수 있는 진단을 활용해 본다.

- 자신의 잠재성이 일의 성과와 어떤 관계인지를 객관적으로 파악한다. 자신의 가치는 스펙이 좋다고 확보된 것이 아니다. 잠재성은 외부의 요구와 평가 기준에 부합하는 결과로 나타나야 한다.
- 자기평가를 통해 자신의 가치를 가늠해 본다. 자신에게 나는 어떤 존재인가? 어떤 가치를 실현시킬 수 있는지를 자문해 본다. 자기 내면의 목소리가 이에 대해 답을 줄 수 있다.
- 진정한 자기 가치를 높일 수 있는 구체적인 활동이 있는지를 본다. 지속적인 학습과 성장 노력은 자신의 가치를 높이는 효과적인 방법이다.

국내 영업을 담당했던 한 임원은 소속 부원에게 고함을 치는 자기 모습을 보고 순간 놀랐다. 영업실적이 부진한 것도 아니고 향후 시장의 흐름을 전망하면서 영업전략을 논의하는 자리였다. 특별히 문제가 될 것이 없는 상황이라 그 자리에 있던 회의 참가자들은 모두 긴장했다. 임원이 고함을 치게 된 것은 회의에 집중하지 못하는 김 차장의 시선 때문이었다.

특히 임원이 그를 쳐다보며 대화를 할 때에도 시선을 다른 곳에 두는 빈도가 높았다. 어느 순간 그가 시선을 다른 곳에 돌렸을 때, 임원은 "똑바로 회의에 집중하지 못해, 지금 이 중요한 자리에서 뭐 하는 거야. 모두 진지하게 토론을 하고 있는데."라고 소리쳤다. 다른 사람들이 놀란 것은 고함 때문이 아니라 평소 임원의 모습과는 너무 달랐기 때문이다.

임원 코칭에서 알게 된 것은 그의 엄격한 부모의 양육과 무관하지 않았다. 어린 시절 부모의 질책이나 교훈을 담은 훈육이 있을 때는 자세를 바로잡고 부모님의 말씀에 집중해야 했다. 자세가 흐트러지거나 집중하지 않으면 몸가짐과 태도에 대한 훈육이 추가되었다. 임원이 가장 싫어하는 부분이고 임원으로 승진할 때, 부원의 입장을 배려하고 포용하는 형님 리더십을 발휘하겠다고 다짐하기도 했다.

그러나 회의에서 겉으로는 태연한 모습을 보였지만 영업실적을 더 올려야 한다는 심적 부담을 갖고 있는 상태였다. 임원의 내적 긴장감이 김 차장의 집중하지 못하는 회의 태도와 자세에 대한 불만으로 전이된 것이다.

자기수용은 긍정적 자기와 부정적 자기를 포함하는 자기 전체에 대한 지각과 인식이다. 자기수용은 자기에 대한 평가와 판단, 심판을 멈췄을 때 의식될 수 있는 개념이다. 지금 여기, 이 순간에 자신을 바라보는 관점에 대한 것이다. 발달심리학자들의 연구에 따르면, 8세 이전의 아동은 자아를 형성하기 어렵다. 그전에는 주로 부모, 형제 등이 인정하는 자아상이 아동의 자아형성에 기준이 된다. 따라서 이 시기에 형성된 자아의 모습이 성인이 되어 자기를 수용하는 데 영향을 미친다.

자기수용을 효과적으로 하는 방법은 다음과 같다.

첫째, 자기인식에 대한 이해를 높인다. 자기 자신을 어떻게 지각하고 이해하고 있는지는 자기수용의 과정에서 중요한 출발점이다. 자기인식과 자기에 대한 타인인식에 균형감이 있는지를 알아본다. 자신의 강점과 성취에 대해 정리해 본다. 주위 사람들이 자신을 어떻게 지각하고 있는지에 대해서도 객관적으로 파악해 본다.

오른손에는 자기인식, 왼손에는 타인인식을 올려놓는다. 긍정적인 자기인식도 있고, 부정적으로 자기지각을 하거나 자기제한적 신념에 따라 자신의 의지와 능력에 한계가 있다고 단정할 수 있다. 타인인식에 부정적인 내용이 있다면, 그 원인을 분석해 본다. 주위 사람이 나를 신뢰하지 않는다면, 그 이유는 자신의 불안한 마음으로 인해 나에 대해 확신을 갖지 못하기 때문일 수 있다. 내가 신뢰할 수 없는 존재가 아니라, 나에 대해 확신을 갖고 있지 못한 그의 불안이 문제이다. 따라서 나에 대한 그의 인식을 고려할 필요가 없다.

두 손에 있는 내용을 바라보며 어떻게 받아들이고 있는지를 확인해 본다. 타인이 나와 다름을 인정하고, 그 다름이 갖는 다양성의 가치와 의미를 존중한다. 두 손이 균형을 유지하기보다 어느 한쪽으로 기운다면 그 이유를 찾아본다. 이러한 활동을 통해 두 손으로부터 균형감을 느껴 본다.

둘째, 자기비판을 검증한다. 자기 자신에 대해 부정적인 생각을 가지고 있다면, 그 생각을 갖게 된 심리를 분석해 본다. 자신에게 엄격한 잣대를 적용하고 있는지, 완벽주의 신념 또는 높은 기대를 갖는지 등을 찾아본다. 만일 그와 같은 생각을 가지고 있다면, 자기비판은 존재에 대한 것보다 인식의 문제이다.

높은 기대를 가지고 있다면 현실적인 기대로 바꿔 본다. 실패한 일에 민감하고 무력감과 좌절감을 갖는다면, '그럴 수도 있지'라고 자신을 관대하게 대해 본다. 자신을 부정적으로 대하는 기본가정을 갖고 있는지 확인해 본다. '나는 지적이지 않다'고 가정하면, 작은 실수도 자신의 지적 능력을 저평가하는 근거로 과대하게 해석할 수 있다. '모든 사람들은 누구나 실수를 한다'고 생각하며 과대하게 해석하지 않는다. 그 가정을 검증해 본다.

지금까지 성공적으로 일을 마무리했던 경험을 상기해 본다. 또 다른 면에서 전문성과 재능, 능력이 있다는 것에 자부심을 가져 보자. 이러한 대응을 통해 작은 실수를 지적 능력을 부족으로 단정하지 않게 될 것이다.

셋째, 자기 자신을 품는다. 사람들은 각자 고유한 존재적 가치를 가지고 있다는 신념을 받아들인다. 자기 자신에 대한 생각과 느낌, 정서의 선택은 바로 자신의 것이다(Glasser, 1998). 자신에 대해 연민하고 긍휼하는 감정을 갖고, 자신을 품어 준다. 다른 사람에게 화를 내고 상처를 주는 말을 했다면 그 사실에 대해 인정한다. '그와 같이 화를 내고 상처를 주는 말은 나 자신에게도 불친절하고 불편함을 주는 것이다'고 인정한다. 이때 자신에게 솔직하고 진정성을 갖는다.

거울에 비친 자신을 보듯이 화를 내고 상처를 주는 말을 한 자신을 보고, 그 모습에 연민을 가져 본다. '지금은 감정이 격해져서 실수를 했지만, 같은 상황이 다시 일어난다면 더 지혜롭게 대처할 수 있다. 지금 이 순간에 알아차림을 갖게 된 것에 대해 감사한다'고 생각한다. 자신을 관대하게 대하고 잘못을 용서하는 마음은 자기 자신을 품는 바탕이다.

넷째, 타인의 도움과 지지를 받는다. 벤샤하르(Ben-Shahar, 2021) 등 행복을 연구하는 심리학자들은 행복한 삶을 누리고 싶다면 주위에 긍정적이고 행복을 누리는 사람들을 두라고 조언한다. 행복감을 느낄수록 자기수용의 가능성은 높다. 나를 이해하고 지지하고 응원해 줄 수 있는 사람들과 사회적 관계망을 구축한다.

주위 사람과 갈등이 생겼다면, 갈등을 회피하기보다 그 사실을 인정하고 직면한다. 갈등관계에 있는 사람에게 열린 대화를 나눠 본다. "지금 이 사건으로 인해 서로 불편함을 느끼고 있습니다. 나는 이 불편함을 풀기 위해 노력하고 있다고 생각하지만, 당신에게 만족감을 주지 못하고 있다고 생각합니다. 어떻게 하면 이 갈등을 해결할 수 있겠습니까?"와 같이 말해 본다.

자기수용은 현재 상태에 머무르는 것이 아니다. 현재의 모습을 있는 그대로 객관적으로 인식하고 아무 조건 없이 받아들이는 것이다. 그리고 자신의 현재 모습을 미래지향적으로 본다. 또 미래에서 현재를 바라본다. 이와 같이 관점을 바꿔 볼 때, 내면에서 일어나는 감각에 집중한다. 그 감각은 내게 무엇을 말해 주는가? 어떤 변화를 요청하는가? 이 질문에 대한 답을 토대로 더 나은 나를 향해 전진하도록 노력한다. 내면에 울림이 있을 때, 앞의 제2장 '1. 사람들은 강요된 변화에 저항한다'에서 소개한 포커싱 기법을 사용해 그 감각을 읽어 본다.

2. 자기대화로 내면의 지지자를 만든다

자기대화에는 자신의 의식적인 생각과 무의식적인 신념이 포함되어 있다. 자기대화는 두려움을 떨쳐내고 자신확신을 높이는 긍정적인 내용일 때 효과적이다. 자기대화를 통해 생각과 행동변화를 촉진할 수 있다. 일상에서 자주 내면의 대화를 하지만, 이에 대한 이해가 부족해 자기대화의 긍정적 영향력을 활용하지 못하고 있다. 자기대화에 작동하는 심리를 살펴보자.

사람들이 원하는 결과를 얻기 위해 어떻게 느끼고 생각하고 행동할 것인가에 대해 내면의 자기와 대화를 갖는다. 자기인식을 통해 변화의 방향과 실천행동이 마련되면 내면의 자기와 대화를 통해 행동변화에 대한 지침과 암시를 주고 때론 명령한다. 변화의지와 실천약속이 지켜지도록 감시도 한다. 원하는 행동변화가 이루어지는 방향으로 인식과 행동이 옮겨 가도록 특정 느낌과 생각을 뇌에 반복적으로 주입해 행동변화에 필요한 느낌, 생각과 행동에 집중하도록 한다.

자기대화의 방식에는 타인이 인지하지 못하게 자기 내면과 갖는 내현적 대화와 어떤 의도 없이 구시렁거리는 것과 같이 타인이 알아들을 수 있는 외현적 대화가 있다. 운동선수들은 주문을 외우듯이 "지금 너무 서두르고 있다. 천천히 차분하게 하자."와 같이 자기 자신에게 속삭이듯 말을 하기도 한다. 이러한 내현적 대화와 달리 의례적 언행으로 "가자!" "파이팅!" "난 할 수 있다."라고 두 손을 번쩍 들며 소리치기도 한다. 이러한 외현적 대화는 다른 사람이 들으라고 외치는 것이 아니라, 자신을 독려하고 자기최면을 거는 것이다. 다만 대화가 겉으로 드러날 뿐이다.

스포츠 심리학자들의 연구에 따르면, 두 유형의 대화는 모두 경기 성과를 향상시키는 데 도움을 주는 것으로 나타났다(Latinjak et al., 2020). 이와 같이 자기대화는 결정적 행동의 실행을 촉진하며, 그에 따라 원하는 결과를 얻게 된다.

자기대화는 대화의 내용에 따라서 긍정적 대화, 웅얼거림처럼 중립적 대화, 부정적 대화가 있다. 원하는 결과를 얻기 위해서는 자기대화의 긍정적 영향을 높이고 부정적 영향은 최소화되도록 관리한다.

첫째, 긍정적 자기대화는 원하는 결과를 얻는 데 필요한 느낌과 생각을 지지하고 응원하는 대화를 내면의 자기와 갖는 것이다. 타인과의 대화가 기대하는 방향으로 전개되지 않을 때, 쉽게 화를 내는 리더는 자신에게 반복해서 다음과 같이 질문한다.

"이 대화를 통해 내가 진정으로 원하는 것은 무엇인가?"

그리고 타인과 자신에게 관대해지도록 내면의 자기에게 "그럴 수도 있지."라고 말한다. 열심히 노력하는 자신이 자랑스럽다고 생각하며 성공 사례에 대해 자축한다. 이러한 자기대화를 생활 속에서 실천하다 보면 화를 다스릴 수 있다.

이와 같이 자기대화의 내용이 두려움을 떨쳐내고 자기확신을 높이는 것일 때 효과적이다. 긍정적 자기대화를 통해 생각과 행동변화를 촉진할 수 있다.

둘째, 부정적 자기대화이다. 국내 영업을 총괄하고 있는 한 임원은 영업실적이 목표에 미달하거나 기대 수준에 미치지 못할 때 항상 구시렁거리는 습관이 있다. 사업부 내의 팀장들과 회의를 할 때 그의 구시렁거리는 습관은 팀장들에게 암묵적으로 회의 분위기를 예상할 수 있는 단서이다.

이 사실을 모르는 사람은 단 한 사람은 임원 자신이었다. 그도 자신의 대화 습관에 대해 피드백을 받아 본 적이 없기 때문에 팀장들이 회의 태도가 적극적이거나 그렇지 못한 경우도 있는 불규칙한 모습을 이해하지 못했다.

부정적 자기대화가 다른 사람에게 심각한 영향을 미치기도 한다. 긴장이나 의기소침, 불안, 무력감을 일시적으로 느끼게 하지만, 장기적으로는 자존감을 상하게 할 수 있다.

코칭에서 만난 한 팀장은 실수를 할 때마다 '나는 팀장으로서의 역할을 제대로 못하는구나'라고 자책했다. 역할을 제대로 못하는 사람이라고 자기평가를 하면서 무의식중에 리더십에 대한 무력감을 느꼈다.

나는 그 팀장에게 최근에 역할을 제대로 못했다고 단정한 사례를 상기하도록 했다. 이어서 "먼저 당시 실수를 하게 된 가능한 원인들에 대해 말씀을 나눠 보겠습니다. 팀장님은 가능한 원인들이 무엇이라고 생각하십니까? 떠오르는 대로 메모지에 작성해 보십시오."라고 요청했다. 그가 실수의 원인이 팀장의 역할 수행 능력 부족이라고 내적 귀인하기 전에 객관적으로 있을 수 있는 영향요인들을 찾도록 했다.

팀장은 학창 시절을 떠올렸다. 그의 아버지는 아들에게 학업성적이 우수하길 바랐다. 성적이 기대하는 수준이 아닐 때는 항상 "아버지가 제대로 챙겨 주질 못했구나."라고 자책했다. 아들의 성적 부진을 아버지로서 공부하기 좋은 환경을 제대로 만들어 주지 못한 탓으로 돌렸다. 팀장은 아버지의 한숨 섞인 자기대화를 마음에 새겨들었다.

"지금 나는 팀장으로서 내 역할을 제대로 하고 있는가?"에 대해 수시로 자문했다. 그러나 리더로서 자신의 역할을 성찰하는 것은 바람직하지만, 그 생각에 묶이는 것은 바람직하지 않다. 지금 그때를 돌이켜 보면 아버지 탓은 아니었다.

이후 팀장은 자신의 실수가 역할 능력의 부족 때문만은 아니라는 것을 인식하게 되었다. 상황을 이전보다 객관적으로 살피고 분석하게 되었다. 팀장의 사례에서 보듯이 부정적 자기대화는 타인의 자기인식에 부정적인 영향을 미칠 수 있다. 또 자신의 결정적 행동을 억제한다.

이와 같이 부정적 자기대화는 다른 사람에게 긴장이나 불안을 일시적으로 느끼게 하며, 장기적으로는 자신의 자존감을 상하게 할 수 있다.

셋째, 중립적 자기대화이다. 중립적 자기대화는 주로 전략적이거나 전술적인 변화 노력에 대한 내용으로 구성된다. 예를 들면, "앞으로 한 달 동안은 더 집중하자." "끈기가 필요하다." "실천한 것은 반드시 기록하자." "진행과정을 지인과 공유하자."와 같은 내용이다.

이러한 대화를 진솔하게 내면의 자기와 나눌 수 있고, 웅얼거리거나 소리를 내어 말할 수도 있다. 중립적 자기대화는 감정이 배제된 것으로 원하는 결과를 얻는 결정적 행동에 긍정적인 영향을 미친다.

의식이 깨어 있는 순간이면 항상 작동하는 내면의 목소리가 있다. 전문코치와 심리학자들은 이러한 심리의 실체를 개념화했다. 대표적인 것이 그렘린(gremlin)과 자동적으로 떠오르는 부정적 생각(ANTs)이다.

그렘린은 사람의 머릿속에 있는 해설자이다(Carson, 2003). 방송이나 매체에서 해설자는 그 실체를 드러내지 않은 상태에서 상황이 전개되는 내용에 대해 설명하고 부연한다. 그렘린도 그와 같이 활동한다. 그렘린은 내면에서 관찰자의 역할을 하며, 어떤 생각과 행동을 할지를 조정한다. 의식적으로 통제하고 억제하려 하면, 나름대로의 다른 전략과 전술을 사용하며 계속 영향을 미친다. 그렘린은 우리를 보호하는 것 같지만, 사실 변화를 시도하고 더 앞으로 나아가려는 것을 방해한다.

그렘린을 길들이는 효과적인 방법은 무장을 해제하듯이 편안한 상태에서 그렘린의 출현을 단순히 알아차리고, 그것의 말을 있는 그대로 듣는 것이다. 그렘린을 길들이는 방법은 다음 단계를 따른다.

- 단계 1: 단순히 알아차린다. 내용을 상세히 파악하려고 하지 않는다.
- 단계 2: 그렘린이 드러나는 방법을 선택하고 함께 놀이를 한다. 예를 들면, 고른 숨을 쉬면서 그렘린의 내용을 충분히 경험하기, 그렘린의 모습을 바꿔 보기, 그림이나 글로 표현하기를 한다.
- 단계 3: 그렘린과 함께하며 다양한 모습의 실체를 알아차린다.

이 과정을 통해 실제 자아와 그렘린을 변별한다.

- 단계 4: 그렘린이 원하는 자기 이미지가 아니라, 현실 자아를 실현한다. 예를 들면, 지금 이 순간 자신의 생각을 알아차리고, 자신이 진정 원하는 것을 선택하고 실행한다.

자기대화를 할 때, 심리적으로 불편하면 자동적으로 부정적인 생각이 떠오른다. 그 생각은 긴장과 스트레스를 유발하고, 사람을 무기력하게 만든다. 처음에 강한 의지를 갖고 시작했더라도 부정적인 생각이 한 가지라도 떠오르면 이내 증폭되고 확산되어 의기소침한 상태가 된다. 부정적인 생각은 순식간에 사고를 지배한다.

일상에서 새로운 변화를 시도하려 할 때, 내면에서 "정말 할 수 있어? 지금은 아닌 것 같은데, 괜히 속 태우지 말고 그만둬."라는 소리가 들린다. 앞으로 전진하려고 하면 할수록 내면의 소리는 더욱 강렬하게 변화를 시도하지 못하도록 발목을 잡는다. 새로운 변화는 긴장과 걱정을 수반한다. 그때, 내면의 방해꾼인 자동적으로 떠오르는 부정적인 생각이 활동한다.

이러한 부정적 생각이 갖는 강력한 능력은 논리적인 자기합리화이다. 자기합리화의 소리가 때론 너무 커서 실제 음성이 들리는 것 같은 착각을 일으킨다. 행동변화를 시도할 때는 항상 부정적인 생각이 함께 활동한다. 코칭을 통해 고객의 변화를 끌어내려면 그의 내면에서 작동하는 부정적 생각을 효과적으로 관리할 수 있어야 한다. 고객은 내면의 생각이 안내하는 곳이 아니라, 자신이 가고 싶은 곳으로 가야 한다. 코치는 고객의 내면에서 작동하는 부정적 생각이 힘을 쓰지 못하도록 억제하거나, 불가능하다면 최소한의 영향을 받도록 도와준다.

자동적으로 떠오르는 부정적 생각의 영향력을 최소화하는 방법은 다음과 같다.

- 단계 1: 부정적인 생각이 하는 말을 기록한다. 필요하다면 일정 기간 정기적으로 일기를 쓴다.
- 단계 2: 부정적인 생각을 객관화한다. 효과적인 방법은 기록한 내용을 읽어 보고, 부정적인 생각에 이름을 붙인다. 예를 들면, '나는 할 수 없어' '아직 준비가 안 되었다' '지금 너무 당황스러워서 결정하기도 쉽지 않다' '지금은 무리야'라고 기록했다면, '겁쟁이'라고 이름을 붙여 준다. 또는 겁쟁이의 이미지를 그림으로 그리기, 문장으로 부정적인 생각의 활동을 표현해 보기, 부정적인 생각의 말을 들리는 대로 음성 녹음으로 남겨두기, 부정적인 생각을 상징하는 물건을 선정하기 등을 해 본다. 부정적인 생각을 의인화했을 때, '걱정 생산자'라면, 책상 앞에 걱정 생산자인 인형을 놓아두고 "나의 걱정은 네가 다 가져가라."라고 단호하게 명령한다.
- 단계 3: 변화 노력을 하는 동안 부정적인 생각을 격리시킨다. 내면의 목소리가 들리는 몸의 부위를 찾아낸 후, 밖으로 나오지 못하도록 가두어 둔다. 또는 은유법을 사용하여 변화 프로젝트를 완결하는 데 걸리는 시간만큼 멀리 세계여행을 보낸다. 'STOP'이라는 글자를 벽에 걸어 두었다가 부정적인 생각이 튀어나올 때 'STOP'이라고 외친다.
- 단계 4: 본래의 자기와 만난다. 자신이 주인임을 선언한다. 이 순간 자신이 어떤 생각과 행동을 할지를 선택하고 결정할 수 있다고 믿는다. 자신이 원하는 결과를 얻기 위해 실천할 행동들을

개발하고 실행을 다짐한다. 코치는 고객이 원하는 것을 얻을 수 있는 능력과 자격이 있다는 것을 지지한다.

3. 통찰 심화로 더 나은 해법을 찾는다

사람들은 자기인식을 바탕으로 강점발견과 관점확대를 체험하는 과정에서 일어나는 통찰로부터 더 나은 해법을 찾는다. 통찰은 통제된 의식보다 뇌의 휴식과 유연한 정신 상태에서 나온다(Kounios & Beeman, 2014). 통찰은 깊은 논리의 결과이기보다 떠도는 단상이 순간적으로 통합된 결과이다. 이때 기존의 인식이 재구성되면서 인식의 확장과 깨달음이 일어난다. 또 통찰의 순간에 창의성이 개입되어 숨겨진 가치를 발견하기도 한다(이석재, 2020b).

이러한 측면에서 볼 때, 통찰은 혁신의 기본이다. 따라서 통찰은 결정적 행동이 원하는 결과를 성취할 가능성을 높여 주는 요인들에 긍정적 영향을 미친다. 통찰은 일반적으로 사람들이 직면한 특정 상황이나 문제의 본질을 깨닫는 인식 능력, 그 능력이 발휘된 모습을 말한다. 흔히 즉각적인 이해나 '아하'라는 순간적인 돌발 경험과 '유레카'라는 경이로운 정서 경험이 일어난 경우를 뜻한다.

이와 같은 결과가 나타나기 위해서 당면한 상황이나 문제를 관찰하고 숙고하고, 재해석을 통해 기존의 상황 인식과 문제해결을 재구조화하는 인지적 활동이 있어야 한다. 통찰이 일어나기 전에 무관해 보였던 많은 개념이 새로운 의미 차원에서 통합적으로 연결된다. 통찰이 일어나면 떠오른 새로운 생각이 찾던 답이라는 인식이 확고해지고 기존의 사고 틀에서 벗어나게 되어 자유로움과 같은 정서를 체험한다.

통찰은 문제에 대한 부분적인 해결이 아니라, 문제의 전체적인 해결을 이룬다. 당면한 문제에 대한 해결방안들을 전체적으로 조망하면서 가장 실현 가능성이 높은 것을 찾아낸다. 이런 상황에서 문제 해결자는 해결방안을 이전보다 더 명확하게 하고, 그 과정에서 또 다른 통찰이 일어날 수 있다. 통찰은 창의성이 결합될 수 있는 인지적 상태이며, 경영적 가치를 찾고 혁신을 이루는 근원적 자원이다.

국내 한 대기업의 사업부장은 전국 대리점의 판매 실적을 제품의 모델별, 기능별 등으로 세분화했다. 기존에는 한 대리점에서 생산된 모든 제품을 판매했다. 대리점의 영업전략이 모든 제품에 대해 수립되면서 대리점의 역량이 분산되었다. 사업부의 전략은 제품의 판매 유형을 분석해서 대리점 중심의 기존 영업전략을 클러스터(cluster) 중심으로 바꾸는 것이다. 전국을 판매 유형에 따라 클러스터로 묶고, 그에 따라서 대리점의 판매 제품을 분할하고 영업전략을 차별화했다.

이러한 접근을 했을 때, 클러스터별로 공급되는 제품의 종류와 수량이 달라졌다. 대리점 중심의 판매망 관리가 클러스터 중심으로 바뀌면서 마케팅 전략과 영업전략에 변화가 필요했고, 영업 인력도 클러스터별로 직무 전문화가 필요했다.

사업부장은 경영진 회의에서 이러한 경영전략을 발표했다. 다른 사업부의 협업이 절실히 필요했다. 수차례의 경영진 회의에서 토의했지만 결론이 나지 않았다. 이 과정에서 사업부 간의 소통 벽과 부서이기주의가 혁신적인 전략을 실행하는 데 현실적인 장애라는 것을 확인할 수 있었다. 다행인 것은 단계적인 접근에 대해 경영진의 동의를 끌어냈다. 사업부장이 풀어야 하는 과제는 사업부 내에도 있었다.

사업부장은 소속 팀들을 관찰했을 때, 각 팀은 목표지향적으로 움직였고 성과도 기대 이상으로 나타났다고 진단했다. 그러나 팀 간에 소통이 저조했다. 사업부의 성과가 더 향상되기 위해서는 각 팀의 성과를 합친 것에 팀 협업을 통한 시너지가 만들어 내는 성과가 합쳐져야 한다. 지금의 팀 간 활동으로는 시너지에 의한 성과를 기대하기 어렵다.

사업부의 문화도 개선될 필요가 있었다. 또 다른 이슈는 팀장들의 대화가 자기 팀의 운영에 초점을 두고 있다는 점이다. 어느 누구도 사업부의 성과 향상을 위해 각 팀이 어떻게 협업해야 하는지에 대한 논의가 없다. 팀장들은 이에 대한 책임과 역할은 사업부장에 있다고 생각했다. 그러나 사업부장은 팀장들이 미래의 리더로 성장하기 위해서는 팀장의 역할을 성공적으로 수행할 뿐만 아니라 시야를 거시적이며 폭넓게 보면서 일하는 자세와 구체적인 활동을 해야 한다고 생각했다. 어떻게 하면 팀장들로 하여금 팀 간의 소통 장벽을 허물고, 팀 회의에서 사업부의 성장에 필요한 아이디어도 내고 토의하도록 할 수 있을까?

나는 각 팀을 대상으로 팀효과성 진단(TEA)을 실시했다. 이 진단은 팀이 원하는 결과를 얻기 위해서는 생산성뿐만 아니라 생산성을 촉진하는 긍정성이 팀 내에서 작동하는지를 본다. 생산성을 구성하는 요인과 긍정성을 구성하는 요인의 결과를 보니, 사업부장의 판단대로 각 팀의 생산성은 높게 나타났으나 긍정성은 낮게 나왔다.

긍정성은 팀 문화를 보여 준다. 이 결과를 근거로 각 팀의 긍정성을 높이는 워크숍과 코칭을 설계하고 계획대로 실시했다. 일일 워크숍에서는 사업부의 긍정성을 높이기 위한 결정적 행동을 도출했다.

먼저, 긍정성 면에서 원하는 사업부의 모습에 대해 의견을 교환하고 최종 확정했다.

이어서 긍정성이 높은 사업부의 모습을 만들기 위한 팀장들의 결정적 행동을 도출했다. 팀장으로서 공통적인 결정적 행동도 있고 각 팀장의 개별적 요구에 따른 결정적 행동도 개발되었다. 이러한 논의 과정에서 팀장들은 전혀 생각하지 못한 통찰을 했다. 지금까지 성과를 내기 위해 열심히 노력했지만, 어느 누구도 자신들의 마음속에 사업부의 발전을 위한 의견이나 제안을 하는 활동이 없었다는 점이다. 모두 팀 리더로서는 충실했지만, 그 영역을 넘어서는 이슈에 대해서는 관심을 갖지 않았다는 것을 알았다. 자신의 미래 역할을 수행할 수 있는 역량을 키우는 데 전혀 관심을 보이지 않은 것이다. 사업부장이 관찰한 것과 같은 것이다.

이러한 역할 인식은 새로운 행동변화를 필요로 하는 것이었지만, 팀장들은 기꺼이 행동변화에 동참하기로 합의했다. 팀장들은 팀장으로서 공통적으로 관심 갖고 실행할 결정적 행동을 도출했고, 이어서 개인별 실천행동을 도출했다. 워크숍이 종료된 후 팀장들은 그룹 코칭을 통해 공통 행동변화과제의 실천을 점검했고, 개인 코칭을 통해 개인별 행동변화과제의 실천을 점검했다. 사업부의 분위기나 팀장들의 행동변화는 사업부장의 기대를 충족시켰다.

통찰을 자극하는 효과적인 방법을 활용해 결정적 행동을 촉진해 보자. 다음은 뇌과학과 심리학의 연구결과를 토대로 검증된 방법들이다.

첫째, 조용한 환경을 조성한다. 뇌과학자들은 자기 통제가 강하게 작동할 때에는 의식이 활성화되어 있어, 기존에 고민하고 있는 문제에 대한 적절한 답을 찾는 데 실패한다는 사실을 밝혔다. 수식을 활용해 문제를 풀거나 논리적인 사고에 집중할 때, 많은 정보를 한꺼번에 처리해야 할 때 작업기억(working memory)이 활용된다. 이때는 통찰이 일어나지 않는다. 오히려 통찰은 뇌 속의 뉴런들이 상호 연결성이 적은 상태에서 갑작스럽게 연결과 통합이 일어난다(Kounios & Beeman, 2014; 2015).

통합에 사용되는 기억은 단기 기억이 아니라 장기 기억이다. 망각된 기억이지만 희미하게 남아 있던 몇 개의 기억, 장기 기억에 있던 정보가 갑자기 연관성을 갖고 결합된다. 의식 수준이 낮은 단계에서 뉴런들 간에 미세한 신호가 전달되고 서서히 그 소통 에너지가 커진다. 어느 순간 갑자기 뉴런들이 연결되고 통찰이 일어난다. "맞아, 그렇지. 그렇게 하면 되겠구나." 이와 같이 통찰은 차분하고 조용한 마음에서 순간적으로 일어난다.

둘째, 내면 요구에 집중한다. 사람들은 당면한 문제에 집중하지 않고 전혀 무관한 떠도는 생각들에 빠져 있을 때 통찰을 경험했다(Smallwood & Schooler, 2015). 백일몽 상태처럼, 이런저런 생각에 배회를 하던 중에 번뜩 통찰이 일어난다. 어려운 문제를 해결하기 위해 집중해 있을 때는 뇌 환경이 통찰에 부적합하다. 집중하던 일을 내려놓고 있을 때 통찰이 일어날 가능성이 높다(이석재, 2020b). 어려운 문제를 풀기 위해 계속 집중하지 말고, 잠시 하던 일을 덮고 휴식하며 각성된 뇌에 휴식을 주는 것이 좋다. 통찰을 갖기 전에 시각과 청각 뇌 피질에서 알파 효과가 나타난다(Kounios & Beeman, 2014). 즉, 사람들이 외부 요구가 아니라 자신의 내면 요구에 집중할 때 통찰이 일어나는 것이다. 통찰을 위해서는 자신의 내면을 성찰할 수 있는 안전하고 여유로운 시간을 가져야 한다.

셋째, 옅은 행복감을 느낀다. 뇌과학에서 통찰의 작동 원리를 연구한 결과를 보면, 통찰은 긴장되거나 불안할 때가 아닌 긍정적 정서를 옅게 체험한 상태에서 일어났다. 정서가 통찰에 미치는 영향을 파악하기 위해 fMRI로 뇌를 촬영했다. 행복하게 느낄 때 통찰에 관여된다고 추정하는 뇌 부위(anterio cingulate cortex: ACC, 전대상피질)가 활성화되었다. 부정적 정서보다 긍정적 정서를 체험할 때 사람들은 더 창의적인 능력을 발휘했다(Subramaniam et al., 2008).

4. 코칭 사례: 통합적 자기 체험

지난 2014년 1월『경영심리학자의 효과성 코칭』책의 주요 내용을 '효과성 코칭 워크숍' 교육과정으로 구성해 일반인에게 처음 공개했다. 이때 고객과의 라포를 형성할 때 주로 사용하는 '네이밍코칭(naming coaching)'을 개발해 처음 소개했다.

코칭 고객의 이름은 주로 그의 조부나 부모가 만들어 준 것이다. 고객의 존재에 대해 그의 어른이 부여하고 싶은 깊은 의미와 자녀의 성장에 대한 소망을 담은 것이다. 이러한 이름은 사회심리학에서 보면, 사회적 자기(social self)에 해당한다. 자기 이외의 사람들에 의해 존재가 정의되는 것이다. 나는 고객과 대화를 나누면서 그의 개인적 자기(personal self)에 대한 자기인식을 갖도록 돕는다.

네이밍 코칭의 사용법은 다음과 같다.

1. 코칭 고객과 통성명을 한다. 이어서 코칭 고객으로 하여금 자신이 맡은 역할과 직무를 소개해 줄 것을 요청한다. 필요하다면, 그가 존중하고 실천하는 삶의 가치와 신념, 철학을 추가로

소개해 줄 것을 요청한다.

2. 코치는 코칭 고객의 말을 잘 들으면서 그의 소개 내용에 담긴 주제어를 그의 성명에 맞게 도출한다. 예를 들어, 고객의 이름이 '홍길동'이라면, 고객의 소개 내용을 보고 '홍'과 '길' '동'에 해당하는 것을 빠른 속도로 도출하는 것이다. 이때 코치는 직관을 최대한 사용한다.
   예를 들어, 고객의 이름이 '이나영'이라면, 그의 자기소개를 들으면서 이나영에 대한 코치의 스토리를 빠른 속도로 만든다. 다음과 같다.
   "이나영, 이(둘, two)는 두 사람을 뜻합니다. 하나는 사회적 자기로서 이나영, 또 하나는 개인적 자기로서 이나영입니다. 지금까지 본인의 이름으로 사용한 것은 부모와 같은 다른 사람에 의해 붙여진 것입니다. 부모에 의해 이름 붙여진 사회적 자기이죠. 이제 바로 개인적 자기 '이'나영이 없으면, '나'(본인, the self)도 '영'(숫자 0, nothing), 즉 존재하지 않습니다. 이나영 이름에는 본래의 자기를 찾도록 하는 요구가 담겨 있군요. 이번 코칭 프로그램에 참가한 내면의 요구에는 바로 개인적 자기를 찾음으로써 사회적 자기와 더불어 통합적 자기(integrated self)를 완성하고 싶은 마음이 있군요."
3. 앞의 내용을 코칭 고객에게 들려준다. 가급적이면 간결하게 준비한다. 앞의 내용은 예시라서 길게 작성했다. 코치는 고객의 자기소개를 듣고 어떤 존재로 인식했는지를 들려주는 것이다. 이때 코치의 인식은 고객의 존재(being)에 대한 생각이다. 바로 개인적 자기를 인식하도록 하는 단서이다. 이와 같이 고객은 코치의 생각을 듣고 자기인식을 일깨운다. "나는 누구인가?"

앞의 내용을 코칭 고객에 대한 존재방식에 대한 코칭(존재코칭으로 부름)에서도 활용해 본다. 나는 지난 10년 이상 존재코칭을 하면서 고객이 깊은 통찰과 감동을 받는 장면을 목격했다. 고객이 자기 존재에 대해 새롭게 이야기를 구성해 보는 활동 자체가 고객에게 내면 근력을 키우는 데 도움을 준다. 이러한 심리적 자원은 '변화 요구–결정적 행동–원하는 결과'의 연결성을 강화하고 지속시키는 힘을 갖는다.

생각 파트너의 심리코칭

다음 질문에 대한 생각을 정리해 보십시오.

- **생각(Think):** '나는 절대 성공하지 못한다' '나는 다른 사람을 설득하는 소질이 없다'와 같이 본인 능력의 한계를 스스로 제한하는 신념을 떠올려 보십시오. 순서 없이 떠오른 생각을 적습니다.

____

____

____

- **선택(Choose):** '변화 요구–결정적 행동–원하는 결과'의 연결성을 생각할 때, 가장 부정적으로 영향을 미친다고 생각하는 자기제한적 신념은 무엇입니까?

____

____

____

- **실행(Act)**: 작성한 자기제한적 신념에 대해 다음 행동을 실행해 보십시오. 자기제한적 신념을 극복하는 경험을 할 수 있습니다.

1. 자기제한적 신념을 반박합니다. 신념의 비논리성, 비현실성, 허구성을 보여 주는 사례나 과거 경험을 찾습니다.

____

____

____

2. 자기제한적 신념을 대체하는 보다 효과적인 신념을 찾습니다. 예를 들어, '나는 절대 성공하지 못한다'는 신념을 가지고 있다면, '내가 실패한다고 해서 내가 무능하다는 것을 뜻하지 않는다'와 같이 새로운 신념을 찾습니다.

____

____

____

3. 새로운 신념이 주는 감정과 느낌을 온몸으로 받아들입니다. 이러한 경험을 가까운 주위 사람들과 공유합니다. 이제 기존의 자기제한적 신념을 버리고 일상에서 새로운 신념에 맞는 행동을 합니다.

____

____

____

실패는 성공이 아니라 실패의 눈으로 보자

"자신을 아는 것은 모든 지혜의 시작이다."

– 아리스토텔레스(Aristoteles), 철학자

우리나라가 오늘날의 발전과 번영을 이룬 힘은 학부모의 교육열, 빨리빨리 문화, IMF경제위기를 극복할 때 보여 준 금 모으기 운동과 같은 결속과 단합 등을 대표적으로 들 수 있다. 한강의 기적을 만들고 국제 원조를 받던 나라에서 원조를 주는 나라로 성장한 이야기는 세계사에서 유례가 없는 일로 한국인으로서 자부심을 느낀다.

그러나 이러한 긍정적인 면이 있는 반면, 부정적인 면도 많이 드러났다. 삼풍백화점과 성수대교의 붕괴, 대구지하철 화재사고, 씨랜드 청소년수련원 화재사고 등 수차례 대형사고가 있었다. 최근에도 다양한 사건·사고가 하루가 멀다 하고 일어나고 있다. 이러한 사고가 일어난 후 각종 매스컴을 통해 논의되는 내용과 과정을 보면, 사건이 일어난 근본 원인을 찾기보다 누구의 책임인지를 먼저 다룬다. 어느 것을 우선하기보다 함께 규명해야 한다고 생각한다.

우리의 현실을 보면, 유사한 사건·사고가 반복적으로 일어나고 있다. 개인의 삶에서도 같은 모습을 쉽게 관찰할 수 있다. 우리나라의 자살률은 OECD 회원국 중의 1위이다. 전문가들은 상대적 박탈감과 경제적 어려움, 존재가치에 대한 부정적 평가 등을 주된 원인으로 분석한다. 조직에서도 유사한 사건·사고가 반복해서 일어난다. 제조 과정이나 설비 운영, 건설 현장 등에서 각종 인명사고가 발생한다. 「중대재해처벌법」을 적용해 관련 사고에 대한 책임을 묻지만, 상대적으로 근본적인 원인을 제거하거나 개선하는 노력은 여전히 부족하다.

왜 유사한 사고가 개인의 삶과 일터에서 반복될까?

나는 근본적인 원인이 노력의 실패, 경쟁에서의 패배, 사건·사고, 재해의 결과를 바라보는 관점에 있다고 생각한다. 농경사회에서 산업사회, 정보화사회로 발전하면서 '성과주의'가 현대인의 의식에 중심 사고로 자리를 잡았다. 성과주의는 실패를 지양하고 폄하한다. 어떻게 하든 성공 기준에 맞는 결과를 만들어야 한다. 따라서 먼저 실행(doing)에 초점을 맞춘다. 그 실행을 하는 주체인 존재(being)에 대한 관심은 논의 대상에서 늘 차순위로 밀린다. 결과를 만드는 데 있어서 실행이 존재보다 우선했다. 우리는 이러한 실행 중심의 삶에

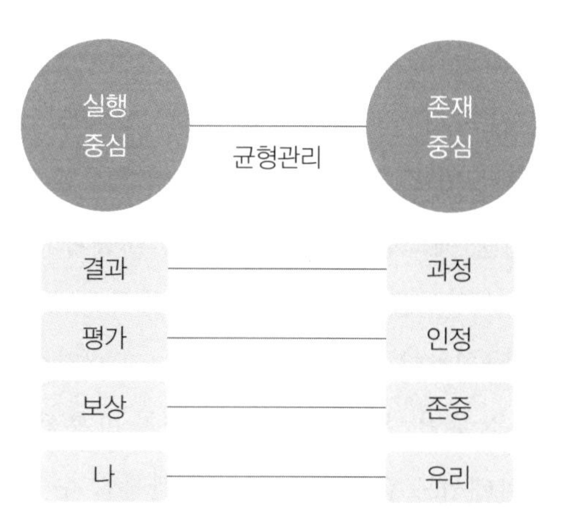

[그림 1] 실행과 존재 중심의 심리

묶여 있다.

실행의 눈으로 삶을 바라보면서 결과와 평가가 우선적으로 의식의 중심 자리를 차지했다. 대표적인 평가 잣대로 목표 달성, 성공, 완성, 만점, 최고, 최상과 같은 개념을 기준으로 사용한다. 성공의 잣대는 있지만 실패의 잣대는 없다. 성공이 0점에서 100점인 척도만 있다. 성공이 100점에서 0점에 가까운 것을 실패로 본다. 100점의 눈으로만 세상을 보기 때문이다. 우리는 최상위의 평가 잣대로 사건·사고를 바라본다. 완전한 성공의 눈으로 사건·사고를 바라보면서, 실패를 혹평하고 질책한다. 책임을 묻는 과정이 원인분석보다 우선한다. 성공은 바람직하고 실패는 기피의 대상이다. 일어나서는 안 되는 것이다.

우리가 작심삼일과 실패를 반복하지 않으려면, 의식전환이 필요하다. 그 시작으로 성공은 성공의 눈으로 보고, 실패는 실패의 눈으로 보는 것이다. 실패를 실패의 눈으로 볼 때, 그 원인을 치밀하게 분석할 수 있는 마음 자세를 갖게 될 것이다. 실패의 원인을 분석하고 해소할 때 실패를 반복하지 않을 가능성이 높다. 따라서 실패를 실패의 눈으로 보는 것이 우리에게 필요한 결정적 행동이다.

결과지향적인 실행 중심의 삶을 바꿔 보자. 결과를 만드는 과정에 주의를 기울이자. 그 과정을 담당하는 주체들에 주의와 관심을 기울이는 존재 중심의 삶을 존중하고, 실행 중심의 삶과 균형 있게 관리하는 의식을 각성시키자.

실행 중심의 삶은 결과, 그 결과에 대한 평가, 평가에 따른 보상의 심리가 작동한다. 이때 실행의 중심에 '나'가 있다. 자기중심성이 작동할 가능성이 높다.

반면에 존재 중심의 삶은 결과를 만드는 과정, 그 과정을 담당하는 존재, 그 존재의 활동과 결과를 인정할 수 있다. 과정 중심에는 '우리'가 있다. 일은 혼자서 할 수 없으며, 타인과의 협력과 협업이 필요하다. 원하는 결과를 만드는 과정에 작동하는 상호의존성을 자각하고 상대방을 존중하게 된다. 이 과정에서 서로 다른 성향과 전문성, 경험과 지식을 가진 타인의 다양성을 존중하고 수용한다. 또 그 다양성을 활용해 원하는 결과를 만든다.

이제 '결과 중심의 삶'을 우선하는 생활 방식에서 과정에 관심과 주의를 기울이면서 '과정 중심의 삶'이 갖는 비중을 높일 필요가 있다. 바람직하게는 균형관리가 중요하다. 현시점에서 결과도 중요하지만 과정을 즐겨 보자. 이러한 관점의 전환을 구현하기 위해서는 먼저 성공은 성공의 눈으로, 실패는 실패의 눈으로 볼 수 있어야 한다. 이는 우리 시대에 필요한 결정적 행동이다.

| 참고문헌 |

이기왕(2022). 사장의 촉. 서울: 워너스미디어.

이석재(1996). 자기제시 책략척도의 타당도 검증. 한국심리학회지: 사회, 10(1), 115-136.

이석재(2006). 18가지 리더십 핵심역량을 개발하라. 서울: 김앤김북스.

이석재(2014). 경영심리학자의 효과성 코칭. 서울: 김앤김북스.

이석재(2015). 효과성 코칭 워크숍: 워크북. 서울: 코치올.

이석재(2019). 내 삶을 바꾸는 생각혁명. 서울: 와일드북.

이석재(2020a). 코칭 방법론. 서울: 한국코칭수퍼비전아카데미.

이석재(2020b). 떠도는 마음 사용법. 서울: 플랜비디자인.

이석재(2023). 현장중심 코칭심리학. 서울: 학지사.

이석재, 최상진(2001). 체면지향행동의 이원모델 검증: 구성적 체면과 방어적 체면. 한국심리학회지: 사회 및 성격, 15(2), 65-83.

한상근(2018). 한국인의 직업의식과 변화(1998~2018). 한국인의 직업, 한국인의 직업의식: 직업지표 및 직업의식 세미나 발표자료. 대한상공회의소(2018. 11. 30.), 45-60.

Appelbaum, S. H., Iaconi, G. D., & Matousek, A. (2007). Positive and negative deviant workplace behaviors: Causes, impacts, and solutions. *Corporate Governance, 7*(5), 586-598.

Bandura, A. (1997). *Self-efficacy: The exercise of control.* New York: Worth Publishers.

Baumeister, R. F. (2005). Self-concept, self-esteem, and identity. In V. Derlega, B. Winstead & W. Jones (Eds.), *Personality: Contemporary theory and research* (3rd ed., pp. 246-280). San Francisco, CA: Wadsworth.

Beisser, A. (1970). The Paradoxical Theory of Change. In J. Fagan & I. L. Shepherd (Eds.), *Gestalt Therapy Now* (pp. 77-80). NY: Harper & Row.

Ben-Shahar, T. (2021). *Happier, No Matter What: Cultivating Hope, Resilience, and Purpose in Hard Times.* NY: The Experiment.

Berry, D., Charles, C., & Joe, F. (1995). *Coaching for results.* HRDP, Inc.

Bronson, K. (2017). *Using mindfulness to decrease burnout and stress among nurses working in high intensity areas.* Unpublished doctoral dissertation of Nursing Practice in The School of Nursing, the University of North Carolina at Chapel Hill.

Campbell, J. D. (1990). Self-esteem and clarity of the self-concept. *Journal of Personality and Social Psychology, 59*(3), 538-549.

Carson, R. (2003). *Taming your gremlin: A surprisingly simple method for getting out of your own way.* NY: Quill.

Collins, J., & Porras, J. (1994). *Built to Last: Successful Habits of Visionary Companies.* NY: Harper Business.

Cooley, C. H. (1964). *Human Nature and the Social Order.* New York: Scribner's Sons.

Corey, C. (2005). *Theory and practice of counseling & psychotherapy* (7th ed.). Belmont, CA: Thomson Learning.

Cutrer, W. B., Miller, B., Pusic, M. V., Mejicano, G., Mangrulkar, R. S., Gruppen, L. D., & Moore Jr, D. E. (2017). Fostering the development of master adaptive learners: a conceptual model to guide skill acquisition in medical education. *Academic Medicine, 92*(1), 70-75.

Deutsch, M. (2011). Justice and Conflict. In M. Deutsch, P. T. Coleman & E. C. Marcus (Eds.), *The Handbook of Conflict Resolution: Theory and Practice* (pp. 29-55). NY: John Wiley & Sons.

Doran, G. T. (1981). There's a S.M.A.R.T. way to write management's goals and objectives. *Management Review(AMA Forum), 70*(11), 35-36.

Ellis, A. (1994). *Reason and emotion in psychotherapy: Comprehensive method of treating human disturbances* (Revised and updated). New York: Citadel Press.

Ferris, S. P., Jayaraman, N., & Sabherwal, S. (2013). CEO Overconfidence and International Merger and Acquisition Activity. *The Journal of Financial and Quantitative Analysis, 48*(1), 137-164.

Finkelstein, S. (2003). *Why smart executives fail*. NY: Portfolio.

Flanagan, J. C. (1954). The Critical Incident Technique. *Psychological Bulletin, 5*, 327-358.

Gendlin, E. T. (1978). *Focusing*. New York: Bantam Books.

Glaser, B. G., & Strauss, A. L. (1967). *The Discovery of Grounded Theory: Strategies for Qualitative Research*. New York: Aldine de Gruyter.

Glasser, W. (1965). *Reality Therapy: A New Approach to Psychiatry*. New York: Harper & Row.

Glasser, W. (1998). *Choice theory*. New York: Harper Perennial.

Gollwitzer, P. M. (1999). Implementation Intentions: Strong Effects of Simple Plans. *American Psychologist, 54*(7), 493-503.

Goode, E. (2015). The Sociology of Deviance. In E. Goode (Ed.), *The Handbook of Deviance* (pp. 1-29). NY: John Wiley & Sons, Ltd.

Grenny, J., Patterson, K., McMillan, R., Al, S., & Emily, G. (2022). *Crucial Conversations: Tools for talking when stakes are high* (3rd ed.). New York: McGrow Hill Company.

Hardy, B. (2020). *Personality isn't permanent: Break free from self-limiting beliefs and rewrite your story.* 김미정 역(2021). **최고의 변화는 어떻게 만들어지는가.** 서울: 비즈니스북스.

Hatano, G., & Inagaki, K. (1986). Two courses of expertise. In H. W. Stevenson, H. Azuma & K. Hakuta (Eds.), *Child development and education in Japan* (pp. 262-272). W H Freeman/Times Books/ Henry Holt & Co.

Hargrove, R. (2003). *Masterful coaching.* 박재원 외 공역(2010). **변혁적 리더를 위한 리더십 코칭.** 서울: 김앤김북스.

Jassim, L. (2005). Accuracy in Social Perception: Criticisms, Controversies, Criteria, Components, and Cognitive Processes. In M. P. Zanna (Ed.), *Advances in experimental social psychology* (Vol. 37, pp. 1-93). NY: Elsevier Academic Press.

Kawamura, K. (2013). Confidence and Competence in Communication. *Edinburgh School of Economics Discussion Paper Series, 222,* 1-34.

Kille, D. R., Eibach, R. P., Wood, J. V., & Holmes, J. G. (2017). Who can't take a compliment? The role of construal level and self-esteem in accepting positive feedback from close others. *Journal of Experimental Social Psychology, 68*, 40-49.

Kounios, J., & Beeman, M. (2014). The cognitive neuroscience of insight. *Annual Review of Psychology, 65*, 71-93.

Kounios, J., & Beeman, M. (2015). *The Eureka Factor: Aha Moments, Creative Insight, and the Brain.* NY: Random House.

Latinjak, A. T., Figal-Gomez, L., Solomon-Turay, P., & Magrinyà-Vinyes, R. (2020). The reflexive self-talk intervention: Detailed procedures. In A. T. Latinjak & A. Hatzigeorgiadis (Eds.), *Self-Talk in Sport* (pp. 91-108). London: Routledge.

Leary, M. R., & Kowalski, R. M. (1990). Impression management: A literature review and two-component model. *Psychological Bulletin, 107*(1), 34-47.

Lee, Suk-Jae, Quigley, B, Nesler, M., Corbett, A. B., & Tedeschi, J. T. (1999). Development of a self-presentation tactics scale. *Personality and Individual Differences, 26*, 701-722.

Marcus, B., & Donald, O. C. (2001). *Now, discover your strengths.* 박정숙 역(2002). 위대한 나의 발견 강점혁명. 서울: 청림출판.

Maslach, C., & Leiter, M. P. (2016). Understanding the burnout experience: Recent research and its implications for psychiatry. *World Psychiatry, 15*(2), 103-111.

Martic, K. (2018). Top 10 benefits of diversity in the workplace. https://www.talentlyft.com/en/blog/article/244/top-10-benefits-of-diversity-in-the-workplace-infographic-included

Murray, S. L., Holmes, J. G., & Griffin, D. W. (1996). The benefits of positive illusions: Idealization and the construction of satisfaction in close relationships. *Journal of Personality and Social Psychology, 70*, 79-98.

Nater, C., & Zell, E. (2015). Accuracy of social perception: An integration and review of meta-analyses. *Social and Personality Psychology Compass, 9*(9), 481-494.

Pascale, R., Sternin, J., & Sternin, M. (2010). *The power of positive deviance: How unlikely innovators solve the world's toughest problems.* 박홍경 역(2012). 긍정적 이탈. 서울: RHK.

Rosenberg, M. (1979). *Conceiving the Self.* New York: Basic Books.

Sedikides, C., Campbell, W. K., Reeder, G. D., & Elliot, A. J. (1998). The Sell-Serving Bias in Relational Context. *Journal of Personality and Social Psychology, 74*, 378-386.

Seligman, M. E. P. (2000). Positive psychology: An introduction. *American Psychologist, 1,* 5-14.

Senge, P., Scharmer, C. O., Jaworski, J., & Flowers, B. S. (2004). *Presence: Human Purpose and the Field of the Purpose.* Cambridge, MA: The Society for Organizational Learning.

Smallwood, J., & Schooler, J. W. (2015). The science of mind wandering: Empirically navigating the stream of consciousness. *Annual Review of Psychology, 66,* 487-518.

Snyder, M., & Swann, W. B. Jr. (1978). Behavioral confirmation in social interaction: From social perception to social reality. *Journal of Experimental Social Psychology, 14,* 148-162.

Spreitzer, G. M., & Sonenshein, S. (2003). Positive deviance and extraordinary organizing. In K. Carmeron, J. Dutton & R. Quinn (Eds.), *Positive Organizational Scholarship* (pp. 207-224). CA: Berrett-Koehler.

Strauss, A., & Corbin, J. (1990). *Basics of Qualitative Research: Grounded Theory Procedures and Techniques.* SAGE publications Ltd.

Stober, D., & Grant, A. M. (2006). *Evidence Based Coaching Handbook.* NY: Wiley.

Subramaniam, K., Kounios, J., Parrish, T. B., & Beeman, M. J. (2008). A Brain Mechanism for Facilitation of Insight by Positive Affect. *Journal of Cognitive Neuroscience, 21*(3). 415-432.

Tajfel, H. (1982). *Social identity and intergroup relations.* Cambridge: Cambridge University Press.

Thurman, M. P. (1991). *Strategic Leadership. The Strategic Leadership Conference.* PA: US Army War College.

Tuckman, B. W. (1965). Developmental sequence in small groups. *Psychological Bulletin, 63*(6), 384-399.

Tversky, A., & Kahneman, D. (1974). Judgment under Uncertainty:

Heuristics and Biases. *Science, 185*(4157), 1124-1131.
Tversky, A., & Simonson, I. (1993). Context dependent preferences. *Management Science, 39,* 1179-1189.
Vargas, J. A. (2010). The face of Facebook. The New Yorker. https://www.newyorker.com/magazine/2010/09/20/the-face-of-facebook
Waal, F. de. (2005). *Our inner ape: A Leading Primatologist Explains Why We Are Who We Are.* 이충호 역(2005). 내 안의 유인원. 서울: 김영사.
Weinstein, N. D. (1980). Unrealistic optimism about future life events. *Journal of Personality and Social Psychology, 39*, 806-820.
Whitmore, J. (1992). *Coaching for performance: GROWing people, performance, and purpose.* London: Nicholas Brealey Publishing.
Zanetti, C. A., & Taylor, N. (2016). Value co-creation in healthcare through positive deviance. *Healthcare, 4*(4), 277-281.
Zhang, L. F., & Sternberg, R. J. (2014). Thinking styles across cultures: Their relationships with student learning. In R. J. Robert & L. F. Zhang (Eds.), *Perspectives on thinking, learning, and cognitive styles* (pp. 197-226). NY: Routledge.

서울신문(2016. 2. 4.). [한길 큰길 그가 말하다] 〈3〉 만화가 이현세.
잡코리아(2016. 11. 29.). 직장인 올해 목표 달성률 평균 52.2%. https://www.jobkorea.co.kr/goodjob/tip/View?News_No=11259&schCtgr=

| 찾아보기 |

인명

A

Adler, A. 252
Appelbaum, S. H. 59

B

Bandura, A. 57
Baumeister, R. F. 198
Beeman, M. 298, 302
Beisser, A. 52
Ben-Shahar, T. 290
Berry, D. 103
Bronson, K. 244
Buffett, W. 19

C

Campbell, J. D. 162
Carson, R. 295
Collins, J. 154
Cooley, C. H. 221
Corey, C. 233
Cutrer, W. B. 274

D

Deutsch, M. 127
Donald, O. C. 252
Doran, G. T. 84
Druker, P. 94

E

Ellis, A. 185, 282

F

Ferris, S. P. 263
Finkelstein, S. 158
Flanagan, J. C. 19

G

Gendlin, E. T. 53
Glasser, W. 88, 290
Gollwitzer, P. M. 89
Goode, E. 58
Grenny, J. 207, 209

H

Hardy, B. 93
Hargrove, R. 125
Hatano, G. 274

I

Inagaki, K. 274

J

Jobs, S. 60

K

Kahneman, D. 89
Kawamura, K. 264
Kounios, J. 298, 302
Kowalski, R. M. 161

L

Latinjak, A. T. 292
Leary, M. R. 161
Leiter, M. P. 244
Lewin, K. 136

M

Marcus, B. 252
Martic, K. 134
Maslach, C. 244
Munger, C. 19
Murray, S. L. 92

P

Pascale, R. 62
Perls, F. 233
Porras, J. 154

R

Rosenberg, M. 161

S

Sanger, L. 59
Schooler, J. W. 302
Sedikides, C. 198
Seligman, M. E. P. 250, 258
Senge, P. 252
Simonson, I. 78
Smallwood, J. 302
Snyder, M. 191, 218

Sonenshein, S. 58
Spreitzer, G. M. 58
Sternberg, R. J. 264
Subramaniam, K. 303
Swann, W. B. Jr. 191, 218

T

Tajfel, H. 181
Torvalds, L. 60
Tuckman, B. W. 34
Tversky, A. 78, 89

V

Vargas, J. A. 253

W

Waal, F. de. 18
Wales, J. 59
Weinstein, N. D. 263
Whitmore, J. 88

Z

Zhang, L. F. 264
Zuckerberg, M. 253

ㅇ

이기왕 192
이석재 4, 19, 35, 72, 133, 149, 165, 180, 198, 200, 233, 239, 298, 302

ㅊ

최상진 200

ㅎ

한상근 136

내용

S

SMART 원칙 84
STAR 방법 276

ㄱ

가정적 사고 185, 186, 187, 188, 191, 193
가치 추구 182
가치성 21, 25
감정 스펙트럼 93
강점 251
강점발견 90, 250, 298

개인 기여자 260, 261
개인 변화 71
개인 차원 31
개인적 자기 141, 142, 303, 304
개인적 정체성 181
객관적 피드백 271
거울자아 221
결과지향 309
결정적 행동 4, 6, 18, 20, 25, 32, 149, 178, 180, 207, 219
경계인 204
공감 130
공동 목표 99, 104
공정성 관리 127
관점 전환 199
관점 차이 228
관점 코칭 240, 242
관점확대 90, 218, 239, 298
권한 위임 158
귀인 220
균형 리더십 122, 128, 219, 277
그렘린 295
긍정성 151, 153, 300
긍정성 관리 122, 156
긍정적 대화 292
긍정적 이탈 58, 62
긍정적 인식 258
긍휼감 130

ㄴ

낙관적 시각 258
내면 요구 302
내면의 방해꾼 296
내면의 지지자 291
내적 귀인 261
네이밍코칭 303

ㄷ

다양성 310
다양성 관리 189
다양성 이슈 188
다양성 존중 134, 188
단일집단 설계 229
대안적 사고 209
동일시 156

ㄹ

리더십 정렬 155, 218
리더십 행동 41
리더십 행동변화 197, 229
리커트 척도 25

ㅁ

마음 챙김 273

맥락성 20, 25
멘털 모델 87, 192, 193
목적성 87, 182
목적중심 26
목표 달성도 33
목표관리 118
목표관리 매트릭스 108
목표의도 90
몰입 57
무력감 286, 293
미래 관점 88

ㅂ

발견질문 95
방어 행동 189
방어기제 49, 141
배우자 경청 198
변화 목표 설정 42, 73, 107, 165, 231
변화 목표 설정서 30, 33
변화 요구 4
변화 요구 파악 42, 73, 105, 165, 229
변화의 역설 52
변화의 역설이론 52
부정적 감정 202
부정적 대화 292
부정적 생각 296, 297
부정적 이탈 58
빈 의자기법 233

ㅅ

사업과제 정렬 154
사회적 역할 252
사회적 자기 141, 142, 303, 304
사회적 정체성 181
사회적 촉진 149
삶의 목적 27, 28, 182, 183
상대방 입장 취하기 232
상호의존성 101, 102, 104, 310
상호이해 101
상호이해 높이기 284
상호협력 95, 97, 99, 103, 104
생각 파트너 184
생산성 150, 153, 300
생산성 관리 122, 156
생산자 145, 147
선한 영향력 183
성공 경험 192, 250
성공 사례 102
성공 사례 분석하기 276
성과 면담 109
성과리더십 104
성과코칭 88
성장 에너지 252
성장형 마음가짐 273

성향 268, 271, 273
소중한 것의 재발견 239
수용성 87, 184
순차적 세분화 155
숨은 강점의 발견 275
신년 다짐 281
실패 경험 257
실행 122, 132, 135, 258, 286, 308
실행 리더십 219
실행 중심 242, 309
실행력 3, 258
실행영역 123, 137
실행의도 50, 89, 90, 91
심리적 자원 157, 162, 283
심리적 정렬 156

ㅇ

안전지대 204, 209
알아차림 290
약점 251, 252
양분법적인 사고 209
억제 요인 39
역량의 일반화 현상 162
역할 41, 268
역할 인식 301
역할 중심 271
역할자 138
연속성 155
열등감 252
열린 질문 222
영향력 252
영향력 자원 186
영향요인 149
예측성 21, 25
완벽주의 265
울림 143, 145
원하는 결과 4, 22, 31, 82, 149
유연성 218
유형론의 함정 253
육성 지원 109
은유법 297
의도 50, 89
의인화 297
이루고 싶은 결과 82
인상관리 198
인지적 오류 253
인지전략 7, 90
일상적 전문성 274
일치성 87, 183
임원코칭 56
임파워먼트 158
입장 225
입장 바꿔 보기 225, 228, 230, 232

ㅈ

자긍심 161, 163
자기 가치 287
자기 정체성 181, 227
자기대화 291, 292, 296
자기방어 197
자기방어기제 49, 57, 136, 142, 144, 201
자기본위적 편향 221
자기비판 289
자기성찰 64, 69
자기수용 90, 184, 282, 286, 288
자기위주편향 198
자기인식 56, 87, 100, 177, 178, 180, 195, 251, 282, 298, 303, 304
자기제한적 신념 193
자기주도적 학습 69
자기중심성 193, 194, 200, 202, 221, 223, 227, 309
자기평가 287
자기합리화 142, 196, 201, 209, 296
자기확신 250, 255, 258, 259, 261, 262, 264, 266
자기확증전략 191, 218
자기효능감 57
자동적으로 떠오르는 부정적 생각 295
자존감 258
작심삼일 3, 309
잠재성 251
장 이론 136
적응적 전문성 274
정렬 38
정체성 87, 156, 181
조력자 145, 147
조직 변화 165
조직 차원 31
조직문화 56, 154, 156, 159, 163
조직운영 159
조직효과성 진단(OEA) 23, 128, 140
조직효과성 코칭 163
존재 122, 132, 135, 258, 286, 304, 308
존재 리더십 219
존재 중심 309
존재감 282
존재방식 305
존재영역 132, 137
존재코칭 305
주체성 87, 182
중립적 대화 292
직무몰입 126, 133, 159, 163

ㅊ

체면지향행동 200
촉진 요인 39
추진력 257
칭찬 160

ㅋ

코칭 40
코칭 리더십 40, 122, 155
코칭 설계 42, 72, 165
코칭 원리 158
코칭성과 평가 234
코칭의 본질 157

ㅌ

통찰 298, 301
통찰 심화 90, 281, 298
통합된 자기 142
통합적 자기 304
통합적 코칭 164
팀 기여자 260, 261
팀 발달이론 34
팀 변화 71
팀 코칭 워크숍 104
팀 활성화 284
팀효과성 104, 147
팀효과성 모델 149
팀효과성 진단(TEA) 23, 140, 152, 300

ㅍ

포커싱 기법 53
프레임워크 4, 118, 122, 123
피드백 103

ㅎ

행동변화 26, 228, 301
행동변화 계획 수립 30
행동변화 코칭 42, 74, 109, 166, 232
행동의도 90, 91
행동전략 7
협업 168
회복탄력성 273
효과성 4, 147
효과성 코칭 137
효과성 코칭 방법 164
효과성 코칭 평가 42, 77, 114, 172
효과성 프레임워크 4, 278
효과적 리더십 진단(ELA) 23, 140, 195, 229, 260

저자 소개

이석재(Sukjae Lee)

코칭 전문기관인 코치올(Coachall) 대표 코치이며, 전문코치로 다년간 기업 리더와 일반인을 대상으로 코칭, 워크숍과 강의를 하고 있다. 심리학자이며 생각 파트너로서 고객이 원하는 삶을 주도적으로 구상하고 만들어 나아가는 활동을 돕고 있다. 저서로는 다년간의 코칭 경험을 담은『현장중심 코칭심리학』『떠도는 마음 사용법』『코칭방법론』『내 삶을 바꾸는 생각 혁명』『경영심리학자의 효과성 코칭』『18가지 리더십 핵심역량을 개발하라』등이 있다.

개인 변화를 통해 조직의 성과 향상과 조직 개발을 이끄는 방법론인 '효과성 코칭'을 개발하고, '효과성 코칭' '팀코칭 전략' '효과적 리더십진단 디브리핑' 교육과정을 진행하며 성공 사례를 만들어 가고 있다. 진단 전문가로서 효과적 리더십 진단(ELA), 팀효과성 진단(TEA), 조직효과성 진단(OEA)을 개발해 온라인으로 운영하고 있다. 한양대학교 사범대학, 서울대학교 사회과학대학원을 졸업하고 뉴욕 주립대학교에서 심리학 박사학위(사회심리학 전공)를 받았다.

e-mail: sukjae505@daum.net

URL: https://thinkingpartner.co.kr

실행력을 높이는 코칭심리학 수업

원하는 결과를 만드는 8가지 심리전략

Coaching Psychology

8 Effective Strategies for Your Execution Excellence

2024년 5월 20일 1판 1쇄 인쇄
2024년 5월 30일 1판 1쇄 발행

지은이 • 이석재
펴낸이 • 김진환
펴낸곳 • ㈜학지사
04031 서울특별시 마포구 양화로 15길 20 마인드월드빌딩
대표전화 • 02-330-5114 팩스 • 02-324-2345
등록번호 • 제313-2006-000265호

홈페이지 • http://www.hakjisa.co.kr
인스타그램 • https://www.instagram.com/hakjisabook

ISBN 978-89-997-3120-4 93180

정가 17,000원